Das dieser Veröffentlichung zugrunde liegende Vorhaben »Digitalisierung und sozial-ökologische Transformation – Rebound-Risiken und Suffizienz-Chancen digitaler Dienstleistungen« wird mit Mitteln des Bundesministeriums für Bildung und Forschung im Rahmen der sozial-ökologischen Forschung (Nachwuchsgruppenförderung) unter dem Förderkennzeichen 01UU1607A unterstützt. Die Verantwortung für den Inhalt dieser Veröffentlichung liegt bei den Autoren.

GEFÖRDERT VOM

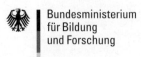

Selbstverpflichtung zum nachhaltigen Publizieren
Nicht nur publizistisch, sondern auch als Unternehmen setzt sich der oekom verlag konsequent für Nachhaltigkeit ein. Bei Ausstattung und Produktion der Publikationen orientieren wir uns an höchsten ökologischen Kriterien. Dieses Buch wurde auf 100 % Recyclingpapier, zertifiziert mit dem FSC®-Siegel und dem Blauen Engel (RAL-UZ 14), gedruckt. Auch für den Karton des Umschlags wurde ein Papier aus 100 % Recyclingmaterial, das FSC®-ausgezeichnet ist, gewählt. Alle durch diese Publikation verursachten CO_2-Emissionen werden durch Investitionen in ein Gold-Standard-Projekt kompensiert. Die Mehrkosten hierfür trägt der Verlag. Mehr Informationen finden Sie unter: http://www.oekom.de/allgemeine-verlagsinformationen/nachhaltiger-verlag.html

Bibliografische Information der Deutschen Nationalbibliothek:
Die Deutsche Nationalbibliothek verzeichnet diese Publikation in der Deutschen Nationalbibliografie; detaillierte bibliografische Daten sind im Internet über http://dnb.d-nb.de abrufbar.

© 2018 oekom verlag München
Gesellschaft für ökologische Kommunikation mbH
Waltherstraße 29, 80337 München

Layout und Satz: Reihs Satzstudio, Lohmar
Lektorat: Konstantin Götschel, oekom verlag
Korrektorat: Silvia Stammen, München
Umschlagkonzeption: www.buero-jorge-schmidt.de
Umschlaggestaltung: Elisabeth Fürnstein, oekom verlag

Druck: Druckhaus Nomos, Sinzheim

Alle Rechte vorbehalten
ISBN 978-3-96238-020-5

Steffen Lange und Tilman Santarius

SMARTE GRÜNE WELT?

*Digitalisierung
zwischen Überwachung,
Konsum und Nachhaltigkeit*

Inhaltsverzeichnis

1. **Disruptionen für Nachhaltigkeit?** 7
2. **Triebkräfte der Digitalisierung** 13
3. **Mit Nullen und Einsen die Umwelt retten?** 21
   Die materielle Basis von Bits und Bytes 24
   Dematerialisierung durch digitale Geräte? 28
   Dezentrale Energiewende nur mit Digitalisierung 33
   Quantensprung für den nachhaltigen Konsum 45
   Big Data, Big Needs 50
   E-Commerce: anything, anywhere, anytime 57
   Verkehrsvermeidung durch Lieferdienste? 60
   Smarte Mobilität – große Chancen, große Risiken 64
   Industrie 4.0: Mit Effizienz zu mehr Wachstum 78
4. **Mit Automaten und Algorithmen Gerechtigkeit schaffen?** 83
   Jobs: Is this time different? 86
   Die Rückkehr der Diener 96
   Chancen für Wirtschaftsdemokratie 105
   Monopolisierung und Machtkonzentration 117
   Polarisierung 4.0: Mit Ungleichheit zu weniger Wachstum . . 124
   Trittbrettfahren beim Gemeinwohl 130
   Die Illusion vom ›Guten Leben‹ 134
5. **Prinzipien einer zukunftsfähigen Digitalisierung** . 143
   Zwischenfazit: Der Digitalisierung eine klare Richtung geben! . 144
   Leitprinzip 1: Digitale Suffizienz 151
   Leitprinzip 2: Konsequenter Datenschutz 156
   Leitprinzip 3: Gemeinwohlorientierung 161

6. Agenda für eine vernetzte Gesellschaft 167

Elemente einer transformativen Digitalpolitik 167

Was können Nutzer*innen tun? 185

Die Rolle der Zivilgesellschaft 192

7. Plädoyer für eine sanfte Digitalisierung 199

Literaturverzeichnis 205

Abbildungsverzeichnis 238

Anmerkungen 241

Danksagung 264

Über die Autoren 265

Kapitel 1

Disruptionen
für Nachhaltigkeit?

»Alles wird sich ändern, es wird eine neue Welt!« Dieser prophetische Ruf aus der IT-Branche ist inzwischen zur gängigen öffentlichen Einschätzung der gesellschaftlichen Tragweite der Digitalisierung geworden. Unzählige Zeitungsartikel und Blogbeiträge zur Digitalisierung beginnen mit der Aussage, dass diese unser Leben von Grund auf umkrempeln wird. Und nicht nur das: Viele meinen, dass die digitalen Neuerungen ›disruptiv‹ seien. Mit einem Ruck würden sie Geschäftsfelder, Kommunikationsweisen, Herstellungsverfahren oder Konsumgewohnheiten erschüttern und umwälzen.[1] Ja, sogar Kritiker*innen lassen oft keinen Zweifel daran, dass wir uns mitten in einer digitalen Revolution befinden.

Und tatsächlich: Noch nie war eine technologische Entwicklung so schnell und hat so tief in unseren Alltag hineingewirkt. In weniger als zehn Jahren sind die kleinen Maschinen, die jede Information über alles und nichts zu jeder Zeit an jedem Ort verfügbar machen, zum persönlichen Begleiter eines Großteils der Bevölkerung geworden. Die ›Smartphonisierung‹ unserer Lebenswelt wird allerdings nicht das Ende der Fahnenstange gewesen sein. Mit dem Internet der Dinge, *Big Data*, künstlicher Intelligenz, *Smart Cities* oder selbstfahrenden Autos werden derzeit Visionen einer Welt entworfen, die weitreichende Auswirkungen auf viele Lebens- und Wirtschaftsbereiche haben könnten. Noch wissen wir zwar nicht, was davon Wirklichkeit werden wird. Aber wir sollten uns darauf vorbereiten: Unsere Zukunft dürfte ganz maßgeblich von der Digitalisierung geprägt werden. Offen ist nur die Frage: Wird dies unsere Gesellschaft in eine positive Richtung verändern?

Die Entwickler*innen digitaler Technologien sind weder die Ersten noch die Einzigen, die große soziale Umgestaltungen anstreben. Seit Langem mahnen viele Nachhaltigkeitswissenschaftler*innen und Vertreter*innen der Zivilgesellschaft, dass unser Wirtschaften und unser Konsum von Grund auf umgekrempelt werden müssen. Ihre Sorge: Die Tragfähigkeit unseres blauen Planeten könnte an den Rand des Kollapses geraten und soziale Gemeinschaften könnten riskant destabilisiert werden.[2] An aufrüttelnden Nachrichten mangelt es dabei nicht: Der gefährliche Klimawandel schreitet unaufhörlich voran und könnte in den nächsten Jahrzehnten gravierende Folgen für Mensch und Natur nach sich ziehen.[3] Zugleich kämpft ein wachsender Teil der Bevölkerung – nicht nur in den ärmsten Regionen der Welt oder in den südeuropäischen Krisenländern, sondern zunehmend auch hierzulande – um einen sicheren Arbeitsplatz, ein verlässliches Einkommen und einen würdevollen Platz in der Gesellschaft.[4] Auch hierauf sollten wir vorbereitet sein: Wenn sich an den grundlegenden Strukturen unseres Wirtschaftens und unserer Lebensweisen nichts verändert, dürfte unsere Zukunft ganz maßgeblich durch ökologische und soziale Krisen geprägt werden.

Wie viele andere sind auch wir, die Autoren, der Meinung, dass eine »sozialökologische Transformation« nötig ist, um unsere Gesellschaft(en) zukunftsfähig zu machen.[5] Das bedeutet, dass die Art und Weise, wie wir produzieren und konsumieren, grundlegend umgestaltet werden muss, um ökologisch nachhaltig und sozial gerecht zu werden. Wir brauchen also durchaus große Veränderungen, um die globalen Herausforderungen des 21. Jahrhunderts zu meistern – aber mit einer klaren Zielsetzung: Sie sollen den sozialökologischen Wandel voranbringen! Kann das viel gepriesene ›Disruptionspotenzial‹ der Digitalisierung hierfür genutzt werden?

Unsere Generation steht vor zwei Herkulesaufgaben: Wir müssen die Welt mit 7,5 Milliarden Menschen gerechter machen und gleichzeitig die Umwelt vor dem Kollaps bewahren. Gerechtigkeit und Ökologie – beide Ziele sind zentral und müssen gleichrangig miteinander verschränkt werden. Denn wenn die Ungleichheit zunimmt und immer weniger Menschen eine Chance auf ein Leben in Würde erhalten, dann schrumpfen die Bereitschaft und das – auch finanzielle – Vermögen, in den Umbau unserer Wirtschaft und Gesellschaft zu investieren und nachhaltigere Formen von Produktion, Konsum, Mobilität und Wohnen auszuprobieren. Und wenn wiederum der Klimawandel, die Erosion fruchtbarer Böden, das Artensterben und die Übernutzung endlicher Ressourcen unseren Kindern und Enkel*innen die Lebens- und Wirtschaftsgrundlagen entziehen, dann werden soziale Konflikte zunehmen und hierzulande wie global immer mehr Bevölkerungsgruppen von Arbeitsplatzverlusten, sozialer Ausgrenzung und Verarmung betroffen sein.

Auf den Punkt gebracht heißt das: Ohne Gerechtigkeit wird kein Umweltschutz zu machen sein, und ohne Umweltschutz lässt sich keine soziale Gerechtigkeit erzielen.[6] Deshalb müssen die Treibhausgasemissionen aus fossilen Energieträgern – Kohle, Öl und Gas – in Deutschland und anderen Industrieländern in den nächsten zehn bis fünfzehn Jahren auf null (!) sinken, um einen fairen Beitrag zum weltweiten Klimaschutz zu leisten und die globale Erwärmung unter der gefährlichen Schwelle von 2 Grad, möglichst bei nur 1,5 Grad Celsius zu halten.[7] Der Verbrauch von natürlichen Ressourcen muss in den nächsten zwanzig Jahren auf ein Zehntel sinken, damit die Regenerationsfähigkeit von Ökosystemen und Biosphäre gewährleistet bleibt.[8] Zugleich darf sich die Schere zwischen Reich und Arm, also zwischen den höchsten und niedrigsten Einkommensgruppen der Gesellschaft, nicht noch weiter öffnen, im Gegenteil: Sie muss sich schließen, um sozialen Frieden und Demokratie dauerhaft zu sichern.[9] Und bei alledem müssen alle Menschen am gesellschaftlichen Leben teilhaben können – sei es durch einen Job, der auskömmlich entlohnt wird, oder ein Einkommen jenseits der Erwerbsarbeit.

All diese Ziele sind derzeit noch sehr weit entfernt. Deutschland wie auch viele andere (Industrie-)Länder bewegen sich kaum in diese Richtung. Zwar wächst die Einsicht, dass Umwelt- und Sozialpolitik wichtig sind und dass schlichte Rezepte, wie etwa am Wirtschaftswachstum als Allheilmittel festzuhalten, fehlschlagen werden.[10] Doch von einer großen gesellschaftlichen Transformation kann keine Rede sein. Die meisten Unternehmen setzen nach wie vor auf Wachstum statt auf grundlegende Transformation, und selbst Nachhaltigkeitspioniere können sich nur bedingt den Systemzwängen entziehen. Auch bleiben die meisten Menschen in ihren Konsumgewohnheiten gefangen oder nehmen die immer neuen Konsumangebote willig an. Derweil scheint sich das Gros der Politiker*innen mutlos in der politischen Mitte zu verstecken, während der Einfluss von Populist*innen wächst, die verbissen am überkommenen Status quo festhalten und zugleich unsere Demokratie untergraben. Große soziale oder ökologische Würfe stehen also auch seitens der Politik nicht in Aussicht. Wenn die öffentliche Diskussionskultur vergiftet wird, die Funktionsfähigkeit unserer demokratischen Institutionen leidet und weltweit Kriege und Konflikte zunehmen, dürfte ein friedlicher gesellschaftlicher Wandel in Richtung Nachhaltigkeit nur noch schwieriger werden.

Wir stehen also vor der Megaherausforderung des nachhaltigen gesellschaftlichen Wandels, während der Megatrend Digitalisierung sich in vielen Lebensbereichen Bahn bricht. Kann das disruptive Potenzial der Digitalisierung helfen, den dringend nötigen Wandel anzustoßen und die Welt von morgen zu einer sozial gerechteren und ökologisch nachhaltigeren zu machen? Immerhin, an ambitionierten Absichtserklärungen aus der IT-Branche und dem Silicon Valley mangelt es nicht.[11] Facebook-Gründer Mark Zuckerberg möchte eine ›global community‹ aller Menschen schaffen, Elon Musk mit dem Tesla das umweltfreundliche Auto durchsetzen und Bill Gates, der Gründer von Microsoft, Armut und Hunger in der Welt beenden. Doch hält die Praxis dieser und anderer Konzerne ihrer Rhetorik stand? Welchen Einfluss auf Energie- und Ressourcenverbräuche, auf Arbeitsplätze und Einkommensverteilung haben die digitalen Informations- und Kommunikationstechnologien (IKT), das Internet, die unzähligen Apps und digitalen Plattformen bisher? Und wie wird sich die immer vernetztere und schnellere Kommunikation von Menschen, Dingen und Maschinen künftig auf Ökologie und Fairness auswirken?

In diesem Buch suchen wir Antworten auf die Kernfragen, die für die Zukunft der Menschheit zentral werden könnten: Welchen Beitrag kann die Digitalisierung zum Schutz der Biosphäre und zur Verbesserung sozialer Gerechtigkeit leisten? Und wo liegen Chancen, wo liegen Risiken der zunehmenden Digitalisierung vieler unserer Lebens- und Wirtschaftsbereiche für eine soziale und ökologische Transformation der Gesellschaft?

Kapitel 2

Triebkräfte der Digitalisierung

Einer der abgedroschensten Allgemeinplätze in Gesprächen über Digitalisierung ist der, dass Technik ›neutral‹ sei. Technik, so wird dann behauptet, sei weder gut noch schlecht, sondern ein rein sachliches ›Werkzeug‹, mit dem die allerunterschiedlichsten Ziele verfolgt werden könnten. Eine Technik sage nichts über die Zwecke aus, für die sie eingesetzt werde. Frei nach dem Beispiel: Ein Auto kann Verletzte ins Krankenhaus transportieren, als Panzerwagen im Krieg dienen oder aber für vergnügliche Spritztouren am Wochenende bereitstehen. Doch diese Sichtweise gilt höchstens für die abstrakte Erfindung von Technik, also für die rein theoretische Idee eines ›Automobils‹ oder ›der Digitalisierung‹. In der konkreten Ausgestaltung hingegen verkörpern technische Geräte immer auch die Interessen und Zwecke derer, die sie machen. Welche konkreten Formen Technik annimmt, wird von denen bestimmt, die sie designen, herstellen, verkaufen und ihre Rahmenbedingungen regulieren. Wie sähen Autos denn aus – ja, gäbe es sie überhaupt als Privatwagen oder nur als öffentliche Transportmittel? –, wenn sie nicht gemäß den Interessen der Automobilindustrie, Ölkonzerne, Tankstellenbetreiber, Straßenbaufirmen, Verkehrspolitiker*innen und natürlich der Lobby der Autofahrer*innen gestaltet worden wären?

So ist es auch mit der Digitalisierung, sprich: dem Einzug unzähliger Geräte und Anwendungen der Informations- und Kommunikationstechnologien (Hard- und Software) in unterschiedliche Lebens- und Wirtschaftsbereiche. Wie und wofür können sie genutzt werden? Und wofür nicht? Welche Bedürfnisse werden befriedigt, welche verletzt? Die Art, wie jedes einzelne digitale Gerät gestaltet und jede

Anwendung programmiert ist, wie Suchmaschinen Auskunft geben oder wie das Internet als Ganzes geregelt ist, wird niemals ›neutral‹ sein. Daher entscheiden die Nutzer*innen auch keineswegs alleine, wem die Digitalisierung dient und nützlich ist. Die Gestaltung von Technik ist das Ergebnis eines andauernden Prozesses gesellschaftlicher Auseinandersetzungen. Und in diesem Prozess schlägt sich auch die unterschiedlich große Macht der beteiligten Akteure nieder.

Um zu verstehen, welche Anliegen die Digitalisierung besonders prägen, erweist sich ein Blick in ihre Geschichte als äußerst aufschlussreich. Er zeigt: Wer die Entwicklung von Computern und des Internets aus der Taufe gehoben hat, dessen Anliegen prägen bis heute die Gestaltung, Regulierung und Nutzung verschiedenster Formen der Digitalisierung. Unzählige Wissenschaftler*innen, Ingenieur*innen und Praktiker*innen haben über Jahrzehnte daran mitgewirkt, dass Informations- und Kommunikationstechnologien und das Internet so geworden sind, wie wir sie kennen. Doch blickt man auf die Anfänge zurück, dann können insbesondere drei Interessengruppen die Patenschaft der Digitalisierung für sich beanspruchen: Militär, Wirtschaft und Weltverbesserer.

Die Anfänge der Entwicklung und Vernetzung digitaler Informations- und Kommunikationstechnologien gehen auf das US-amerikanische Militär zurück. Fernmeldedienste sind nicht nur in der akuten Kriegführung, sondern auch zur Spionage gegen potenzielle Feinde oder zur Entwicklung automatisierter Waffensysteme von großer Bedeutung. Unmittelbar nach dem ›Sputnik-Schock‹ von 1957, als die Sowjetunion als erste Nation ins Weltall geflogen war und damit den ›Westen‹ das Fürchten gelehrt hatte, gründete das US-amerikanische Verteidigungsministerium die ›*Advanced Research Projects Agency*‹ (ARPA) und beauftragte sie, ein flexibles, möglichst autonom funktionierendes Informationsnetzwerk zu entwickeln. Es sollte ohne zentrale Kommandostelle auskommen, um im Falle eines Atomkriegs möglichst robust zu sein. Gut zehn Jahre später, 1969, wurde das ›Arpanet‹ als einer der wichtigsten Vorläufer des Internets in Betrieb genommen und ab 1975 auch in Militäroperationen eingesetzt.[1] An der Entstehung wie auch Weiterentwicklung des Arpanets während der darauffolgenden Jahre waren zwar auch etliche Wissen-schaftler*innen beteiligt, die nicht direkt dem Verteidigungsministe-rium unterstanden, aber der Großteil der Finanzierung für die Com-puterwissenschaften in den 1950er- bis 1970er-Jahren stammte aus dem Militärhaushalt.[2] Auch die Forscher*innen und Techniker*in-nen, die lediglich aus Erkenntnisinteresse gearbeitet haben mögen oder für den hehren Traum, mittels Computerkommunikation die Welt zu verändern, verdankten ihre Aufträge und Ressourcen letzt-lich dem Kalten Krieg, der jahrzehntelang auf ein Wettrüsten und Wettauspionieren der amerikanisch dominierten NATO-Staaten gegen die Sowjetunion und ihre Verbündeten zielte.[3]

Wirtschaftliche Akteure begannen etwas später, Informations- und Kommunikationstechnologien für ihre Zwecke zu nutzen – und zu prägen. Während noch in den 1950er-Jahren der überwiegende Teil der Computer von militärischen und wissenschaftlichen Ein-richtungen betrieben wurde, übernahm ab Mitte der 1960er-Jahre die Wirtschaft. Nun waren es vor allem Banken, Versicherungen und zunehmend auch große Industrien, die über die meiste Rechen-kapazität verfügten.[4] Bereits 1969 wurde die sogenannte ›speicher-programmierbare Steuerung‹ erfunden, mit der Maschinen digi-tal programmiert und betrieben werden konnten. Die industriellen Automatisierungsschübe in den folgenden Jahrzehnten erlaubten es den Unternehmen, in hohem Maße Arbeitskräfte durch Maschinen zu ersetzen und so ihre Produktion auszuweiten und Profite zu erhö-hen. Spätestens seit den 1970er-Jahren wurde die Privatwirtschaft daher ein wichtiger Motor der Digitalisierung. Die zentralen Trieb-kräfte waren einerseits Telekommunikationsunternehmen wie etwa der nordamerikanische Konzern AT&T, die mit politischem Druck eine weitreichende Deregulierung des Telekommunikationsmarkts erwirkten und dafür sorgten, dass Computerdaten zwar dieselben Netze wie Telefondaten verwenden können, dabei aber kaum poli-tisch reguliert werden. Andererseits trieben Hard- und Software-firmen wie IBM, Intel, Microsoft oder Oracle diese Entwicklung an. Diese stiegen bald in die Riege der kapitalstärksten Weltkonzerne auf und Firmenchefs wie Bill Gates oder Larry Ellison zählen bereits

Triebkräfte der Digitalisierung

lange zu den reichsten Milliardären der Welt.[5] In diesen großen transnationalen Unternehmen legten Systementwickler*innen die Grundlagen für die Ausbreitung von PCs und anderen digitalen Technologien sowie deren Vernetzung im Internet – deutlich bevor Tim Berners-Lee 1991 das *World Wide Web* erfand. Viele Unternehmen betrieben zudem Intranets. Beispielsweise verfügte Ende der 1980er-Jahre die Bank Citicorp über das damals größte private Intranet der Welt, um zwischen ihren 94 nationalen Standorten Währungsgeschäfte in Höhe von rund 200 Milliarden US-Dollar täglich abzuwickeln.[6] Digitalisierung lieferte somit die Basis dafür, dass transnationale Konzerne ihre Produktions- und Wertschöpfungsketten quer über alle Kontinente aufspannen konnten. Die industriellen Automatisierungsschübe erlaubten es, Arbeitskräfte durch Maschinen zu ersetzen, um Profite zu erhöhen und die Produktion auszuweiten. Und dank Digitalisierung konnten Wissen und Informationen systematisch in Wert gesetzt und schrittweise zum lukrativsten Geschäftsfeld des 21. Jahrhunderts ausgebaut werden.[7]

Scheinbar konträr zum Kontroll- und Abhörinteresse des Militärs und zum Profitinteresse der Wirtschaft wurde die Digitalisierung von früh auf auch durch die ›alternative Szene‹ der 1960er- und 1970er-Jahre, insbesondere der amerikanischen Hippie- und Gegenkultur *(counterculture)*, geprägt und gestaltet.[8] Als Vorläufer der Studentenrevolution hat bereits das *Free Speech Movement* von 1964 für Meinungsfreiheit, Gerechtigkeit und gegen den ›militärisch-industriellen Komplex‹ demonstriert. Es kämpfte für eine Gesellschaft, in der die Technik zurück in die Hände der Menschen gelegt wird, anstatt den Menschen zu einem Rädchen in der industriellen Maschine zu machen.[9] Ende der 1960er- und Anfang der 1970er-Jahre suchte dann eine ganze Bewegung in den USA und weltweit nach alternativen Lebensformen, die im Einklang mit der Natur stehen sollten und sich gegen den freiheitsberaubenden Kapitalismus wandten. Diese Bewegung war nicht unbedingt technikfeindlich: Kleinmaßstäbliche, ›konviviale Technologien‹[10] aller Art – auch zur Informationsbeschaffung – wurden als wichtige Werkzeuge für die Emanzipation und Unabhängigkeit vom Industriekapitalismus eingesetzt.

Der *Whole Earth Catalogue* von 1968 etwa, der Kommunard*innen Informationen und Instrumente zur Selbstversorgung an die Hand gab, gilt als wichtiger analoger Vorläufer des Internets.[11] Die Werte und Ideale der ›Alternativ-Szene‹ prägten die ›Computer-Szene‹ von Anfang an mit: Etliche IT-Firmen wurden von langhaarigen Hippies in Hinterhöfen hochgezogen. Steve Jobs gründete Apple als ›*countercultural computer company*‹. Und es wuchs eine ganze Generation von Hacker*innen heran, die einer strengen normativen Ethik folgten.[12] Auch wenn manche von ihnen eher individualistische oder libertäre Ziele verfolgten, sahen und sehen viele Hacker in der Digitalisierung die Chance, unterdrückende Hierarchien abzubauen, ausbeuterische Konzerne lahmzulegen und den destruktiven Kapitalismus durch eine umweltfreundliche und gerechte Ökonomie zu ersetzen.[13] Es nimmt nicht wunder, dass sowohl Spionageversuche von Militär und Geheimdiensten als auch die digitalen Giganten – allen voran der Konzern Microsoft – in der digitalen Alternativszene von jeher Feindbilder waren und als Abtrünnige bekämpft wurden.

Mit Militär, Wirtschaft und alternativer Szene prägten also höchst unterschiedliche Gruppen die frühe Entwicklung digitaler Technologien. Daher stellt sich die Frage: Wes Geistes Kind ist die Digitalisierung geworden? Sind es Bespitzelung und Kontrolle, weitere Effizienz- und Profitsteigerungen für den globalen Kapitalismus oder die Stärkung von Selbstbestimmung, sozialer Kooperation und einer nachhaltigen Ökonomie? Bis heute begleiten diese drei Großthemen die Debatten über jede neue Welle der Digitalisierung. Mitunter ist es schwierig auszumachen, welche Interessen im Vordergrund stehen. Drei aktuelle Beispiele verdeutlichen dies.

Derzeit werden zahlreiche *Smart-Home*-Systeme entwickelt, mit denen man etwa die Heizung intelligent steuern kann. Das spart Energie und ist daher gut fürs Klima. Doch werden viele dieser Systeme so gestaltet, dass die Sensoren in der Wohnung und die vernetzten Geräte minutiöse Bewegungsprofile der Nutzer*innen erstellen und intimste persönliche Informationen über ihr Verhalten sammeln – was beinahe der Kontrolle eines Straftäters durch eine elektronische Fußfessel gleichkommt. Geht es bei *Smart-Home*-Systemen also um das Energiesparen, den Abhörwahn von Geheimdiensten oder das Interesse von Unternehmen, nicht nur neue Elektronikprodukte, sondern auch noch die Nutzerdaten zu verkaufen?

Beispiel zwei: Dank künstlicher Intelligenz sollen Roboter und digitale Assistenten bald auch in vielen noch nicht automatisierten Bereichen menschliche Tätigkeiten ersetzen können. Befreit dies Menschen von mühevoller Arbeit, hebt ehemalige ›Klassenunterschiede‹ auf und verbessert die Möglichkeiten eines selbstbestimmten, kreativen Arbeitens für alle? Oder führt es zu massenweisen Entlassungen und einer Umverteilung des Einkommens der dann arbeitslosen Bevölkerung hin zu jenen, die die Roboter entwickeln und besitzen?

Und ein drittes Beispiel: Mithilfe der *Blockchain*-Technologie, so versprechen es alternative Kreise,[14] könnten Zwischenhändler jeglicher Art wie auch (Zentral-)Banken und Handelskonzerne überflüssig gemacht und die Wirtschaft radikal demokratisiert werden. Doch erstaunlicherweise sind es gerade internationale Banken und andere Finanzinstitutionen, die massiv in den Ausbau von Bitcoins und anderen *Blockchain*-Anwendungen investieren. Wird diese Technologie den Kapitalismus also tatsächlich transformieren – oder aber seine Effizienz optimieren und den globalen Kapitalverkehr noch weiter beschleunigen?

In diesem Buch werden wir uns solchen und vielen weiteren Fragen vertieft widmen. Die Antworten hängen davon ab, welche Akteure mit welchen Interessen die jeweiligen digitalen Technologien und Anwendungen entwickeln, gestalten und nutzen. ›Neutral‹ sind sie jedenfalls kaum, sondern oft von Widersprüchen gekennzeichnet. Immer wieder steht daher die entscheidende Frage im Raum: Dient die Digitalisierung der Überwachung, der Kommerzialisierung oder der gesellschaftlichen Transformation in Richtung sozialer und ökologischer Nachhaltigkeit?

Für jedes der drei Anliegen gibt es sowohl leidenschaftliche Befürworter*innen als auch heftige Kritiker*innen. Manche sehen in der Digitalisierung nach wie vor einen Meilenstein für die Meinungsfreiheit und demokratische Willensbildung.[15] Andere befürchten, sie führe geradewegs in eine ›smarte Diktatur‹, die unsere Privatsphäre und Demokratie mit Füßen trete.[16] Die Bundesregierung betrachtet die Digitalisierung der Produktion und des Konsums hin zu einer ›Industrie 4.0‹ als Königsweg, um das Wirtschaftswachstum anzufachen, Arbeitsplätze zu sichern und Einkommen zu steigern.[17] Etliche kritische Forscher*innen warnen jedoch davor, binnen weniger Jahrzehnte drohe der Hälfte der Menschen Arbeitslosigkeit und Prekarisierung.[18] Schließlich meinen einige, die Digitalisierung sei ein mächtiges Werkzeug, um Klima und Ressourcen zu schützen und eine kollaborative Gemeinwirtschaft aufzubauen.[19] Andere wiederum befürchten, durch Digitalisierung könne der kapitalistische Raubbau an der Umwelt in Form einer ›intelligenten Naturbeherrschung‹ noch forciert werden.[20]

Bei allen Ansichten ist auffällig, dass die Hoffnungen und Befürchtungen gerne zwischen Hype und Hysterie oszillieren. Kritiker*innen zeichnen apokalyptisch anmutende Szenarien, die alle nur erdenklichen Übel pauschal der Digitalisierung zuordnen. Technophile Utopist*innen rufen dagegen vorauseilend den Segen des ›next big thing‹ der digitalen Revolution aus, bevor überhaupt klar ist, ob sich dieses je durchsetzen wird und wer es eigentlich haben möchte. Ja, manches Mal hat man sogar den Eindruck, dass mit dramatischen Schreckensmeldungen letztlich doch eine Ehrfurcht vor der nächsten Welle der Technologisierung unserer Lebenswelten vorbereitet werden soll.[21] Vielleicht kommt alles ja weder so schlimm noch so wohlfeil daher, wie es herausposaunt wird, sondern dient im Wesentlichen der Fortsetzung des – leider gar nicht nachhaltigen – Status quo?

Am Ende können sich alle Warnungen und Hoffnungen als richtig oder als falsch erweisen, denn es kommt darauf an, was unsere Gesellschaft und jede*r Einzelne aus der Digitalisierung macht und welche Ausprägungen digitaler Technologien wir im Einzelfall haben und nutzen wollen. Für die Frage, ob sich die Digitalisierung eher Richtung Überwachung, Kommerzialisierung oder Nachhaltigkeit entwickeln wird, ist es besonders relevant, wie die politischen und gesellschaftlichen Weichen gestellt werden. Weder Politik noch Forschung oder Zivilgesellschaft haben begonnen, die Agenda einer transformativen Digitalpolitik zu besetzen. Wir meinen: Es ist höchste Zeit dafür!

In den folgenden Kapiteln analysieren wir zunächst die Chancen und Risiken der Digitalisierung für die Umwelt – für die Reduktion von Energie- und Ressourcenverbräuchen, der Treibhausgasemissionen und des ökologischen Umbaus der Produktions- und Konsumweisen (Kapitel 3). Danach untersuchen wir, wie Digitalisierung Fragen der ökonomischen Gerechtigkeit beeinflusst – Arbeitsplätze, Machtkonzentration, Einkommensgerechtigkeit und Wirtschaftswachstum (Kapitel 4). Auf Basis der Ergebnisse dieser Analysen entwickeln wir drei Leitprinzipien, auf die eine umwelt- und gerechtigkeitsorientierte Digitalisierung ausgerichtet werden sollte (Kapitel 5). Und schließlich erörtern wir, was aus diesen Leitprinzipien für die Politik, für Nutzer*innen und für die Zivilgesellschaft folgt (Kapitel 6): Mit welchen Rahmenbedingungen und Steuerungsinstrumenten kann die Digitalisierung gelenkt und flankiert werden, welche Konsum- und Verhaltensmuster können sie begünstigen und welche Rolle kann eine kritische Zivilgesellschaft spielen, damit die Digitalisierung zu einer sozialökologischen Transformation der Gesellschaft beiträgt?

Kapitel 3

Mit Nullen und Einsen
die Umwelt retten?

Die größte Bibliothek der Welt ist die British Library in London. Dass die umfassendste Sammlung von Büchern, Zeitschriften, Tonträgern, Karten, Gemälden und vielem anderen nach wie vor in England steht, zeigt, welche lange Tradition die Aufbewahrung physischer Informationsgüter hat. Die Geschichte der Bibliothek reicht bis 1753 und damit in die Zeit des Ersten Britischen Empires zurück. Die Sammlung umfasst derzeit circa 200 Millionen Medien, davon 25 Millionen Bücher, und befindet sich auf einem Gelände von 111.500 Quadratmetern in einem der größten Gebäude des Vereinten Königreichs. Würde man die komplette Anzahl der Bücher als E-Books speichern, beliefe sich dies auf ein Datenvolumen von geschätzt 65 Terabyte. Da eine 3,5-Zoll-Festplatte heute bereits 12 Terabyte Speicherplatz bietet, könnten wir also die gesamte Länge der rund 625 Kilometer Bücherregale der British Library in drei externen Festplatten auf einem kleinen Beistelltisch neben unserem Laptop platzieren. Auf den ersten Blick scheint es trivial: Digitalisierung hat das Potenzial, in enormem Umfang physische Ressourcen zu sparen.

Dementsprechend ist die Hoffnung in die Digitalisierung als dem Retter der ökologischen Probleme vielerorts groß, zum Beispiel im Bundeswirtschaftsministerium: »Durch die Digitalisierung wird die deutsche Wirtschaft nachhaltiger, da sie erheblich zu Ressourcenschonung und Energieeffizienz beiträgt.«[1] Grund für diese Erwartung ist die Annahme, dass die Digitalisierung die Produktivität von natürlichen Ressourcen und Energie enorm steigern werde.[2] Laut

Studien einiger Unternehmensberatungen und der *Global e-Sustainability Initiative* – einem weltweiten Zusammenschluss großer Telekommunikations- und IT-Unternehmen – können mithilfe von Informations- und Kommunikationstechnologien bis zum Jahr 2030 angeblich sagenhafte 20 Prozent der weltweiten CO_2-Emissionen eingespart werden.[3] Damit würde die Digitalisierung einen deutlich größeren Beitrag leisten als alle bisherigen Gesetze der Klimapolitik!

Ob die Annahmen der Studie plausibel sind, ist allerdings fraglich; wir werden darauf im Folgenden zurückkommen. Neben einigen großen Chancen, etwa bei der Energiewende oder dem öffentlichen Verkehr, gibt es in anderen Bereichen, etwa beim Konsum oder in der Industrie, Fragezeichen, ob Digitalisierung wirklich zu ökologischer Nachhaltigkeit beitragen kann. In diesem Kapitel gehen wir den Chancen und Risiken der Digitalisierung für die Verringerung des Energie- und Ressourcenverbrauchs sowie für die nachhaltige Transformation unserer Produktions- und Konsumweisen nach. Hierbei betrachten wir fünf Bereiche:

Erstens fragen wir nach der materiellen Basis all der Geräte und Infrastrukturen vom Smartphone bis zum Serverpark, die den virtuellen und immateriell erscheinenden digitalen Anwendungen zugrunde liegen. Lassen sich durch den Ersatz physischer Produkte Material und Treibhausgasemissionen einsparen – etwa, wenn wir Bücher auf einem E-Book-Reader lesen oder Filme streamen, statt uns ein Taschenbuch oder eine DVD zu leihen oder zu kaufen? Wir werden zeigen, dass ein Vergleich der Ökobilanzen digitaler und konventioneller ›analoger‹ Dienstleistungen oft keine signifikanten Unterschiede zeigt. Spannend ist allerdings die Frage, wie sich die Bilanz verändert, wenn Rebound-Effekte einberechnet werden.

Zweitens gehen wir der Frage nach, wie die Digitalisierung dabei helfen kann, bei der Herstellung von Strom und Wärme in Zukunft vollständig auf Kohle, Öl und Gas zu verzichten und eine stabile Versorgung aus erneuerbaren Energieträgern sicherzustellen. Hier zeigt sich, dass die großen ökologischen und sozialen Chancen eines dezentralen, demokratischen Energiesystems erst mithilfe der Digitalisierung genutzt werden können. Eine der zentralen Herausforderungen besteht hier im Schutz der Privatsphäre, den es durch entsprechende Maßnahmen sicherzustellen gilt.

Das dritte große Feld, dem wir uns zuwenden, ist unser Konsum. Einerseits beleuchten wir, welche Chancen sich für nachhaltige Konsumweisen auftun, etwa für *Sharing*, ›*Do it yourself*‹ oder den Verzicht auf Neukauf. Andererseits werden wir zeigen, wie Digitalisierung durch personalisierte Werbung und omnipräsente Shoppingoptionen dazu beiträgt, das bestehende, hohe Konsumniveau noch weiter zu steigern.

Verbunden mit steigendem Konsum ist viertens eine Zunahme des Verkehrs, die erst durch die Digitalisierung ermöglicht wird und durch selbstfahrende Privatautos auf die Spitze getrieben werden könnte. Wir zeigen aber auch, wie – richtig gelenkt – eine Digitalisierung des nutzungsgeteilten und öffentlichen Verkehrs enorme ökologische Potenziale für eine Verkehrswende birgt.

Fünftens blicken wir auf das produzierende Gewerbe, in dem die Digitalisierung im Konzept der Industrie 4.0 aufgeht. Wir beleuchten, welche Chancen für Material- und Energieeffizienzsteigerungen darin liegen, zeigen aber auch, wie neues Wachstum zu Rebound-Effekten führen und so Umweltentlastungen zunichtemachen könnte.

Selbstverständlich haben all diese Facetten der Digitalisierung nicht nur ökologische Auswirkungen. Genau die gleichen Entwicklungen beeinflussen, welche Arbeitsplätze entstehen und verloren gehen, wie sich die Einkommen (um-)verteilen und wer wirtschaftlich dabei gewinnt oder verliert. Diesen Fragen widmen wir uns in Kapitel 4. Zunächst also zu den ökologischen Auswirkungen der Digitalisierung. Wir beginnen mit den technischen Geräten, die aus unser aller Leben inzwischen kaum mehr wegzudenken sind: Smartphones, PCs, Tablets und mehr.

Die materielle Basis von Bits und Bytes

Denkt man an die ökologische Seite der Digitalisierung, könnte man zunächst an den Stromverbrauch all der Geräte denken, die in unser Leben Einzug gehalten haben. Vor einigen Jahren wurde in den Medien diskutiert, ob eine einzelne Google-Suche womöglich mit vier Watt pro Stunde so viel Strom verbrauche wie eine Energiesparlampe in einer Stunde; Google selber verlautbarte, es seien ›nur‹ sechs Minuten (circa 0,4 Wattstunden).[4] Manch anderer mag sich fragen, wie viel Strom der Computer und die Datenübertragung fressen, während man einen Film streamt. Zu solchen Beispielen kommen wir in den folgenden Abschnitten, denn diese spiegeln einen Großteil der bestehenden Statistiken und Forschungen zum Thema wider. Was dabei jedoch vergessen wird: Die digitalen Geräte, Infrastrukturen und Anwendungen erfordern selbstverständlich schon in ihrer Herstellung Ressourcen und Energie. Und am Ende müssen die – oft noch dazu kurzlebigen – Geräte als Elektroschrott auch wieder entsorgt werden.[5]

Die materielle Basis möchten wir beispielhaft am Smartphone verdeutlichen, dass mit der Markteinführung des ersten iPhone im Jahre 2007 seinen Siegeszug in die Hosentaschen angetreten hat – jedenfalls beim reicheren Teil der Weltbevölkerung. Jedes einzelne Gerät ist leicht, klein und mit einer funkelnden Oberfläche versehen. Anders als bei stinkenden Lokomotiven, schweren Autos oder lärmenden Flugzeugen – den Schlüsseltechnologien vorangegangener Epochen der Industrialisierung – scheint der Umweltverbrauch für jedes einzelne Gerät kaum ins Gewicht zu fallen: Nur 5 Gramm Kobalt, 15 Gramm Kupfer, 22 Gramm Aluminium und etliche andere Ressourcen befinden sich durchschnittlich in einem Smartphone. Aber es kommt auf die Gesamtmenge an! So wurden in nur zehn Jahren weltweit über sieben Milliarden Smartphones verkauft. Insgesamt wurden dabei 38.000 Tonnen Kobalt, 107.000 Tonnen Kupfer, 157.000 Tonnen Aluminium und Tausende Tonnen weiterer Materialien verbaut.

Für Smartphones werden zwar bei den meisten metallischen Rohstoffen nur ein bis drei Prozent ihrer globalen Primärproduktion verbraucht (bei Kobalt und Palladium sind es rund zehn Prozent).[6] Doch Smartphones sind ja nur ein *Device* unter vielen. Im Zuge der Digitalisierung werden mannigfaltige weitere Geräte wie etwa PCs, Tablets oder MP3-Player und andere *Wearables* produziert. Hinzu kommen Aufbau und Betrieb der digitalen Infrastrukturen: all die Datenkabel, Server oder Rechenzentren, die wir nie zu sehen bekommen, die uns aber erst den Zugang zum Internet ermöglichen. Dies alles verbraucht ebenfalls Millionen Tonnen an Ressourcen. Beispielsweise werden in Elektronikprodukten 25 Prozent des weltweit gewonnenen Silbers verbaut. Neben Silber stammen auch etliche andere Rohstoffe der Elektronikindustrie wie Kobalt, Tantal, Platin oder Palladium aus Ländern, in denen Menschen unter unwürdigsten Bedingungen arbeiten müssen und wo sie hohen Gesundheits- und Sicherheitsrisiken ausgesetzt sind. Ganz zu schweigen von den meist miserablen Löhnen, die dort bezahlt werden.[7] Auch landen die meisten digitalen Geräte am Ende in Form von Elektroschrott wieder in ärmeren Weltregionen, wo Gesundheitsfürsorge, Arbeitsschutz und wirtschaftliche Gerechtigkeit kleingeschrieben werden und lokale Umweltverschmutzung durch nicht sachgerechte Entsorgung droht. Allein im Jahr 2015 summierte sich die Masse ausrangierter Elektrogeräte auf 42 Megatonnen weltweit, und schon für 2020 werden rund 52 Megatonnen prognostiziert.[8] Dieser Berg von Elektroschrott entspricht dann in etwa der Größe eines Schrotthaufens aller 46 Millionen Pkws, die auf Deutschlands Straßen derzeit unterwegs sind.

Genau wie das Smartphone laufen alle digitalen Geräte und Infrastrukturen nur, wenn der Strom fließt. Zunächst gilt das für deren Herstellung. Allein der Energiebedarf für die Produktion der sieben Milliarden Smartphones – circa 250 Terawattstunden – summiert sich auf die stattliche Größenordnung der jährlichen Stromnachfrage von Ländern wie Schweden oder Polen.[9] Was die Nutzung der digitalen Endgeräte betrifft, gibt es zunächst eine erfreuliche Nachricht: Sie werden laufend energieeffizienter. Aber weil die Prozesso-

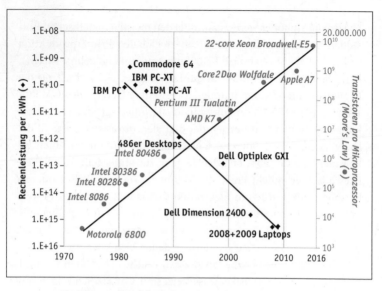

Abbildung 1: **Energieverbrauch pro Rechenleistung und Prozessorkapazität** (Erläuterung auf S. 238).

ren immer schneller und die Rechenleistung und auch die Bildschirme immer größer werden, verpufft dieses Einsparpotenzial. So zeigt sich über die lange Dauer der folgende Zusammenhang: Die Rechnerleistung pro Kilowattstunde hat sich alle 1,5 Jahre verdoppelt.[10] Aber zugleich ist die Leistungsfähigkeit der Prozessoren,[11] aber auch der Energieverbrauch der Bildschirme und der Stromverbrauch der Datenzentren deutlich angestiegen. Die Digitalisierung ist daher ein idealtypisches Beispiel für den sogenannten ›Rebound-Effekt‹:[12] Technische Effizienzsteigerungen führen zu Mehrverbräuchen und damit ist das Potenzial für Einsparungen dahin (siehe Abbildung 1).[13]

Dennoch werden viele Nutzer*innen nicht das Gefühl haben, dass das Laden ihres Handyakkus und der Betrieb ihres Routers global ins Gewicht fallen. Und tatsächlich ist der Stromverbrauch in der Nutzungsphase vieler digitaler Geräte rückläufig. Doch erstens erfordert die Herstellung der neuen, immer leistungsfähigeren Geräte mehr Energie – ein weiterer Grund, der den Einsparpotenzialen in der

Nutzungsphase zuwiderläuft.[14] Und zweitens kommen immer mehr Rechenkapazität, Speicherplatz und Dienstleistungsangebote aus der ›Cloud‹. Mit dem eigenen Smartphone nehmen wir auch die Rechenleistung von Datenzentren in Anspruch und verlagern damit einen Teil unseres Stromverbrauchs zu den Anbietern der Apps und digitalen Dienstleistungen. Der Stromverbrauch aller Informations- und Kommunikationstechnologien beläuft sich bereits heute auf rund 10 Prozent der weltweiten Stromnachfrage (in Deutschland auf circa 8 Prozent) und könnte bis 2030 auf 30 oder gar 50 Prozent ansteigen (siehe auch Abbildung 3 unten).[15] Der enorme Stromverbrauch lässt sich mit einem eindrücklichen Bild veranschaulichen: Wenn wir die rund 2.500 Terawattstunden Stromverbrauch aller IKT-Geräte mithilfe von stromerzeugenden Heimtrainern (›Pedelecs‹) decken wollten, müssten alle gut sieben Milliarden Erdenbürger*innen in drei aufeinanderfolgenden Achtstundenschichten rund um die Uhr in die Pedale treten.[16] Immerhin, da damit ja der Strom fürs Internet gedeckt würde, könnten wir währenddessen unsere Smartphones und Tablets benutzen.

Entsprechend des globalen Strommixes wird das Gros der Stromnachfrage für Informations- und Kommunikationstechnologien aus klimaschädlichen Kohlekraftwerken bedient.[17] Zwar gehen Apple, Google und einige andere Unternehmen mit gutem Beispiel voran und beziehen für ihre Server größtenteils Strom aus erneuerbaren Energien.[18] Der Anteil regenerativ erzeugten Stroms an der gesamten Stromnachfrage von IKT ist jedoch immer noch gering. Daher gilt: Je mehr wir in allen Lebens- und Wirtschaftsbereichen auf digitale Lösungen setzen, die ohne Strom nicht funktionieren, desto größer wird die Herausforderung, die Versorgung der Welt mit 100 Prozent erneuerbarer Energie zu realisieren. Zugleich werden wir im Folgenden sehen, dass es unbedingt einer erheblichen Digitalisierung im Energiesystem selbst bedarf, um eine Energiewende hin zu einer Vollversorgung durch erneuerbare Energien ins Werk zu setzen (siehe Abschnitt ›Dezentrale Energiewende nur mit Digitalisierung‹).

Mit Blick auf den Energie- und Ressourcenverbrauch müssen wir konstatieren: In ihrer materiellen und energetischen Basis ist die

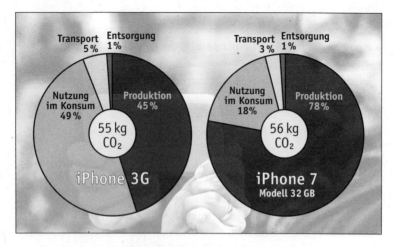

Abbildung 2: **CO_2-Fußabdruck von Smartphones**
(Erläuterung auf S. 238).

Digitalisierung bislang alles andere als nachhaltig. Ganz zu schweigen davon, dass manche digitale Geräte nur eine kurze Lebensdauer aufweisen, weil Sollbruchstellen eingebaut wurden oder sie schnell wieder *out* sind.[19] Damit kommen wir zur Frage, wie die ökologische Wirkung der digitalen Geräte während ihrer Nutzungsphase aussieht. Tragen sie in einem solchen Umfang zu einer Dematerialisierung bei, dass der gesamtgesellschaftliche Energie- und Ressourcenverbrauch auf ein nachhaltiges Niveau sinkt? Und rechnen sich diese Einsparungen auch noch, wenn man die Energie- und Ressourcenverbräuche der Geräteherstellung mit in die Bilanz einbezieht? Dieser Frage widmen wir uns in den nächsten Abschnitten.

Dematerialisierung durch digitale Geräte?

Allem Anschein nach dematerialisiert die Digitalisierung unsere Welt: Schallplatten und CD-Regale verschwinden aus unseren Wohnungen, seit wir quasi alle Platten der Welt streamen können. Die renommierte Brockhaus-Enzyklopädie, für die nicht wenige früher ein ganzes Regalbrett reservierten, wird seit 2014 nicht mehr als gedruckte Buchreihe vertrieben. Auch die Tageszeitung lesen immer weniger Menschen auf Papier, sondern informieren sich online. Und wann haben Sie sich zuletzt per Autoatlas oder Falk-Stadtplan orientiert statt mit einem Onlinekartendienst? Die Erwartung, dass wir durch Digitalisierung unterm Strich den Ressourcenverbrauch verringern können, speist sich aus der haptischen Erfahrung, die uns die Wunderwelt der kleinen technischen Geräte vermittelt: Wie viele Anwendungen können wir mit nur einem Laptop ausführen oder sogar einem kleinen Smartphone, das in die Westentasche passt? Lassen sich nicht allein dadurch Ressourcen einsparen, weil nun zig materielle Dinge und Geräte durch ein Smartphone, Tablet oder ein anderes omnipotentes *Handheld* ersetzt werden können?

Was zunächst simpel klingt, ist tatsächlich nicht so leicht zu beantworten und erfordert umfangreiche ökologische Bilanzierungen. Nähern wir uns dieser Fragestellung mit dem Beispiel des E-Book-Readers. Bilder aus der Werbung suggerieren, dass die Herstellung zig kiloschwerer Bücher verzichtbar wird, wenn wir uns nur einen kleinen, schlanken E-Book-Reader anschaffen. Das Fällen der Bäume, die fürs Papier dran glauben müssen, die Chemikalien für Druckfarbe, Einband und Bindung, der Energie- und Ressourcenverbrauch bei Logistik und Handel und nicht zuletzt die Fahrt zum Buchladen oder der Transport durch den Onlinehändler zur Haustüre – das alles fällt weg.

Um zu wissen, ob der E-Reader ökologisch wirklich vorteilhaft ist, müssen diese Effekte der Buchproduktion in einer Ökobilanz mit denen der Herstellung des E-Readers verglichen werden. Elektronische Geräte zu produzieren, ist offensichtlich um ein Vielfaches energie- und ressourcenintensiver als der Druck eines einzelnen Buches. So entfallen auf die Herstellung eines meist unter 200 Gramm schweren E-Readers circa 15 Kilogramm unterschiedlichste Materialien (vor allem nicht erneuerbare Metalle und seltene Erden), 300 Liter Wasser und 170 Kilogramm des Klimagases Kohlendioxid.[20] Doch sind nicht allein die Mengen der In- und Outputstoffe entscheidend, sondern auch ihre Umweltwirkungen. So bestehen zwischen E-Reader und Buch vor allem bei der Toxizität der Materialen und Herstellungsprozesse große Unterschiede. Zwar weist auch die Papierindustrie in vielen Ländern (noch) sehr negative Umweltwirkungen auf, etwa wenn Chlor oder Säuren örtliche Gewässer vergiften. Aber auch die Umweltwirkungen der Elektronikindustrie sind mitunter verheerend: In E-Readern und anderen IT-Produkten finden sich unter anderem bromierte Brandschutzmittel, Phthalate, Beryllium und zahlreiche andere chemische Stoffe, die stark gesundheits- und umweltschädigend sind.[21] Ganz zu schweigen von sozialen Folgen, wie den teils miserablen Arbeitsbedingungen, unter denen Kobalt, Palladium, Tantal und andere Ressourcen digitaler Geräte in Diktaturen wie der Republik Kongo oder in anderen Ländern des globalen Südens zunächst gewonnen – und am Ende ihrer Lebensdauer dann als umweltbelastender Elektroschrott wieder entsorgt werden.[22]

Trotz alldem kann es sein, dass der E-Reader besser abschneidet als das Buch.[23] Letztlich hängt dies von zwei Faktoren ab: Wie viele Bücher werden auf dem E-Reader über seine Lebensdauer gelesen – und wie viele Personen teilen sich einen analogen Schmöker? Damit sich die hohen Umweltkosten der Herstellung des Readers ökologisch amortisieren, muss eine bestimmte Anzahl von Büchern auf einem E-Reader gelesen werden. Dies ist nach 30 bis 60 Büchern der Fall – je nach Dicke des Buchs und je nach Umweltindikator.[24] Liest man also weniger als diese Anzahl an Büchern auf dem Reader, ist es besser, die Papierform zu wählen. Geht man darüber hinaus, ist jedes weitere Buch auf dem Reader ökologisch besser als sein analoger Counterpart. Ferner ist die Art der Nutzung entscheidend, auch nachdem der Punkt überschritten wurde, an dem sich der E-Reader ökologisch amortisiert hat und dann nur noch der Energieverbrauch und die CO_2-Emissionen ausschlaggebend sind: Wird davon ausgegangen, dass jemand ein Buch erwirbt und niemand anderen reinschauen lässt, dann stellt sich die Datei auf dem Reader rund fünfmal energiesparender dar, als der Regalbieger.[25] Der Vorteil schwindet indessen, wenn sich mehrere Personen ein Buch teilen. Ob nun Buch oder E-Reader besser ist, entscheidet sich also für jede Nutzerin und jeden Nutzer individuell. Doch insgesamt ist fraglich, ob alle verkauften E-Reader, bevor diese gegebenenfalls kaputtgegangen oder technisch schon wieder veraltet sind, durchschnittlich so intensiv genutzt werden, dass in Summe ein ökologischer Nutzen erzielt wird.[26]

Auch für andere Produkte oder Dienstleistungen gibt es Studien, die Analoges mit Digitalem vergleichen, beispielsweise den Print- mit dem Onlinemedienkonsum.[27] Wir wenden uns nun dem Musikhören und Filmeschauen zu, denen Mediennutzungsanalysen zufolge viele Nutzer*innen deutlich mehr Zeit widmen als dem Buchlesen.[28] Für den Musikkonsum gab es bereits früh Studien, die das Potenzial der Dematerialisierung durch Digitalisierung aufgezeigt haben.[29] Greifen wir hierbei einen Umweltindikator heraus, nämlich die CO_2-Bilanz: Je nach Annahmen spart das Herunterladen von MP3s gegenüber einer CD zwischen ein und zwei Kilogramm CO_2 pro Album – stark abhängig vom Transportmittel, mit dem die Käufer*innen der CD ins Geschäft einkaufen fahren.[30] Bei der Produktion eines iPods fallen circa 70 Kilogramm CO_2 an.[31] Daraus folgt: Ab rund 50 heruntergeladenen Alben – circa 600 Songs – lohnt es sich aus Sicht des Klimaschutzes, einen MP3-Player anzuschaffen. Aber ist es eigentlich angemessen, in solchen Berechnungen die Emissionsbilanz des CD-Players mit jener des iPods zu vergleichen? Prinzipiell natürlich schon. Aber zugleich ist es so, dass allerorten die Schallplattenspieler, Kassettenrekorder, Kompaktstereoanlagen, Walkmans, Gettoblaster, CD-Player, Discmans, Digital-Audio-Tapes, Minidiscplayer und all die anderen Zeugnisse mehr oder minder flüchtiger unterhaltungselektronischer Epochen ja noch funktionstüchtig in den Kellern und auf den Dachböden herumstehen – und nun MP3-Player obendrein dazukommen. Und wenn dann noch berücksichtigt wird, dass der Musikkonsum über die Jahre deutlich zugenommen hat – unter anderem auch, weil Digitalisierung überall und jederzeit Zugang ermöglicht und zugleich die finanziellen Kosten für die Hörer*innen senkt –, dann kann die Musikindustrie insgesamt wohl keine Dematerialisierung vermelden.[32]

Inzwischen wandern auch die MP3-Player schon wieder Richtung Mottenkiste. Zum einen wird Musik heute meist übers Handy gehört, zum anderen ist Streaming angesagt. Aufs Streaming entfal-

len heute sagenhafte 70 Prozent des weltweiten Datenaufkommens[33] –
für Musik, aber vor allem auch für Videos. Die Daten fließen etwa für
das legale und halblegale Streaming von Kino- und Fernsehfilmen,
über Plattformen wie *Youtube*, Apps wie *Instagram*, *Musical.ly* und
viele andere sowie in hohem Ausmaß auch für pornografische Videos.
Betrachten wir nun, ob durch das Streaming von Filmen die Treibhausgasemissionen verringert werden können. Eine Studie aus den
USA gelangt zu dem Ergebnis, das Onlinestreaming eines neunzig-
minütigen Films spare rund ein Drittel CO_2-Emissionen ein, wenn es
mit dem Ausleihen einer DVD verglichen wird, die eine Nutzerin mit
dem Pkw von einer 17 Kilometer entfernten Videothek abholt (das
entspricht der Durchschnittsentfernung amerikanischer Haushalte
von der nächstgelegenen Videothek). Indessen errechnet die Studie
eine identische Emissionsbilanz, wenn Streaming mit einem postalischen DVD-Verleih verglichen wird.[34] Andere Untersuchungen zeigen, dass die missliche Bilanz des Streamings immerhin verbessert
werden kann, wenn die Geräte neuesten Effizienzstandards entsprechen und die Serverparks zunehmend mit erneuerbaren Energien
betrieben werden, was für die Zukunft zu hoffen wäre.[35]

Doch allen Voraussagen nach wird zugleich die Datenmenge fürs
Streaming – und dabei vor allem fürs mobile Streaming unterwegs –
in Zukunft weiter deutlich steigen; allein von 2015 bis 2020 könnte sie
sich global verdrei- bis vervierfachen.[36] Dieses Wachstum dürfte die
Einsparpotenziale durch verbesserte Effizienzstandards bei den Geräten wieder auffressen. Aus vielerlei Gründen werden immer mehr
Menschen künftig Filme streamen: weil es finanziell günstiger sein
kann, weil es komfortabler ist, weil die Auswahl des Angebots größer
ist, weil sofort und überall auf alles zugegriffen werden kann, weil
schon jetzt DVD-Verleihe Pleite gehen und die analoge Infrastruktur
von der digitalen verdrängt wird. Und so steigert das Streaming un-
zweifelhaft den gesamtem Film- und Musikkonsum: Die Einschalt-
quoten im Fernsehen und Radio gehen derzeit nur leicht zurück,
während der rasant wachsende Onlinekonsum dazukommt.[37] Und
zugleich nimmt das Datenvolumen insbesondere bei Filmen zu, weil
immer höher auflösende Streifen angeboten werden. Ganz so, wie

die Bildschirmgröße von Fernsehern über die Jahrzehnte drastisch zugenommen hat, steigert sich die Datenmenge beim Übergang von herkömmlichen Formaten (circa 4 Gigabyte pro Film) auf HD (circa 8 bis 15 Gigabyte), Blu-ray (circa 20 bis 25 Gigabyte) und 4k-Movies (mehr als 100 Gigabyte) bis zum Faktor 20. Wenn in einiger Zukunft 3-D-Filme, zum Beispiel für *Virtual-Reality*-Animationen, abgerufen werden, könnte für eine Streamingminute sogar das Vierzigfache an Daten fließen.[38] Was bedeutet diese gigantische Zunahme des Datenverkehrs aus ökologischer Sicht? Wie viele zusätzliche Rechenzentren werden dafür gebaut? Wie viele Ressourcen beansprucht das, und wie viel Energie?

Insgesamt lässt sich zusammenfassen: Ein Umstieg von analogen auf digitale Geräte und Anwendungen birgt das Potenzial für Energie- und Ressourceneinsparungen, wenn neu angeschaffte Geräte wie E-Book-Reader oder MP3-Player so intensiv genutzt werden, dass sie sich ökologisch amortisieren. Doch es gibt ein großes ›Aber‹: Weil der Onlinezugriff – wie das Streaming von Musik und Filmen – so viel einfacher, schneller und oft auch günstiger wird, hören wir heute so viel Musik, schauen wir so viele Filme und Onlinevideos wie nie zuvor. So kommt es, dass sich die Digitalisierung in diesen Bereichen bestenfalls als ökologisches Nullsummenspiel darstellt.

Dezentrale Energiewende nur mit Digitalisierung

Wie wir gesehen haben, bedeutet der Umstieg von physischen Produkten auf digitale Dienstleistungen oft, dass materielle Ressourcen teilweise durch Energie ersetzt werden. Das Streaming eines Films statt des Kaufs einer DVD, das Lesen von Onlinenachrichten statt des Zeitungsabonnements – insgesamt elektrifiziert die Digitalisierung schrittweise unsere Wirtschafts- und Konsumweisen. Zwar weisen der gesamte Gerätepark und die digitalen Infrastrukturen nach wie vor eine materielle Basis auf, deren ökologische Implikationen, wie wir gesehen haben, keinesfalls zu vernachlässigen sind. Dennoch gilt: Je mehr Digitalisierung, desto wichtiger wird vor allem

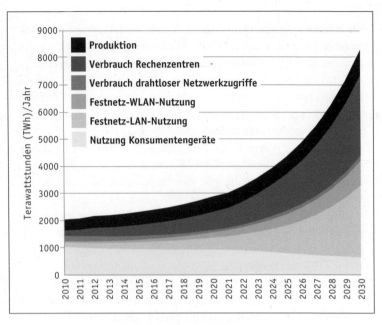

Abbildung 3: **Globaler Stromverbrauch von Informations- und Kommunikationstechnologien** (Erläuterung auf S. 238).

Strom als zentrale Ressource und Antriebskraft unserer Wirtschaft und Gesellschaft. Und wie Abbildung 3 zeigt, ist trotz der Verringerung der Verbräuche von Endgeräten ein starker Anstieg des Energieverbrauchs von IKT zu erwarten.

Um nachhaltig zu werden, muss der Energieverbrauch in allen gesellschaftlichen Bereichen, also neben dem Stromsektor auch in den Sektoren Wärme und Mobilität, in Zukunft auf der Nutzung erneuerbarer Energieträger basieren. Die Ziele des Pariser Klimaschutzabkommens von 2015 bedeuten, dass die Treibhausgasemissionen zwischen 2045 und 2060 global auf nahe null zurückgefahren werden müssen.[39] Für Länder wie Deutschland, die in der Vergangenheit bereits viele Treibhausgase in der Atmosphäre akkumuliert haben, folgt daraus aus Gründen der Klimagerechtigkeit, dass die Treibhausgasemissionen aus fossilen Energieträgern bereits in den

nächsten zehn bis fünfzehn Jahren nahezu auf null sinken müssen.[40]
Eine Umstellung auf erneuerbare Energieträger – Wind, Sonne, Wasser, Geothermie, Biomasse etc. – ist daher ein zentraler Bestandteil einer jeden Perspektive ökologischer Nachhaltigkeit.

Im Folgenden werden wir sehen, dass die Energiewende nicht ohne Digitalisierung zu machen sein wird.[41] Um die Rolle der Digitalisierung hierbei zu verstehen, ist es hilfreich, sich zunächst zu vergegenwärtigen, wie das herkömmliche Energiesystem funktioniert. Konzentrieren wir uns hierfür auf den immer wichtiger werdenden Strom. Im Großen und Ganzen funktionierte das Stromsystem bislang so, dass das Angebot flexibel an die Nachfrage angepasst wurde. War die Nachfrage etwa mittags oder abends besonders hoch, dann produzierten die Stromkonzerne entsprechend mehr – kurzfristig zum Beispiel durch Pumpspeicherkraftwerke, Gas- und Dampfturbinen, längerfristig auch durch Kohlekraftwerke. Dabei war das bisherige System primär durch wenige Großkraftwerke geprägt. Mit einem steigenden Anteil erneuerbarer Energieträger an der Stromversorgung speisen statt wenige große nun unzählige kleine, dezentrale Energieerzeugungseinheiten (Windräder, Fotovoltaikanlagen auf Hausdächern usw.) den Strom ins Netz (siehe Abbildung 4).[42] Daher muss nun auch die Logik des Systems umgekehrt werden. Denn weder weht der Wind, noch scheint die Sonne entsprechend der Stromnachfrage. Daher muss sich in Zukunft die Nachfrage stärker an das Stromangebot anpassen. Die Nachfrage muss ›flexibilisiert‹ werden, wie es in der Energiewirtschaft heißt, und auch deshalb kommt die Digitalisierung ins Spiel.

Um die Nachfrage flexibel zu steuern, sind zwei Stellschrauben zentral: So kann erstens die Stromnachfrage an das jeweilige Angebot angepasst werden, wobei es sinnvoll ist, Unternehmen und Haushalte gesondert zu betrachten. Da diese Anpassungen allerdings Grenzen haben, braucht es zweitens – besonders für Tage, an denen es windstill und gleichzeitig stark bewölkt ist, beziehungsweise für die Nächte – Reserven in Form von Speichern (etwa Batterien) und Power-to-X-Verfahren. Schauen wir uns zunächst an, wie Unternehmen ihre Nachfrage flexibilisieren können. Die Idee ist simpel:

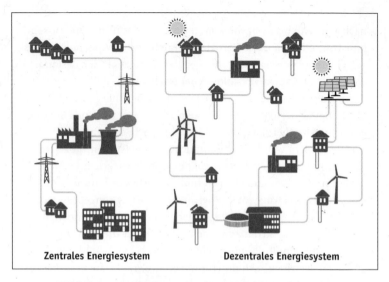

Abbildung 4: **Zentrales versus dezentrales Energiesystem**
(Erläuterung auf S. 238).

Gibt es überschüssigen Strom, können Unternehmen ihre Produktion hochfahren beziehungsweise Aktivitäten vorziehen, die zeitlich flexibel sind. Etwa können Kühlhäuser einige Grad unter die übliche Temperatur gekühlt werden, um bei knappem Strom zeitweise auf Kühlung verzichten zu können.[43] Technisch etwas aufwendiger sind Eisspeicher, die überschüssigen Strom nutzen, um Wasser zum Gefrieren zu bringen. Das Eis kann dann bei Stromknappheit eine Kühlung ohne Stromverbrauch gewährleisten. Auch die Schwerindustrie experimentiert mit Pilotprojekten zur Flexibilisierung ihrer Stromnachfrage. So plant das Aluminiumwerk *Trimet* in Essen, eine neue Technologie einzuführen, die eine konstante Aluminiumproduktion bei gleichzeitig variierender Stromzufuhr gewährleisten soll. Die Methode wird auch ›virtuelle Batterie‹ genannt.[44] Sie beruht auf einem steuerbaren Wärmetauscher, der die Energiebilanz im Ofen trotz unsteter Energiezufuhr konstant hält. Damit kann *Trimet* Strom zunehmend dann verbrauchen, wenn dieser im Überfluss zur Verfügung steht.

Auf ähnliche Weise wie Unternehmen können auch Haushalte ihre Nachfrage an das fluktuierende Stromangebot anpassen. Möglichst viele Energieverbräuche – etwa der Betrieb von Spül- und Waschmaschinen, das Aufladen von Akkus für Computer und künftig auch Elektroautos – können in jenen Stunden getätigt werden, in denen viel Strom aus Sonne und Wind zur Verfügung steht. Besonders großes Potenzial besteht dann, wenn Privathaushalte ihren Strom teilweise selbst produzieren, etwa über eine Fotovoltaikanlage auf dem Dach. Indem sie Strom nicht nur konsumieren, sondern auch produzieren, werden sie zu sogenannten *Prosumern*.[45] Und wenn *Prosumer* nicht nur eine Fotovoltaikanlage auf dem Dach, sondern auch noch einen Stromspeicher im Keller haben, können sie Letzteren sogar nutzen, um zeitweise überschüssigen Strom zwischenzuspeichern.

Damit Unternehmen und Haushalte ihre Stromnachfrage flexibel anpassen können, müssen sie zunächst darüber informiert sein, wie das Stromangebot im Netz gegenwärtig und in der nahen Zukunft aussieht. Bereits heute werden über meteorologische Analysen recht präzise zeitliche Prognosen für die erneuerbare Stromproduktion erstellt, und es wird an neuen Modellen für die Leistungsprognose wetterabhängiger Energieträger geforscht.[46] Neben der Information über das Angebot muss es aber auch Anreize geben, dass die Stromkunden die Energie tatsächlich dann verbrauchen, wenn viel erzeugt wird, und dass sie in Zeiten geringer Erzeugung sparen. Marktwirtschaftliche Anreize werden vor allem über den Preis gesetzt. In Zeiten von viel Wind und Sonnenschein muss Strom also günstiger sein als bei Flaute und Wolken. Ein flexibler Strompreis, der dann auch in allen relevanten Kundensegmenten ankommt, wird daher ein Kernelement des zukünftigen Stromsystems sein.

Wie aber gelangen die Informationen über den Strompreis (und damit über das gegenwärtig zur Verfügung stehende Stromangebot) an die Abnehmer? Macht eine solche Flexibilisierung das Stromsystem nicht viel komplexer? Ja, das tut sie – und genau um diese Komplexität zu managen, braucht es verstärkte Digitalisierung. Sowohl die Stromnetze als auch der Strommarkt müssen digital gesteuert werden; Energieexperten sprechen dabei von *Smart Grids* und *Smart Markets*.[47] Bedeutend mehr Informationen müssen zwischen verschiedenen Marktakteuren ausgetauscht werden. Millionen von Maschinen, Geräten und Steuerungseinheiten in Unternehmen und Haushalten müssen in kurzer Zeit die Information erhalten, wie viel Strom gerade angeboten wird. Die Übertragung dieser Daten in kurzen Zeitintervallen an so viele Akteure ist ohne digitale Technologien nicht vorstellbar.

Die entstehende Komplexität erfordert zudem, viele Prozesse zu automatisieren. Eine Kühlanlage kann sich abhängig vom aktuellen Strompreis automatisch an- und abschalten, genauso wie die Elektrolyse im Aluminiumwerk oder die Ladestation des E-Autos. Nur wenige Akteur*innen werden jedes Mal den Kühlschrank runterdrehen, wenn der Strompreis steigt. Zu welchem Grad es aus ökologischen Gründen sinnvoll ist, im Haushalt eine Direktkommunikation von Geräten beziehungsweise Maschinen untereinander und über einen intelligenten Stromzähler *(Smart Meter)* mit dem Stromnetz aufzubauen, damit das System funktioniert, ist noch nicht ausgemacht. Noch die letzte Ladestation für die elektrische Zahnbürste im *Smart Home* zu automatisieren, wird jedoch in keiner Relation stehen. In Unternehmen hingegen wird es in vielen Fällen sinnvoll sein, eine Anpassung energieintensiver Prozesse an das Stromangebot zu automatisieren.

Die eine Seite unseres zukünftigen Stromsystems ist also die Flexibilisierung der Nachfrage. Aber wie passgenau kann es gelingen, den Verbrauch an die Schwankungen von Wind- und Solarstrom anzupassen? Was ist, wenn die Flaute so lange anhält, dass die Temperatur im Kühlhaus zu weit steigt? Und was passiert im gegenteiligen Fall an besonders stürmischen Tagen, wenn der Windstrom keine Abnehmer findet, weil das Gesamtangebot einfach zu hoch ist? Hier kommen Stromspeicher sowie die Umwandlung überschüssigen Stroms in andere Energieformen wie Gas oder Wärme – auch als ›*Power-to-X*‹ bezeichnet – ins Spiel. So kann Strom per Elektrolyse in Gas *(Power-to-Gas)* umgewandelt werden, das dann etwa für die Erzeugung von Wärme oder für gasbetriebene Fahrzeuge zur Verfügung steht. Über *Power-to-Heat* wird aus Strom Wärme – auf diesem Prinzip beruhen zum Beispiel Wärmepumpenheizungen. Batteriespeicher und *Power-to-X* – beides sind wichtige Maßnahmen zur Umstellung auf eine hundertprozentige Versorgung durch erneuerbare Energieträger.[48] Welche der beiden Arten der Speicherung beziehungsweise welche anderweitige Nutzung überschüssigen Stroms aus ökologischen Gesichtspunkten am sinnvollsten ist, wird derzeit heiß diskutiert.[49]

Indem im Zuge der Energiewende überschüssiger erneuerbarer Strom über *Power-to-X* zunehmend in andere Energieformen wie Gas, Kraftstoff oder Wärme umgewandelt wird, wird deutlich, dass die Energiesektoren Strom, Wärme und Verkehr immer mehr zusammenwachsen – in Fachkreisen wird dies als ›Sektorkopplung‹ bezeichnet. In fossilen Zeiten waren diese Sektoren weitgehend unabhängig voneinander. Die Digitalisierung kann dazu beitragen, die Sektoren Strom und Verkehr zu ›koppeln‹. Über digitale Steuerung können etwa die Akkus künftiger Elektroautos oder Batteriespeicher im Keller nicht nur dann geladen werden, wenn gerade viel Strom zur Verfügung steht, sondern sie können zugleich als Speicher für das Gesamtnetz genutzt werden.[50] So können sie entladen werden, wenn eine Unterdeckung im Stromnetz droht. Es ist offensichtlich, dass eine solche Steuerung nur automatisch erfolgen kann und deshalb eine intelligente Kommunikation der Ladestationen mit dem Stromnetz erforderlich ist. Auch zur Kopplung von Strom und Wärme können digitale Technologien einiges beitragen. So kann ein hohes Stromangebot etwa automatisiert genutzt werden, um Wärme zum Heizen bereitzustellen. Insbesondere für dezentrale Anlagen wie Wärmepumpen ist eine digitale Automatisierung sinnvoll.

Die Verwendung digitaler Technologien ist somit unabdingbar, um den Umstieg auf 100 Prozent erneuerbare Energien zu ermöglichen. Eine Vollversorgung aus Ökostrom ist zweifelsohne gut für das Klima. Aber was bedeutet die Herstellung der für die Kommunikation im smarten Netz erforderlichen Geräte und Infrastrukturen aus ökologischer Sicht? Eine Studie zur Ökobilanzierung von Energiemanagementsystemen für die intelligente Steuerung von Wohntemperatur und Heizungsanlagen in Privathaushalten kommt etwa zu dem Ergebnis, dass die Systeme nach einer Nutzung von etwa anderthalb Jahren anfangen, Energie einzusparen.[51] Untersuchungen zur Energiebilanz von *Smart Meter*s zeigen ebenfalls, dass deren Nettoeffekte bedeutend geringer sind, wenn man die nötige Energie für Produktion und Gebrauch der Geräte mitrechnet.[52] Zwar lassen sich durch intelligente Steuergeräte und *Smart Meter* positive Effekte beim Energieverbrauch erzielen. Es wird aber in ökologischer Hinsicht eher kontraproduktiv sein, viele, insbesondere kleinere Haushaltsgeräte so zu automatisieren, dass ihr Betrieb an das Stromangebot angepasst werden kann.[53]

Werden Haushalte komplett zu *Smart Homes* umgerüstet, nur um den flexiblen Stromverbrauch zu maximieren, besteht zudem das Risiko, dass viele noch funktionstüchtige Geräte ausgetauscht und entsorgt werden. Es müssen sicherlich nicht jeder Backofen und jede Stehlampe ins smarte Netz integriert werden. Aus ökologischer Sicht ist ein kritischer Blick auf viele der derzeit entstehenden *Smart-Home*-Systeme angebracht, die eine sehr ausdifferenzierte Steuerung der Haustechnologie anbieten – von der Aktivierung der Alarmanlage über die Steuerung der Lichtfarbe der Wohnzimmerlampen bis zum Ein- und Ausschalten des Fernsehers. Nur ein Bruchteil der Erfindungen ist dabei darauf ausgelegt, die Stromnachfrage der Haushalte flexibel der Stromgewinnung anzupassen beziehungsweise durch intelligente Steuerung zu reduzieren. Der weitaus größere Teil sind neue Spielereien, die vielleicht dem Komfort dienen, aber nicht unbedingt die Energiewende vorantreiben.[54] Insgesamt muss daher bei der Digitalisierung im Haushalt genau geschaut werden, welche Geräte wirklich für die Flexibilisierung der Nachfrage benötigt werden und welche allzu hohe ökologische Belastungen in der Produktion mit sich bringen oder eher technisches Gimmick als nachhaltige Innovation sind.

Ein weiterer Punkt ist zu berücksichtigen: Die automatische Kommunikation und die digitale, smarte Steuerung verbrauchen selbst auch Strom, der vorher nicht benötigt wurde. Auch hier kommt das eingangs geschilderte Phänomen zum Tragen, dass die Digitalisierung zu einer weiteren Elektrifizierung unserer Gesellschaft führt und dadurch die Stromnachfrage wächst und bis 2030 gar 30 bis 50 Prozent der Weltstromnachfrage ausmachen könnte (siehe Abschnitt ›Die materielle Basis‹). Dies führt in ein Dilemma: Für eine Vollversorgung mit erneuerbaren Energien ist es dringend erforderlich, dass die Nachfrage in Ländern mit hohen Energieverbräuchen insgesamt sinkt. So geht das Energiekonzept der Bundesregierung davon aus, dass das Ziel, bis zum Jahr 2050 vollständig auf erneuerbare Energieträger umzusteigen, in Deutschland nur erreicht werden kann, wenn sich der Primärenergieverbrauch bis dahin gegenüber dem heutigen Stand halbiert.[55] Gleichzeitig benötigen die Technologien, die das gewährleisten können, selbst Energie. Für das Energiesystem geht es also darum, ein moderates Maß der Digitalisierung (und der damit verbundenen Stromnachfrage) zu finden. Nicht so viele smarte Geräte wie möglich, sondern so wenige wie nötig, lautet der Leitsatz, an dem sich der nachhaltige Umbau des Energiesystems orientieren sollte.

Schließlich gehen noch zwei ganz andere Herausforderungen mit der Einführung smarter Geräte und Netze einher: der Datenschutz sowie die Sicherheit und Widerstandsfähigkeit (Resilienz) des Stromsystems. Die Flexibilisierung der Nachfrage bedeutet, dass laufend kommuniziert und aufgezeichnet wird, welche Unternehmen und Konsument*innen mit welchen Geräten wo und wann Strom nachfragen. Die zunehmende Einführung smarter Geräte im Energiesystem bringt daher zahlreiche Datenschutz- und IT-Sicherheitsprobleme mit sich. Die systemischen Risiken eines smarten Energiesystems haben bereits Einzug in die Science-Fiction-Literatur gefunden – die auch laut Fachleuten eher mit Science als mit Fiction beschrieben werden kann. Der Bestseller *Blackout* von Marc Elsberg macht die Risiken greifbar:[56] Hacker erreichen ein Zusammenbrechen der Stromnetze in Italien und Schweden, indem sie tausendfach die *Smart Meter* von Haushalten manipulieren. Es kommt zu Stromausfällen: Ampeln funktionieren nicht mehr, viele Verkehrsunfälle sind die Folge. Im Laufe der nächsten Tage bricht die Stromversorgung in fast ganz Europa zusammen – unter anderem, da die

Stromnetze der Länder inzwischen eng miteinander vernetzt sind. Fast zwei Wochen lang gelingt es nicht, die Stromversorgung wiederherzustellen. In dieser scheinbar kurzen Zeit stürzt Europa in die größte Katastrophe seit dem Zweiten Weltkrieg. Die Sanitäranlagen funktionieren nicht mehr, Seuchen treten auf. Die Nahrungsmittelversorgung kommt zum Erliegen, die Wasserversorgung wird knapp und beinahe die komplette Kommunikation (Internet, Telefon, Fernsehen) fällt aus. Da auch die öffentlichen Institutionen kaum mehr funktionieren, kommt es zu Ausschreitungen und Selbstjustiz. Kurz: ein Horrorszenario.

Natürlich ist *Blackout* ein Fiction-Buch, keine wissenschaftliche Analyse. Doch auch unter Expert*innen werden die zwei Hauptthemen des Buches diskutiert:[57] erstens die Tatsache, dass Strom inzwischen fundamental für viele kritische Infrastrukturen ist und seine Bedeutung – auch in Folge der Digitalisierung – weiter zunimmt. Das Stromnetz wird zu *der* kritischen Infrastruktur schlechthin. Zweitens eröffnet erst die Digitalisierung der Energieproduktion und des Energiemarkts das Risiko, die Stromversorgung über das Internet von überall her unterbrechen zu können. In Elsbergs Roman sind es einige schlaue Hacker, die sich durch den Zusammenbruch Europas und der USA einen zivilisatorischen Neuanfang jenseits des Kapitalismus erhoffen. In der Realität können derlei Angriffe aus unterschiedlichsten Richtungen kommen. Und solche Attacken passieren bereits: Das Stromsystem der Ukraine etwa wurde Ende 2015 Opfer eines – vermutlich von Russland aus gesteuerten – Cyberangriffs, der die Stromversorgung von über 700.000 Menschen zeitweise unterbrach.[58] Aufgrund dieser und anderer, bisher noch vergleichsweise glimpflich ausgegangener Vorfälle, untersuchen Versicherungen derzeit, wie sie die Risiken von Cyberangriffen einzuschätzen haben.[59] Um eine möglichst große Resilienz des Energiesystems zu gewährleisten, also um es gegen Störungen möglichst robust zu machen, sollte die gesamte ›smarte‹ Infrastruktur möglichst wenig Schnittstellen zum offenen Internet haben. Diese Einsicht hat sich noch nicht durchgesetzt und widerspricht vielen derzeitigen Konzeptionen und am Markt erhältlichen Produkten für *Smart Homes* leider diametral. Nichtsdestotrotz gilt: Je weniger Informationen über Handys (Apps), lokales WLAN, private Router usw. abgewickelt werden, desto schwieriger wird es sein, manipulativ einzugreifen. Stattdessen sollten möglichst datenverschlüsselte Systeme aufgebaut und über Funknetze statt das Internet betrieben werden, damit nur autorisierte Akteur*innen und Technologien zugreifen können.

Auf individueller Ebene wirft die Erfassung, Übertragung, Speicherung und Auswertung der Informationen in smarten Netzen zudem Fragen zum Schutz der Privatsphäre auf. Anwendungen, die zur smarten Steuerung von Haushaltsgeräten genutzt werden, liefern viele Daten an die Hersteller. Die auf den ersten Blick unkritischen Informationen ermöglichen sehr konkrete Rückschlüsse auf das Alltagsleben der Menschen. So hat eine Studie gezeigt, dass man allein anhand des Energieverbrauchs erkennen kann, wann welcher Fernsehsender in einem Haushalt geschaut wurde.[60] Doch smarte Geräte liefern noch viel differenziertere Informationen. In den letzten Jahren haben mehrere große IT-Konzerne sprachgesteuerte *Smart Home*-Geräte herausgebracht. Mit Alexa von Amazon und entsprechenden Konkurrenzprodukten anderer Hersteller kann man elektronische Geräte im Haus steuern, aber eben auch vieles andere machen – etwa sich Musik vorspielen lassen oder online shoppen. Das Risiko für Datenschutz und Privatsphäre: Alexa zeichnet alle Gespräche auf und leitet sie in die *Cloud* weiter. Jüngst hat Amazon diese Daten für die Aufklärung einer Straftat herausgegeben. In einem anderen Beispiel hat der amerikanische Geheimdienst CIA smarte Fernseher von Samsung gehackt, um die Nutzer*innen zu bespitzeln.[61]

Aus ökologischer Sicht besteht ein sehr konkretes Risiko darin, dass Unternehmen aufgrund der Fülle privater Informationen noch gezielter Werbung und Produktangebote platzieren können und damit insgesamt das Konsumniveau steigern; auf diesen Zusammenhang werden wir im Abschnitt ›Big Data – Big Needs‹ noch ausführlicher eingehen. Zudem stellen sich aus datenschutzrechtlicher Sicht noch eine Reihe anderer Probleme. Im Extremfall könnten *Smart-Home*-Systeme ein Verhalten begünstigen, das der Soziologe Michel

Foucault empirisch erforscht und mit dem Begriff der ›Internalisierung‹[62] beschrieben hat: Weil man weiß, dass man zu Hause andauernd abgehört und überwacht wird, passt man das eigene Verhalten sozusagen in vorauseilendem Gehorsam an – und tut und äußert nichts mehr, was potenziell gegen einen verwendet werden könnte. Dann wird das traute Heim als *Smart Home* zum sprichwörtlichen Panoptikum, einem Ort der totalen Überwachung.[63] Mit Blick auf das technische Design von Geräten und Systemen und deren politische Regulierung folgt daraus die Forderung: Smarte Geräte und *Smart-Home*-Systeme müssen immer so gestaltet werden, dass ein größtmöglicher Schutz der Privatsphäre gewährleistet wird. Diese Forderungen werden wir in Kapitel 5 weiter ausführen.

Um den Umstieg auf 100 Prozent erneuerbare Energien zu schaffen, die Resilienz des Stromsystems zu maximieren, gleichzeitig Datenschutzrisiken zu minimieren und darüber hinaus die Wertschöpfung des neuen Energiesystems breit zu streuen, sollte mithilfe zielführend ausgestalteter digitaler Anwendungen eine möglichst dezentrale Organisation des Energiesystems angestrebt werden. In einem stark dezentralen Energiesystem produzieren kleine Einheiten – zum Beispiel auf Nachbarschafts- oder Stadtteilebene – einen Großteil ihres Strombedarfs durch Solaranlagen, Miniwindkrafträder sowie mithilfe von nahe gelegenen größeren Windkraftanlagen oder Biomasseanlagen selbst. Durch flexible Nachfrage und durch Nutzung von Speichern können sie ihren Strom zu einem großen Teil unabhängig produzieren. Zahlreiche Studien haben bereits detaillierte Beschreibungen solcher Systeme ausgearbeitet.[64]

Solche nachbarschaftlichen Systeme – auch *Micro Grids* genannt – hätten mehrere Vorteile.[65] Durch die dezentrale Organisation kann der Zusammenbruch eines Subsystems kaum zu Ausfällen an anderen Orten führen, denn diese sind ja weitgehend unabhängig. Zusätzlich sorgt die Streuung der Stromproduktion dafür, dass die Stromanlagen der Zukunft vielen Kommunen, Bürgerenergiegenossenschaften, Einzelpersonen usw. gehören. Damit profitieren Menschen von der Energieproduktion, statt wie bisher nur einige wenige große Energiekonzerne (siehe hierzu auch Kapitel 4). Und schließlich bieten dezentrale Netze einen besseren Schutz der Privatsphäre. Informationen über das individuelle Nutzungsverhalten müssten die Grenzen der kleinen dezentralen Einheiten nicht verlassen. Im Ergebnis würde ein Energiesystem entstehen, das die Zuschreibung ›intelligent‹ wirklich verdient: Es beruht zu 100 Prozent auf erneuerbaren Energieträgern, ist vergleichsweise robust gegen äußere Schocks und Angriffe, hält sensible persönliche Informationen unter Verschluss und lässt einen großen Teil der Wertschöpfung den Nutzer*innen zukommen.

Quantensprung für den nachhaltigen Konsum

Nachdem wir die materielle Basis der Digitalisierung beleuchtet haben und diskutieren konnten, wie und unter Beachtung welcher Fallstricke sie sich anbietet, um eine nachhaltige Energiewende voranzutreiben, möchten wir uns nun einem weiteren wichtigen Bereich zuwenden: dem Konsum. Onlineshopping gehört längst zum Alltag. Doch wie wirkt sich die Digitalisierung darauf aus, welche Produkte und Dienstleistungen wir konsumieren? Und wie beeinflusst sie das Konsumniveau insgesamt? Für eine sozialökologische Transformation unserer Konsumweisen wären zwei Entwicklungen wichtig: Es müssten zum einen verstärkt nachhaltigere Produkte und Dienstleistungen konsumiert werden. Zum anderen müsste das Konsumniveau in Deutschland und vielen anderen Ländern insgesamt sinken.

Für alle, die nachhaltiger konsumieren möchten, eröffnet die Digitalisierung großartige neue Optionen und Chancen: Ökologisch erzeugte Lebensmittel sind heute überall erhältlich – nicht nur in hippen Bezirken wie dem Freiburger Vauban-Viertel oder dem Berliner Prenzlauer Berg, wo man an jeder Straßenecke auf einen Bioladen stößt. Nachhaltige Textilien im stationären Einzelhandel, die nach wie vor sogar in Großstädten meist nur sehr verstreut erhältlich sind, können unkompliziert online bestellt werden. Mehrere alternative Onlinemarktplätze, wie der Avocadostore, Fairmondo oder Glore, haben sich ganz auf das Angebot nachhaltiger Produkte spezialisiert.

Mit Nullen und Einsen die Umwelt retten?

Sie bieten veritable Alternativen zu Zalando & Co. Und dank Informationssuche im Internet lassen sich die Herstellungsbedingungen von Produkten jeder Art leichter gegeneinander abwägen. Mit Apps wie Codecheck oder Get Neutral erhalten Konsument*innen über einen Scan des Barcodes in Echtzeit Indikatoren zu Umweltwirkungen wie den ökologischen Fußabdruck oder Treibhausgasemissionen oder zu Gesundheitswirkungen wie der Toxizität. Für Menschen, die nachhaltig und achtsam konsumieren möchten, bedeutet die Digitalisierung einen wahren Quantensprung.[66]

Hinzu kommt, dass es im Internet den größten Flohmarkt der Welt gibt: Onlinebörsen wie eBay Kleinanzeigen oder reBuy ermöglichen es, gebrauchte Waren zu erwerben und wenig genutzte Produkte wieder zu veräußern. Bei Kleiderkreisel kann man gebrauchte Kleidung verkaufen oder kaufen und über Freecycle alles Mögliche verschenken und tauschen. Zudem bietet die sogenannte ›Sharing Economy‹ mannigfaltige Möglichkeiten, um auf Neukauf verzichten zu können.[67] Plattformen oder Apps vermitteln privates Teilen unter Fremden, was als ›peer to peer-Sharing‹ bezeichnet wird. Drivy oder SnappCar organisieren etwa privates Carsharing und bieten den privaten Autotauscher*innen eine umfassende Versicherung. Zahlreiche Alltagsgegenstände, von Bierbänken über Neoprenanzüge bis hin zu Werkzeug, kann man sich von privat zu privat über Plattformen wie Fairleihen ausborgen. So bietet das *peer to peer-Sharing* jede Menge Potenziale, den Individualkonsum zu reduzieren und damit Ressourcen einzusparen. Viele machen außerdem mit, weil sie sich neue Möglichkeiten für soziale Interaktion und Gemeinschaftlichkeit davon versprechen. Es macht vielen einfach Spaß, und die Nachbarschaft lernt man nebenbei auch noch kennen.

Und schließlich bietet die Digitalisierung die Grundlage für einen möglichen Durchbruch beim sogenannten ›Prosuming‹: Menschen müssen heute nicht mehr nur passiv konsumieren, was die Industrie hergestellt hat, sondern können selber zu Herstellenden werden und ihre Angebote anderen unentgeltlich oder ›gering-kommerziell‹ zur Verfügung stellen.[68] Genau wie im digitalen Zeitalter nicht mehr nur professionelle Journalist*innen, Redaktionen, Verlage und Produktionsfirmen die Inhalte der Informationen generieren, sondern jede und jeder Einzelne durch Posten, Bloggen, Twittern oder Kommentieren zur Bezugsquelle werden kann, so ist dies dank Digitalisierung zunehmend auch in der Welt der Waren möglich. Hausbesitzer*innen mit Fotovoltaikanlagen auf dem Dach können ihren Strom ins Netz einspeisen – oder in Zukunft, wenn sie in *Micro Grids* eingebunden sind, an Nachbar*innen abgeben. Kleingärtner*innen wird es leichter möglich, über digitale Tauschbörsen ihre selbstangebauten Tomaten oder Kartoffeln auch mit Menschen zu handeln, die sie nicht persönlich kennen. Bastler*innen bieten Bausätze an; wer gerne näht, kann über DaWanda handgemachte Kleidung feilhalten. Und *Open-Source*-Unternehmen stellen ihre Bauanleitungen zur Verfügung, mit denen Konsument*innen die Produkte, etwa Kleinmöbel, selber nachbauen können.[69] In Kapitel 4 werden wir erläutern, welche Potenziale sich mit dem *Prosuming* für die Transformation der gesamten Wirtschaft hin zu einer dezentralen, demokratischen Ökonomie auftun. Aber aus Sicht des nachhaltigen Konsums wird schon hier deutlich: Digitalisierung macht es möglich, dass jede und jeder Talente entfalten und feilbieten kann, ohne dass lange Transportwege, aufwendige Vertriebskanäle oder die Werbeindustrie nötig sind.

So bietet die Digitalisierung bisher vor allem eines: zahlreiche Optionen. Optionen, um auf den Neuerwerb von Produkten zu verzichten, das eigene Konsumniveau zu senken und verstärkt umweltfreundliche und fair erzeugte Waren aus lokaler beziehungsweise nachbarschaftlicher, gering-kommerzieller Erzeugung zu wählen. Aber wie der allgemeine Konsumtrend zeigt, werden diese Optionen gesamtgesellschaftlich bislang noch zu wenig genutzt. Bei den Positivbeispielen handelt es sich nach wie vor um kleine Nischenanbieter. Die Nutzerzahlen grüner Apps, Plattformen und nachhaltigkeitsorientierter Websites aller Art sind im gesamtgesellschaftlichen Durchschnitt sehr klein.[70] Die Umsatzzahlen vom Avocadostore und Fairmondo verschwinden vor den Zahlen von Amazon. Auch das *Prosuming* ist nach wie vor ein Nischenphänomen. Und selbst eBay – das Paradebeispiel für Gebrauchthandel im Internet – wird zunehmend zu einem Handelsplatz für Neuware. 2008 waren noch die Hälfte der gehandelten Produkte auf eBay Gebrauchtwaren, 2016 lag der Anteil bei nur noch 20 Prozent.[71]

Der nachhaltige Konsum ist also nach wie vor in der Nische. Aber wie wirkt sich die Digitalisierung auf das gesamtgesellschaftliche Konsumniveau insgesamt aus? Der Onlinehandel nimmt deutlich zu. Zwar machten im Internet verkaufte Produkte im Jahr 2016 erst zehn Prozent des gesamten Handels aus – auch wenn inzwischen zwei Drittel aller Deutschen online einkaufen. Doch sowohl anteilig als auch in absoluten Zahlen steigt der Onlinehandel Jahr für Jahr rasant an – im Durchschnitt der letzten zehn Jahre um satte 17 Prozent jährlich.[72] Das wäre aus Nachhaltigkeitssicht nicht problematisch, wenn der Konsum im stationären Einzelhandel entsprechend schrumpfen würde. Doch dies ist nicht der Fall. Der herkömmliche Handel wächst ebenfalls weiter an, wenngleich im Schnitt nur noch um ein Prozent im Jahr.[73] Trotz aller Optionen für den Wiederverkauf gebrauchter Waren, *Prosuming* und *Sharing* wirkt die Digitalisierung bislang insgesamt konsumsteigernd. Zu gering ist der Anteil jener Konsument*innen, die aus eigener Überzeugung digitale *tools* für nachhaltigen Konsum nutzen. Und zu groß sind die Marketingmacht der Shoppingplattformen, die Verführungskraft der smarten Algorithmen und die angestammten Konsumgewohnheiten des Gros der Bevölkerung, die durch das Angebot grüner Apps und alternativer Plattformen kaum verändert werden.

Dabei regt die Digitalisierung nicht nur den Onlinekonsum an, sondern auch den herkömmlichen. Marketingexpert*innen sprechen davon, dass Online- und Offlineshopping zu einem sogenannten ›hybriden Konsumraum‹ verschmelzen, der die Optionen fürs Konsumieren noch weiter erhöht.[74] Kund*innen werden per Smartphone nicht nur zum E-Commerce, sondern auch zum nächsten Shoppingbummel verführt und sogar, während sie im Geschäft stehen, zum Kaufen animiert. Gleich in doppelter Hinsicht ist das schlecht für die Umwelt: Neben der Steigerung des Konsumniveaus verschlingen Aufbau und Unterhaltung der dafür erforderlichen doppelten – virtuellen und physischen – Infrastrukturen zusätzliche Ressourcen.

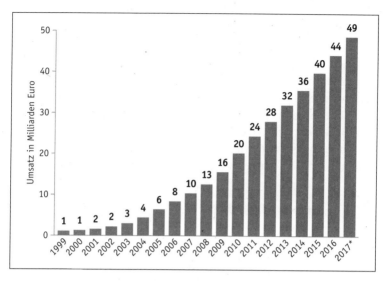

Abbildung 5: **Wachstum des Onlinehandels in Deutschland**
(Erläuterung auf S. 239).

Wenn die Wahrnehmung eines *Sharing*-Angebots dabei nur eine unter beliebig vielen anderen Konsumalternativen bleibt, wird auch deren transformatives Potenzial verpuffen.[75] Mehr noch droht die Gefahr, dass *Sharing* für nicht wenige Menschen lediglich der Optionensteigerung beim Konsum und der individuellen Flexibilität dient, nicht aber der Senkung des ökologisch unträgbaren Konsumniveaus. Diese Gefahr besteht zum Beispiel beim kommerziellen vollflexiblen *free-floating* Carsharing, bei dem Autos spontan und unkompliziert für Einzelstrecken genutzt werden können; hierauf werden wir im folgenden Abschnitt zu Mobilität noch ausführlich eingehen. Zuletzt wurde Kritik auch an anderen Angeboten der *Sharing Economy* laut – etwa an Plattformen, über die private Unterkünfte kurzfristig vermietet werden können. Vor allem in Metropolen wird das Apartment-*Sharing* zudem für die weitere Verschärfung der ohnehin problematischen Wohnraumsituation verantwortlich gemacht. Und freilich hinterlassen auch Produkte und Dienste des *Sharing* einen ökologischen Fußabdruck. Auch wenn dieser aufgrund des Teilens oft kleiner ist als zum Beispiel ein Hotelzimmer, so kann auch in diesem Bereich ein Mehrkonsum die Einsparpotenziale wieder auffressen.[76]

Letztlich spiegeln sich in der Digitalisierung des Konsums das gegenwärtige wirtschaftliche Machtgefüge und die bestehenden Konsuminteressen wider: In der Nische verbessern sich die Optionen, nachhaltigere Produkte zu erwerben oder auf Neukauf verzichten zu können. In der Breite wirkt die Digitalisierung als Konsumkatalysator und kurbelt den Massenkonsum kräftig an.

Big Data, Big Needs

Wie genau funktioniert es, dass Digitalisierung den Konsum ankurbelt? Um dies zu verstehen, muss die Erfassung und Auswertung der Daten von Nutzer*innen in den Blick genommen werden. Das Kaufen oder Nutzen aller Arten von Produkten und Dienstleistungen im Internet – genau wie übrigens auch das Streaming von Filmen und Musik – wird von den meisten Betreibern von Plattformen und Suchmaschinen gespeichert und anschließend ausgewertet. Nehmen wir noch mal ein Beispiel von oben, den Kauf eines Musikalbums: Es wird nicht nur der abgeschlossene Kaufvorgang, sondern jegliches Surfen registriert – sei es, dass man sich kurz über die Bing-Suche informiert, wann das neueste Album der Lieblingsband erscheinen wird, bei saturn.de die Preise dafür recherchiert, bei YouTube das Musikvideo ansieht oder über Instagram Freund*innen mitteilt, dass man sich auf das Album freut. Wir hinterlassen eine detaillierte Spur all unserer Aktivitäten im Netz. Die gigantische Datenmenge, die dabei entsteht, wird *Big Data* (Massendaten) genannt. Doch dieser Begriff verschleiert, dass die großen IT-Konzerne für jede einzelne Nutzerin und jeden einzelnen Nutzer ein Profil der Präferenzen anlegen. Bei diesem ›*Profiling*‹ werden alle denkbaren Informationen über uns gesammelt: unsere Arbeitsleistung, Kaufkraft, Aufenthaltsort, Gesundheit, persönlichen Vorlieben, Interessen, Mobilitätsgewohnheiten, Shoppingverhalten usw. All das lässt erschreckend genaue Aussagen über unsere Persönlichkeit zu. So macht das Speichern und Auswerten von Onlineaktivitäten jede Person zum ›gläsernen Menschen‹. Dies nutzen nicht nur Firmen für individualisiertes Marketing, sondern auch Regierungen und Geheimdienste, die sich Zugriff auf diese Daten verschaffen können.

Dieses Thema wird in Medien, Zivilgesellschaft und Politik bisher vor allem aus der Perspektive des Datenschutzes diskutiert. Doch *Profiling* verletzt nicht nur den Schutz der Privatsphäre oder vertraulicher persönlicher Informationen – was zweifelsohne schon bedenklich genug ist –, vielmehr schlachten Unternehmen das Grundrecht der Freiheit der Menschen zum Zweck der Gewinnmaximierung aus.[77] Denn unsere Antworten auf die Frage ›Wer bin ich?‹ werden zunehmend auch dadurch geprägt, dass Unternehmen unsere Daten kommerziell verwenden, beispielsweise indem Facebook unsere politischen Meinungen beeinflusst, weil es uns in erster Linie *Feeds* anbietet, die der Facebook-Algorithmus für unser Profil passend findet. Oder indem uns Shoppingplattformen ›identitätsstiftenden Konsum‹ anbieten, um damit ihren Profit zu steigern. Wir werden also nicht nur zum gläsernen Menschen, sondern auch zum ›formbaren Menschen‹ – und willfährigen Konsumenten. Durch Digitalisierung und *Big Data* erlebt die absatzorientierte Wirtschaft einen neuen Frühling.[78]

Häufig wird beschönigend davon gesprochen, Unternehmen gehe es darum, die Bedürfnisse von Konsument*innen zu befriedigen. Doch schon Jahrzehnte vor dem Anbruch des digitalen Zeitalters war bekannt, dass die meisten Konsumbedürfnisse der ›transnationalen Konsumentenklasse‹ – also der Konsument*innen im globalen Norden wie auch der Wohlstandsschichten des globalen Südens – weder existenziell sind (wie Hunger oder Behausung), noch aus ihren ureigenen Wünschen entstehen. Nein, sie werden vor allem gezielt durch Werbung und Marketing von Unternehmen hervorgerufen.[79] Aus umweltpolitischer Sicht ist das hochproblematisch. Denn bekanntermaßen ist das Konsumniveau dieser Konsumentenklasse seit Langem viel zu hoch.[80] Big-Data-Analysen und Personalisierung eröffnen nun neue Wege, unsere Konsumgewohnheiten zu beeinflus-

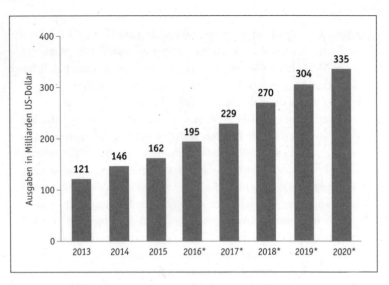

Abbildung 6: **Weltweite Ausgaben für Onlinewerbung**
(Erläuterung auf S. 239).

sen. Und zwar nicht nur, um Konsumwünsche besser bedienen zu können, sondern vor allem, um laufend neue Konsumwünsche zu wecken.

Schauen wir uns noch einmal das Onlinestreaming von Filmen und Musik an: Es erlaubt Firmen wie Spotify, Deezer, Apple (iTunes), Google (YouTube), Amazon und Netflix in der westlichen Hemisphäre und Baidu, Tencent und Alibaba in China, sämtlichen Nutzer*innen personalisierte Angebote zu unterbreiten, die auf der Auswertung von vergangenem Konsum basieren. Mit der ›Discovery-Playlist‹ etwa bietet Spotify seinen 75 Millionen Nutzer*innen wöchentlich eine Auswahl neuer Songs an, die er oder sie bislang zwar noch nicht gehört haben, aber trotzdem dem ganz persönlichen Musikgeschmack entsprechen. Für das Kennenlernen neuer Musik und Filme ist das ganz ohne Zweifel genial. Aber das Beispiel zeigt auch, dass eine solche Digitalisierung, die in erster Linie dem Komfort beim Medienkonsum und der Informationsbeschaffung dient, das Konsumniveau insgesamt und damit auch die Umweltbelastungen ganz sicher nicht senken wird. Denn wer die ›Magie‹ dieser Algorithmen lieb gewonnen hat, wird alleine die Frage antiquiert finden, ob das Herunterladen von MP3-Songs besser ist als der Kauf einer CD. Beide Varianten erscheinen zu starr, um noch befriedigen zu können. Ein dauernder, in Echtzeit stattfindender Abgleich ganz individueller Wünsche mit immer neuen und passgenaueren Konsumangeboten verspricht weit größere Attraktivität. Allein, das Potenzial für eine Verringerung des Ressourcenverbrauchs wird dabei verspielt. Denn nicht zuletzt kommt der Konsum durch Streaming bei den meisten Nutzer*innen *on top* der bestehenden Schallplatten- oder CD-Sammlungen hinzu.

Was beim Musik- und Filmkonsum als ›Magie der Algorithmen‹ gepriesen und explizit als Service verkauft wird, darüber sprechen Unternehmen beim Konsum von Waren und Dienstleistungen weniger gern. Das dürfte klug sein, denn dort sollte eher von der ›Macht der Algorithmen‹ gesprochen werden, die auf immer gewieftere Weise zum Konsumieren verführt. Am deutlichsten wird dies beim Onlineshopping. Es ist offensichtlich, wie Onlineshopping Effizienz und Komfort bei Informationsbeschaffung und Kauf steigert: Verbraucher*innen sind nicht mehr auf die Öffnungszeiten angewiesen, müssen sich noch nicht einmal von der Couch zum Laden bewegen, finden im Internet zudem das größtmögliche Angebot an Waren vor und können Produkteigenschaften und Preise optimal vergleichen. Dieser Service ist scheinbar kostenlos. Doch wir bezahlen mit unseren Daten, der neuen ›Währung‹ des 21. Jahrhunderts. Mit ihnen können Unternehmen ihr auf *Big Data* beruhendes Marketing perfektionieren und uns dann immer leichter immer mehr Sachen andrehen, von denen wir bis vor Kurzem vielleicht noch gar nichts wussten, aber die wir uns nun sehnlich wünschen. So werden uns mithilfe von *Big Data* effektiv ›big needs‹ eingepflanzt.

Schätzungen zufolge könnte die Auswertung von Bewegungsprofilen für das Marketing noch lukrativer sein als die Auswertung von Suchprofilen.[81] Präzise Bewegungsprofile lassen sich bereits über die Ortung des Mobiltelefons von jeder Nutzerin und jedem Nutzer individuell anlegen. Zudem senden Apps wie Google Maps, aber auch viele andere Apps, die nichts mit Karten- oder Ortungsdiensten zu tun haben, laufend Standortdaten an die Betreiber. Damit kann nicht nur personalisierte, sondern auch lokal angepasste Werbung erstellt werden. Zwei mögliche Beispiele: Wer sich per Smartphone gerade Richtung Starbucks navigieren lässt, bekommt per ›Push-Nachricht‹ unterwegs spontan einen Kaffee-Gutschein von der Konkurrenz Balzac aufs Display geschickt. Oder wer eben im Netz nach Klamotten gesucht hat, könnte über Schnäppchen bei Zara oder Primark informiert werden, sobald sie oder er sich entsprechenden Filialen nähert. So wird der Konsum angetrieben, weil die Angebote nicht nur an den individuellen persönlichen Interessen ausgerichtet werden, sondern auch noch an den situativen örtlichen Gelegenheiten zum Shoppen.[82]

Die Personalisierung von Werbung und Produkten ist nicht alles. Vieles deutet darauf hin, dass auch die Preise beim Online-Shopping inzwischen je nach Nutzer*in personalisiert angepasst werden.[83] Bei Angeboten für Reisen konnte dies bereits belegt werden, in anderen Sektoren mangelt es noch an abschließenden Beweisen, um die zahlreichen Berichte von Nutzer*innen zu untermauern, die von Erfahrungen mit Preisdiskriminierung berichten.[84] Auch die Personalisierung von Preisen dient dazu, den Konsum zu stimulieren und zugleich den Unternehmen wachsende Profite zu bescheren.[85] Schätzungen zufolge ändert allein Amazon täglich die Preise von circa drei Millionen seiner Produkte, um einen undurchsichtigen Dschungel aus Sonderangeboten einerseits und periodischen Hochpreisen andererseits, Gutscheinaktionen hier und Rabattaktionen dort zu erzeugen, den auch Preisvergleichssuchmaschinen nur noch teilweise lichten können.[86]

Selbstverständlich stehen die individuellen Profile der einzelnen Kunden bei der ›dynamischen Preisbildung‹ im Mittelpunkt: Einer Kundin, die in der Vergangenheit oft nach Schnäppchen gesucht hat, wird eher ein individueller Rabatt unterbreitet als jemandem, der bislang selten auf Niedrigpreisaktionen geklickt hat. Beim Kauf über mobile Endgeräte werden im Gegensatz zum Shopping via Desktopcomputer oft höhere Preise veranschlagt.[87] Und Beobachtungen zufolge sind Elektronikprodukte mittwochs tendenziell günstiger als an anderen Tagen, Schuhe am Donnerstag, Beautyprodukte am Freitag. Und am Wochenende ist Onlineshoppen insgesamt teurer als tagsüber an Wochentagen.[88] Warum ausgerechnet an diesen Tagen und nicht an anderen? Weil *Big-Data*-Analysen berechnen, dass sich so der größte Umsatz realisieren lässt. Doch das gilt immer nur momentan und wird ständig an die Informationen angepasst, die wir Nutzer*innen selber im Netz generieren. Die smarten Algorithmen, die diese Infos liefern, sind die Schmiermittel, die die Konsumgesellschaft am Laufen halten. Und die Browser, Apps und Onlineplattformen, die wir benutzen, sind unsere trickreichsten Verkäufer.[89]

Technik-Utopie: Augmented und Virtual Reality

Laut IT-Expert*innen könnte eine nächste große digitale Revolution durch Anwendungen der digital erweiterten *(augmented)* und der virtuellen Realität angestoßen werden.[90] Künftig tragen wir dann Brillen nicht nur, um Sehschwächen auszugleichen, sondern auch, um unsere Realität zu erweitern. Auf den Gläsern werden Informationen eingeblendet, etwa wegweisende Pfeile einer Navigations-App, Informationen über Produktqualität im Supermarkt oder was im Alltag eben gerade nützlich ist. Apps können wir dadurch permanent nutzen und haben dabei die Hände frei, weil wir nicht mehr aufs Smartphonedisplay zu schauen brauchen. Solche mit *Augmented Reality* bezeichneten Einblendungen von digitalen Informationen ins Sichtfeld sind bereits heute möglich, etwa auf Autoscheiben. Demgegenüber lassen sich *Virtual-Reality*-Brillen nicht auf der Straße nutzen, sondern versetzen uns daheim in eine künstliche 3-D-Welt. Auf dem Markt gibt es bereits Brillen von verschiedenen Anbietern. Leitbild dieser Technologie ist die wahrgenommene ›Echtheit‹ der virtuellen Realitäten – und mit jedem neuen Modell nimmt diese zu.

Die potenziellen Anwendungsfelder von *Augmented* und *Virtual Reality* sind divers und könnten auch Abläufe in Unternehmen verändern. Eine problematische Seite ist das hohe Datenvolumen von dreidimensionalen *Virtual-Reality*-Inhalten. Eine Massennutzung würde Datenvolumina drastisch steigern und einen Ausbau der IT-Infrastrukturen erforderlich machen.[91] Zwar könnten durch entsprechende Filme über ferne Länder vereinzelt physische Reisen ersetzt werden, sehr viel wahrscheinlicher ist aber ein Anstieg des Tourismus, weil *Virtual Reality* zu Werbezwecken eingesetzt werden könnte. Sowohl *Virtual-* als auch *Augmented-Reality*-Anwendungen werden neue intime Informationen über das Nutzerverhalten an die Betreiberfirmen liefern, etwa über Bewegungen, Gefühle oder Fingergesten. Nicht reguliert, kann dies zu einer umfassenden Überwachung führen.[92] Ferner können die Informationen zur verbesserten Personalisierung von Werbung und Produktangeboten ausgewertet und nutzbar gemacht werden. Mit *Virtual-Reality*-Apps können wir Kleidung virtuell anprobieren oder Möbel in unsere Wohnung einblenden – und bekommen dafür dann die individuell passenden Kaufoptionen unterbreitet. Auch virtuelle Einkaufszentren sowie mittels *Augmented Reality* im stationären Einzelhandel eingesetzte Konsumanimationen – von der Hervorhebung von Sonderangeboten bis hin zu suggestiven Kaufmanipulationen – dürften das bestehende Konsumniveau noch weiter steigern.

Ökologisch noch bedrohlicher könnte werden, dass die Internetkonzerne sowie die gesamte von ihnen mit Daten und Beratungen belieferte werbetreibende Industrie nicht nur wissen, was wir gestern im Internet angeschaut, gelikt, kommentiert, weggeklickt, erworben oder auch verkauft haben. Zunehmend wissen sie auch, was wir morgen mögen werden – und zwar nicht nur sprichwörtlich, sondern faktisch.[93] Beispielsweise schlägt uns Werbung im Netz weder immer die gleichen Produkte zum Kauf vor, noch werden per simplem Zufallsprinzip bloß alternative, verwandte Warengruppen angeboten. Vielmehr können sogenannte ›suggestive Algorithmen‹ auf Basis von *Big-Data*-Analysen, des Persönlichkeits-*Profilings*, Trendanalysen usw. zunehmend präziser vorhersagen, welche Waren wir künftig kaufen werden.

Die kommerzielle Überwachung und Kontrolle der Konsument*innen ermöglicht also eine Vielzahl an Wegen, das ohnehin hohe und nicht nachhaltige Konsumniveau noch weiter zu steigern. Freilich hat schon das ›analoge Marketing‹ dies mit Erfolg erreicht. Doch insgesamt erscheint dieses im Vergleich zu den Möglichkeiten des digitalen Marketings vergleichsweise ineffektiv, ja beinahe unschuldig: Litfaßsäulen, Plakatwände, Zeitungsanzeigen und Fernsehwerbung bieten Produkte an, die viele der erreichten Konsument*innen vermutlich doch niemals interessieren werden und die sie daher einfach links liegen lassen. Durch *Big Data* wissen Unternehmen in Zeiten der Digitalisierung jedoch genau, wer wir sind, wo wir uns gerade befinden und was uns mit einiger Wahrscheinlichkeit interessieren wird. So können sie uns das perfekte Angebot zu einem individuell angepassten Preis machen. Auch wenn die Entwicklung noch nicht ganz so weit ist, wie gerne proklamiert wird,[94] werden wir im Internet aufgrund der Personalisierung wahrscheinlich bald nur noch mit Produkten umworben, die ziemlich genau unsere Interessen treffen. Das macht es ungleich schwerer, dem Angebot zu widerstehen. Es scheint, als habe sich das Internet von der anfänglichen Idee des Informationsaustauschs zu einer riesigen Verkaufsmaschine entwickelt.[95]

E-Commerce: anything, anywhere, anytime

Ob im Fast-Food-Restaurant, im Wartezimmer beim Arzt, an der Bushaltestelle oder abends auf der Couch: Smartphone, Tablet und PC öffnen uns jederzeit und überall die Tür zum größten Shoppingcenter der Welt. Selbst für die ausgefallensten Konsumwünsche muss man sich nicht mehr die Hacken ablaufen, sondern kann sie mit einer sekundenschnellen Bestellung – ganz beiläufig – befriedigen. Automatische Bezahlsysteme wie PayPal haben das Online-shopping zusätzlich beschleunigt. Amazon, der mit Abstand markt-stärkste Onlinehändler, hat mit der 1-Click-Bestellung sogar das gefühlt zeitaufwendige Einloggen, Angeben von Lieferadresse und Zahlungsart, Bestätigen der Geschäftsbedingungen usw. überflüssig gemacht. Einmal aufs Touchpad tippen und der Paketbote bringt die gewünschte Jeans, Spielkonsole oder Unterwasserkamera am Folge-tag an die Haustür. Und wem selbst das Tippen noch zu viel ist, der drückt einen ›Dash-Button‹, mit dem sofort eine bestimmte vorein-gestellte Bestellung ausgelöst wird, oder ruft seinen Wunsch einem Spracherkennungsassistenten wie Siri von Apple oder einem häus-lichen Shoppingassistenten wie Echo oder Alexa von Amazon zu. Zusätzlich zur Bedürfnisgenerierung durch personalisierte Werbung und Preise steigert die Digitalisierung den Konsum also auch des-halb, weil sie ermöglicht, rund um die Uhr, alle Tage des Jahres und an jedem beliebigen Ort zu shoppen.

Digitale Vernetzung vergrößert nicht nur die Bequemlichkeit und die Effizienz beim Shoppen, sondern eröffnet gänzlich neue Optio-nen. So dreht etwa die App Pinterest den üblichen Ablauf eines Ein-kaufs um 180 Grad um. Anstatt in einem Geschäft oder im Internet erst nach einem Produkt suchen zu müssen, können Nutzer*innen mit ihrer Smartphonekamera ein Foto eines beliebigen Gegenstands schießen, hochladen und erhalten dann mithilfe von Produkterken-nungssoftware Angebote, bei welchem Onlineshop dieser oder ein ähnlicher Gegenstand sofort zu haben ist. Pinterests Ziel ist es, den Konsument*innen möglichst alle Gegenstände der Welt in Sekun-den verfügbar zu machen. Derlei Beispiele ließen sich noch seiten-lang fortführen, aber der Schluss ist immer der gleiche: Die Digita-lisierung ermöglicht eine radikale Senkung der Transaktionskosten beim Konsumieren. Der Kauf von Produkten und Dienstleistungen wird immer schneller, einfacher und oft auch günstiger. Und je mehr Zeit, Geld und Mühe gespart wird, desto mehr wird in aller Regel konsumiert.

Entsprechend können empirische Studien einen deutlichen Zu-sammenhang zwischen Effizienz- und Optionensteigerung bei den

Einkaufsmöglichkeiten und dem Konsumniveau nachweisen.[96] Beispielsweise zeigt eine repräsentative Untersuchung des Einkaufsverhaltens von 16.000 Befragten in den USA, dass mobiles Shopping vom Smartphone gegenüber Onlineshopping vom häuslichen PC zu häufigeren Bestellungen und größeren Bestellmengen führt.[97]

Auch die Verknüpfung sozialer Medien mit Onlineshopping steigert den Konsum. Das Phänomen ist schon vom traditionellen Einkaufsbummel bekannt: Wenn eine Gruppe von Freund*innen gemeinsam zum Einkaufszentrum zieht und Einkaufen als soziales Event zelebriert, steigert dies den Konsum. Ganz ähnlich wirken Facebook, Instagram, Pinterest, Twitter und andere soziale Netzwerke konsumanregend – nur mit dem Unterschied, dass die Konsumanreize jederzeit, überall und ohne den Aufwand ›echter‹ Verabredungen ausgelöst werden können. Auch die Onlineshops sind in sozialen Netzwerken aktiv und platzieren Werbung, Sonderangebote oder Gutscheine – natürlich alles personalisiert, denn weil sich die Verbraucher*innen auf den Plattformen austauschen, Informationen filtern, gegenseitig Produkte empfehlen, diese bewerten usw., wissen Verkäufer und Werbefirmen genau, was sie wem anbieten müssen, um am effektivsten zum Shoppen zu verführen.[98] Eine vergleichende Studie hat in China, Hongkong, Taiwan, Deutschland und Italien den Einfluss sozialer Medien auf den Kleiderkonsum und die Beschleunigung des Modemarkts *(Fast Fashion)* belegt: In Deutschland wird inzwischen jede vierte Frau von sozialen Medien oder diversen Fashion Blogs zum Kleiderkauf verführt, in China sind es sogar 72 Prozent der Befragten. Facebook und Instagram beeinflussen zudem Frequenz, Dauer und Ausgaben beim Shoppen. Wer sich von den sozialen Netzwerken in Sachen Mode angesprochen fühlt, shoppt häufiger, länger und gibt mehr aus.[99]

Wenn schon der steigende Konsum aus ökologischer Sicht problematisch ist, hilft er denn wenigstens auf dem Weg zu einem glücklicheren Leben? Die bittere Ironie der (digitalen) Beschleunigung des Konsums ist, dass sie offenbar nicht zu einer größeren Befriedigung führt. Ganz im Gegenteil scheint zu gelten: Je kürzer der Kaufprozess, desto schneller verblasst die Befriedigung. Von den 40 Prozent jener Befragten, die als ›exzessive Konsument*innen‹ klassifiziert werden können, weil sie mindestens einmal pro Woche Kleidung kaufen, gab mehr als Hälfte an, dass die Befriedigung nach nur wenigen Stunden, spätestens aber nach einem Tag wieder verflogen sei. Ein Drittel von ihnen äußerte gar, dass sie sich nach dem Einkauf noch leerer und unerfüllter fühlten als vorher.[100] Wer da keine Entzugskur gegen Shoppingsucht macht, um aus dem Teufelskreis auszusteigen, wird die entstehende Leere durch noch häufigeres Shoppen zu füllen versuchen.

Verkehrsvermeidung durch Lieferdienste?

Die Zunahme des Onlineshoppings wird vom stationären Einzelhandel mit Sorge beäugt. Von manchen wird gar befürchtet, der E-Commerce könne den konventionellen Handel irgendwann gänzlich ersetzen und zu einer ›Entleerung der Innenstädte‹ und einem allgemeinen ›Ladensterben‹ führen.[101] Vor dem Hintergrund des zuvor beschriebenen allgemein steigenden Konsumniveaus erscheinen diese Befürchtungen allerdings überzogen. Insbesondere in den Toplagen, allen voran in Innenstädten, dürfte auch in Zukunft die Lust auf einen Einkaufsbummel anhalten. Dort werden Einkaufsstraßen erhalten bleiben, ihr Gesicht wird sich jedoch verändern – mit weniger kleinen Geschäften und mehr ›Show-Rooms‹. Verdrängungsrisiken werden indessen für Mittelstädte, insbesondere aber für kleinere Kommunen und ländliche Gebiete erwartet.[102] Auch dort aber werden nach Einschätzung von Expert*innen immerhin die alltagsnotwendigen Lebensmittelhändler am wenigstens Konkurrenz durch Onlineshopping fürchten müssen.[103] Dennoch könnten für alle Städte und Kommunen Nachteile nicht zuletzt aus dem Verlust der Gewerbesteuer entstehen, wenn Geschäfte etwa für Haushalts- und Elektronikwaren, Drogerien oder Zeitschriftenläden schließen.

Während die Geschäfte mit zunehmendem E-Commerce weniger werden, nimmt die Zahl der Lieferwagen zu, die uns die online erworbenen Waren nach Hause bringen.[104] Was bedeutet diese Entwicklung aus ökologischer Sicht? Auf den ersten Blick erscheint es sinnvoll – gerade in ländlichen Regionen – unzählige Einzelfahrten per Pkw zu den Geschäften in das benachbarte Oberzentrum durch einen bündelnden Lieferdienst zu ersetzen. Es liegen zahlreiche Studien zur Frage vor, ob durch Onlineshopping im Vergleich zum individuellen Einkauf per Pkw der Energieverbrauch und die Treibhausgasemissionen reduziert werden können.[105] Wie bei der Diskussion Buch versus E-Book-Reader oder DVD versus Streaming kommt es auch hier auf die konkreten Umstände an – vor allem darauf, ob und wie viele Kilometer Konsument*innen fürs Einkaufen mit dem privaten Pkw fahren, welche Shoppinggewohnheiten und welche Siedlungsstrukturen bestehen.[106] Wenn tatsächlich sämtliche privaten Einkäufe mit Pkw durch Lieferdienste ersetzt würden, ließe sich das Verkehrsaufkommen fürs Einkaufen je nach Kontext und Annahmen der Studie zwischen einem Viertel und drei Vierteln verringern.[107]

Allerdings werden Einkäufe oft mit Fahrten kombiniert, die auch anderen Zielen dienen (Arbeitsweg, Freizeit). Diese Fahrten können nicht zur Gänze dem ökologischen Fußabdruck des Shoppings angerechnet werden. Wenn mehrere Produkte, die bislang auf einer Einkaufstour erworben wurden, in getrennten Paketen zugestellt werden, kann die Verkehrsbilanz des Onlineshoppings sogar negativ ausfallen.[108] Ferner ist die Auslastung der Lieferwagen entscheidend: Gemäß einer Studie kann erst ab 20 bis 40 Kund*innen pro Lkw eine positive Emissionsbilanz der Lieferdienste gegenüber individuellem Einkaufen erzielt werden.[109] Schließlich schneidet konventionelles Einkaufen in dichten Siedlungsstrukturen wie Innenstädten weiterhin besser ab als Onlineshopping, insbesondere wenn Konsument*innen zu Fuß einkaufen können.[110]

Dennoch gelangt die Mehrzahl der Studien zu dem Schluss, dass Onlineshopping im Vergleich zum konventionellen Einkauf das Verkehrsaufkommen und die Treibhausgasemissionen reduzieren kann. Aber was passiert, wenn die Höhe des Konsums weiter ansteigt – auch deshalb, weil Onlineshopping durch Lieferdienste immer komfortabler wird? Bislang wurde noch nicht untersucht, wie sich mögliche Konsumsteigerungen durch die Digitalisierung auf die Chancen zur Verkehrsvermeidung auswirken.

Um den Onlinehandel weiter auszubauen, arbeiten viele Internetfirmen an der Beseitigung eines wichtigen Nachteils gegenüber dem stationären Einzelhandel: dem logistisch bedingten Zeitabstand zwischen Bestellung und Lieferung. Dem Shopping von Smartphone oder PC aus mangelt es an einer ›*instant gratification*‹, der sofortigen Befriedigung, die sich erst beim ›In-den-Händen-Halten‹ der Ware vollständig entfaltet. Schnelle Lieferzeiten und günstige Versandkosten gehören daher zu den zentralen Entwicklungsfeldern des digitalen Handels. In kurzen Zeitabständen werden immer neue futuristische Prophezeiungen verlautbart, wie Lieferzeiten schon bald radikal verkürzt werden könnten. Die Internetplattform eBay etwa strebte noch im Jahr 2014 an, bereits 2015 mit seinem Projekt ›*eBay now: from your phone to your door in about an hour*‹ in 25 Städten weltweit eine taggleiche Lieferung anzubieten – hat dieses Projekt aber bald wieder begraben müssen. Amazon bietet über sein Programm *Prime* bereits Eillieferungen noch am selben Tag an und testet nun mit ›*Prime Air*‹ fliegende Lieferdrohnen, die das Shoppingglück sogar in nur 30 Minuten vom Lager zur Haustür bringen sollen. Demgegenüber mutet das estländische Unternehmen Starship mit seinen kleinen selbstfahrenden Roboterautos, die bald die Bürgersteige bevölkern und Paketdienste ersetzen sollen, schon beinahe altbacken an. All diese ›technotopischen‹ Konzepte sind aber nicht nur aus ökonomischer, sondern auch aus juristischer Sicht bis auf Weiteres noch nicht anwendungstauglich – etwa was die Frage betrifft, wer bei Schäden von autonomen Fahr- oder Flugzeugen haftet. Aus ökologischer Sicht sind diese Hürden vermutlich ein Segen. Denn eine möglichst schnelle Lieferung steht all den oben genannten Bedingungen für eine möglichst nachhaltige Lieferung entgegen: Produkte werden wohl noch seltener gebündelt bestellt und die Auslieferung an mehrere Kunden gleichzeitig wird erschwert. Zudem sind noch schnellere Lieferungen dem Ziel sicher nicht zuträglich, das allgemein hohe Konsumniveau auf ein nachhaltiges Maß zu senken.

E-Commerce mit Lieferdiensten hat weitere ökologische Haken: Viele Produkte werden zurückgesendet. Weil eine Anprobe nicht möglich ist, wird ein Kleidungsstück mitunter in zwei verschiedenen Größen bestellt; eines von beiden kann ja ohne Weiteres zurückgesendet werden. (Oder auch beide, wenn sie nicht gefallen.) Etwa jedes zehnte bestellte Paket geht an die Händler zurück, bei Kleidungskäufen ist es fast jedes zweite. Bei der Frage, ob Onlineshopping plus Lieferdienst somit eine geringere Energie- oder CO_2-Bilanz aufweist als das individuelle Einkaufen im Geschäft, muss daher die enorme Zahl der Retouren mit einberechnet werden.[111]

Neben den verkehrsbezogenen Emissionen verschlingt der Onlinehandel in einem weiteren Bereich Energie und Ressourcen: für die Verpackung der Waren. Nicht selten kommen Produkte doppelt in Plastikfolie verpackt. Zerbrechliche Ware findet sich unter Styroporschnipseln vergraben in einem übergroßen Pappkarton. Und der Verpackungsmüll häuft sich. In den 1990er-Jahren war es dank umweltpolitischer Anstrengungen nach Jahrzehnten wachsender Müllberge in Deutschland gelungen, die Menge des Verpackungsmaterials zu verringern auf damals insgesamt 13 Millionen Tonnen. Doch dieser positive Trend gehört der Vergangenheit an. Seitdem hat der Verbrauch wieder zugelegt und summierte sich 2014 auf 18 Millionen Tonnen, was rund 220 Tonnen Verpackungsmaterial pro Kopf und Jahr entspricht.[112] Der E-Commerce ist eine der zentralen Triebkräfte dieser Entwicklung. Immerhin ist der Anteil wiederverwertbaren Materials beim Versandhandel hoch. Insbesondere Pappe, aber teils auch Folien und andere Materialien können rückgeführt werden. Doch auch Recycling kostet Energie und lässt sich nicht unbegrenzt wiederholen. Nachhaltigere Logistiksysteme wie Mehrwegverpackungen, die zum Beispiel das deutsche Versandhaus Memo oder das finnische Unternehmen RePack entwickelt haben, sind im Massenmarkt noch Zukunftsmusik.

Alles in allem lässt sich dennoch zusammenfassen: Lieferdienste können eine bessere Ökobilanz als private Einkaufsfahrten haben, nämlich dann, wenn Zustellungen im Lieferverkehr gebündelt werden und viele Pkw-Einzelfahrten ersetzen. Doch besteht die Gefahr,

dass dieses Effizienzpotenzial durch eine energie- und ressourcen-
intensive Beschleunigung der Lieferung und eine weitere Steigerung
des Konsumniveaus wieder aufgefressen wird. Entsprechend ist politische Steuerung vonnöten, um die ökologischen Potenziale zu entfalten; hierauf werden wir in Kapitel 6 noch näher eingehen.

Smarte Mobilität – große Chancen, große Risiken

Nicht nur beim Lieferverkehr fürs Onlineshopping, sondern auch
im Verkehr und bei der Mobilität insgesamt, also inklusive des Per-
sonenverkehrs, kann die Digitalisierung viele positive ökologische
Effekte auslösen. Die Herausforderung im Mobilitätsbereich besteht
darin, eine ›sozialökologische Verkehrswende‹ ins Werk zu setzen.
Dabei geht es vor allem darum, dass der Verkehrssektor wesentlich
weniger Energie verbraucht und Emissionen freisetzt. Hierzu werden
Elektroautos einen Beitrag leisten können. Allerdings werden wir die
Chancen und Risiken von E-Autos hier nicht diskutieren. Zweitens
wird eine Verkehrswende darauf abzielen, das Transportaufkommen
beziehungsweise den sogenannten ›Modal Split‹ vom motorisierten Individualverkehr in Richtung öffentliche und nutzungsgeteilte
(Massen-)Verkehrsmittel zu verlagern. In der bereits erwähnten Studie der *Global e-Sustainability Initiative* wird für den Transportsektor
insgesamt berechnet, dass bis zum Jahr 2030 weltweit 3,6 Gigatonnen Treibhausgasemissionen eingespart werden könnten – immerhin ein Fünftel der Gesamtemissionen dieses Sektors.[113] Die größten
Effizienzpotenziale in Produktion und Handel werden in der Optimierung der Logistiknetzwerke und des Lieferverkehrs verortet.
Konsumseitig könnten Emissionen vor allem durch Arbeit im Home-
Office sowie durch Carsharing verringert werden, so die optimistische Studie.

Doch es drängt sich – insbesondere nach den vorangegangenen
Überlegungen – ein gewisser Zweifel auf: Das Herunterladen von
E-Books statt der Fahrt zur Buchhandlung, dass Streaming von Fil-

men statt Kaufen oder Leihen von DVDs, Onlineshopping statt Einkaufen mit dem privaten Pkw, Skypen und Videokonferenzen sowie Telearbeit im Job – dies alles findet längst statt und hätte daher in den vergangenen Jahren doch bereits zu einer gewissen Verringerung des Verkehrsaufkommens beitragen müssen. Doch weder in Deutschland noch anderswo ist das Verkehrsaufkommen gesunken, sondern immer weiter angestiegen.[114]

Vor allem der Güterverkehr hat deutlich zugenommen. Zweifelsohne haben Informations- und Kommunikationstechnologien in den letzten zwei, drei Jahrzehnten die Effizienz bei Logistik und Flottenmanagement bereits erheblich verbessert. Doch im Rückblick muss festgestellt werden, dass dies nicht zu einer absoluten Reduktion der Verkehrsemissionen geführt hat. Vielmehr haben Effizienzsteigerungen bereits in der Vergangenheit die Grundlage dafür geschaffen, dass durch Rebound-Effekte der Verkehr noch weiter zugenommen hat. Das Konzept der ›Just-in-Time‹-Logistik, das die Vorratshaltung von Lagerhallen auf fahrende Lkws verschoben hat, konnte zum Beispiel zwar die Kosten- und Zeiteffizienz verbessern, hat aber im Gegenzug den Energieverbrauch der Logistik erhöht.

Für die Zukunft wird nun für den Verkehrssektor erwartet, dass digital gestützte Dienste die Logistiknetzwerke und Lkw-Routen noch weiter optimieren können; dass intelligente Verkehrsleitsysteme in Echtzeit über Staus und zähflüssigen Verkehr informieren und diese zu vermeiden helfen, dass smarte Antriebstechnologien zu spritsparendem Fahren führen (›Eco-Driving‹), und noch einiges andere.[115] Inwieweit werden diese Optimierungen die Umweltwirkungen des Verkehrs verringern?

Das Bundesverkehrsministerium gibt dazu aufschlussreiche Antworten. Es prognostiziert, dass sich der Güterverkehr in Deutschland im Jahr 2030 gegenüber 2010 um 38 Prozent erhöht haben wird, und schreibt in diesem Zusammenhang: »Die bisherige Vernetzung der Verkehrsträger muss gleichwohl weiter optimiert werden, wenn es gelingen soll, den in den Prognosen bis 2030 vorausgesagten überdurchschnittlichen Zuwachs des Güterverkehrs in unserem Land zu bewältigen.«[116] Die digitale Optimierung des Verkehrs soll also nicht einer Reduktion des Verkehrsaufkommens dienen, sondern die Voraussetzung für sein weiteres Anwachsen schaffen. Auch für die Vergangenheit zieht das Ministerium den Schluss, dass Telematik bereits wesentlich dazu beigetragen habe, die Kapazitäten auf allen Verkehrswegen und bei nahezu allen Verkehrsträgern zu erhöhen.[117] Auch beim Verkehr zeigt sich also: Die Digitalisierung trägt bislang nicht zu einer sozialökologischen Transformation bei. Im Gegenteil verlängert jede Optimierung des Status quo das Fortbestehen nicht nachhaltiger Wachstumstrends.

Was für den Güterverkehr und die Logistik gilt, trifft ebenfalls auf den motorisierten Individualverkehr zu. Auch dieser soll laut Bundesverkehrsministerium bis 2030 noch um weitere zehn Prozent anwachsen – dank Digitalisierung. Denn allein durch zusätzlichen Straßenbau sei diesem Trend nicht zu begegnen, stellt das Ministerium fest. In der Digitalisierung werden also nicht etwa Chancen erkannt, das Verkehrsaufkommen zu reduzieren, um so einen Beitrag zum Energiesparen und zum Klimaschutz dieses Sektors zu leisten, sie soll vielmehr »die Kapazitätsauslastung des vorhandenen Straßennetzes verbessern«.[118]

Die einschneidendste Veränderung des Verkehrssektors durch die Digitalisierung wird durch selbstfahrende Fahrzeuge erwartet. In den oben genannten Szenarien des Bundesverkehrsministeriums spielen sie noch keine Rolle. Das mag auch daran liegen, dass diese Technologie noch nicht so weit entwickelt ist, dass sie in einem komplexen Stadtverkehr sicher operieren könnte. Ob und wie schnell sich automatisierte Fahrzeuge verbreiten werden, ist daher bislang offen – zumal noch zahlreiche rechtliche Fragen bis zu ihrer Zulassung zu klären sind.[119] Sollten diese Hürden genommen werden, könnte die Technologie fester Bestandteil des Mobilitätssystems werden – mit gravierenden Folgen für Mensch und Umwelt. Blicken wir zunächst auf den motorisierten Individualverkehr.

Da sich beim Fahren niemand mehr ums Steuern kümmern muss, können selbstfahrende Autos zu einem weiteren Lebensmittelpunkt neben dem Zuhause und dem Arbeitsplatz werden. Dann dient das Autofahren nicht mehr (nur) dazu, möglichst schnell von A nach B zu kommen, sondern wird zu einem produktiven Zeitfenster: Zwischen zwei Terminen kann man sich ein Stündchen durch die Stadt kutschieren lassen und währenddessen das nächste Meeting vorbereiten, Video-Konferenzen abhalten, onlineshoppen, Filme schauen, Computer spielen oder schlichtweg ausruhen. Gängiger als solche Rundfahrten, in denen man sich in sein Privatzimmer auf Rädern zurückzieht, dürften verlängerte Arbeitswege werden. Wenn das Auto zum erweiterten Büro wird, erscheint es weniger ›Zeitverschwendung‹ als heute, eine Stunde zur Arbeit zu pendeln. Neben diesen Risiken für eine Verkehrszunahme besteht eine Gefahr auch darin, dass der Individualverkehr durch automatisiertes Fahren dem umweltfreundlicheren ÖPNV noch stärker als bisher Konkurrenz machen könnte. Viele Menschen empfinden eine Fahrt in ihrem privaten Pkw ohnehin als komfortabler als die in einer Tram oder U-Bahn. Und wenn dies künftig ohne eigenes Steuern geht, kann dabei sogar gearbeitet oder konsumiert werden. So könnte der automatisierte motorisierte Individualverkehr andere Bewegungsformen an den Rand drängen. Eine kluge Ressourcennutzung wäre das – jedenfalls in Städten – indessen nicht.

Die Einführung selbstfahrender Autos wird derzeit von (mindestens) zwei finanzstarken Interessengruppen vorangetrieben. Erstens versuchen Automobilkonzerne, mittels Digitalisierung auch im 21. Jahrhundert die Zukunft des Pkws in Städten zu sichern. Sie wollen die Stückzahl ihrer abgesetzten Karossen sichern oder gar steigern. Da kommt die Digitalisierung gerade recht, denn die Automobilindustrie steckt in einer existenziellen Krise: Grenzwerte für Luftverschmutzung, kostensteigernde Klimaschutzpolitiken und die jüngste Serie von Betrugsskandalen erschüttern die bisherige zentrale Rolle des Automobils in unserer Gesellschaft. Zudem beginnen sich Leitbilder bei jüngeren Menschen zu wandeln, die sich flexible und multimodale Verkehrslösungen wünschen, möglichst wenig Verpflichtungen (wie beispielsweise Parkplatzsuche) eingehen möchten und daher beginnen, sich vom weit verbreiteten Lebenstraum des eigenen Pkws zu verabschieden.[120] Da verspricht die Aussicht auf den neuen Luxus, von Robotern chauffiert zu werden, ein attraktives

Mit Nullen und Einsen die Umwelt retten?

Gegennarrativ, das die ökologisch und sozial verhängnisvolle ›Liebe zum Automobil‹[121] in der Gesellschaft neu entfachen könnte.

Zweitens werden selbstfahrende Autos auch von IKT-Unternehmen und großen digitalen Plattformanbietern vorangetrieben. Sie möchten die Software bereitstellen – und zwar nicht nur für die Steuerung der Autos, sondern auch für ihre weit gefächerte digitale (Innen-)Ausstattung. Schließlich sollen sich die Insassen während der Fahrt ja nicht langweilen. Tesla, Uber, Google, Apple und andere, die derzeit stark in selbstfahrende Autos investieren, werden künftig auch die *Office-*, *Entertainment-* oder *Gaming*-Ausstattungen anbieten. Denn Wertschöpfung findet künftig nicht mehr nur durch den Verkauf von Karossen oder an der Zapfsäule statt, sondern auch während der Fahrt. Ziel der IKT-Unternehmen ist es, dass die Nutzer*innen möglichst viele Dienste in Anspruch nehmen und dabei möglichst viel Werbung konsumieren. Und natürlich möchten sie die Bewegungsprofile und Nutzerdaten der Passagiere abgreifen, um diese auszuwerten und in bare Münze zu verwandeln. Erste Abschätzungen gehen davon aus, dass der Wert der Mobilitätsdaten von privaten Fahrzeugnutzer*innen in Deutschland zwischen 350 und 650 Euro pro Jahr und Person liegen könnte.[122] Multipliziert mit der Anzahl von Pkws ergäbe dies einen mehrere Milliarden schweren Markt.

Neben einem erhöhten Verkaufsaufkommen und möglicherweise durch Internetnutzung während der Fahrt angestacheltem Konsum ist es ökologisch problematisch, dass für selbstfahrende Autos eine enorme Dateninfrastruktur errichtet und betrieben werden muss. Zunächst scannen die Autos unentwegt ihre Umgebung, allein dafür veranschlagen Schätzungen zwischen 20 bis 60 Megabyte Datenvolumen je Auto – und zwar pro Sekunde. Hinzu kommen weitere Datenflüsse für das GPS, das Radar und die Sensoren zur lasergestützten Abstands- und Geschwindigkeitsmessung. Und schließlich produzieren selbstfahrende Autos nicht nur Daten, sondern benötigen zugleich einen konstanten Zufluss an 3-D-Informationen der Straßenumgebung zum ständigen Abgleich mit dem, was sie scannen. Die Summe des Datenverkehrs könnte sich ersten groben Abschätzun-

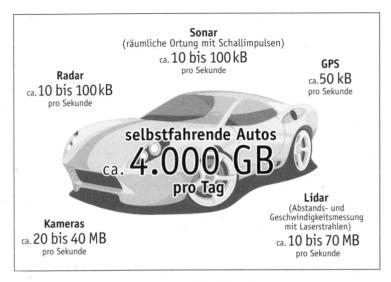

Abbildung 7: **Datenintensität selbstfahrender Autos**
(Erläuterung auf S. 239).

gen zufolge auf 4.000 Gigabyte pro Tag und Fahrzeug summieren.[123] Demnach würden nur zwei Millionen selbstfahrende Autos die gleiche Datenmenge erzeugen, wie heute etwa die Hälfte der Weltbevölkerung.

Neben Google haben bereits weitere Firmen wie Uber, Carmera, TomTom oder Here (dahinter stehen Audi, BMW und Daimler) begonnen, die USA und andere Länder dreidimensional zu vermessen. Der Besitz aktueller 3-D-Karten eröffnet neue Geschäftsfelder. So können sie etwa Städten und Gemeinden für Smart-City-Konzepte oder als Infrastruktur für die Mobilität von morgen angeboten werden. Aus ökologischer Sicht sind der Ausbau einer gigantischen kabellosen Breitbandinfrastruktur sowie der enorme Rechen- und Übertragungsaufwand der Datenzentren, die das Streaming von 3-D-Informationen für Millionen Fahrzeuge erforderlich machen würde, kritisch zu sehen. Die Ökobilanz selbstfahrender Autos wird nicht nur durch die Energie und Ressourcen bestimmt sein, die bei Herstellung der Karossen, Motoren, der digitalen Ausstattung an

Bord und natürlich des Treibstoffs oder Ladestroms anfallen, sondern auch vom Aufbau und Betrieb der vor- und nachgelagerten Infrastrukturen und digitalen Dienstleistungen, ohne die sie nicht losfahren können.

Ziehen wir ein erstes Zwischenfazit zu den Auswirkungen der Digitalisierung beim Güterverkehr und beim motorisierten Individualverkehr: Für den Güterverkehr erscheint eine erhebliche Senkung der Verkehrsemissionen mehr als unwahrscheinlich. Schon in der Vergangenheit hat die digitale Optimierung des Lieferverkehrs unter anderem durch Kostensenkungen zu Rebound-Effekten und ergo einer Zunahme der gefahrenen Kilometer geführt. Warum sollte dies in Zukunft anders sein? Auch im privaten Automobilverkehr wird die Digitalisierung aufgrund von Komfortsteigerungen eine treibende Kraft für den weiteren Anstieg des Verkehrsaufkommens darstellen. Nahezu alle Studien zur Frage, wie selbstfahrende Privatautos in der Zukunft das Verkehrsaufkommen beeinflussen könnten, gelangen zu dem Ergebnis, dass die insgesamt gefahrene Streckenlänge deutlich zunehmen wird.[124] Für die Lebensqualität insbesondere in den Städten wäre dies eine Verschlechterung. Und für das globale Klima stellen selbstfahrende Autos und digitale Anwendungen zur Verbesserung der ›Kapazitätsauslastungen der Straßen‹ eine erhebliche Gefahr dar.

Technik-Utopie: Taxi-Drohnen

Ein alter Traum könnte wahr werden: selbstfliegende ›Autos‹, die uns überall hinbringen und dafür sorgen, dass Staus der Vergangenheit angehören.[125] Drohnen sind bereits seit einigen Jahren so leistungsstark, dass sie Pakete und andere Produkte liefern können.[126] Nun arbeiten etablierte Unternehmen wie Boeing oder Airbus und Start-ups wie Volocopter oder Lilium an Flugvehikeln, die auch Personen transportieren können. In Dubai wird seit Herbst 2017 der erste Lufttaxi-Testbetrieb durchgeführt.[127] In einer ›schönen neuen Zukunft‹ könnten uns selbstfliegende Drohnen morgens an unserer Wohnung abholen, zur Arbeit bringen, zwischendurch Geschäfte mit Waren beliefern und uns am Feierabend zu Freund*innen, zum Sport oder ins Restaurant bringen.

Allerdings ist die praktikable und massentaugliche Einführung von Taxi-Drohnen noch ungewiss. Unwahrscheinlich ist es auch, dass hierdurch ein Beitrag zu einem umweltfreundlichen Verkehr geleistet werden kann. Fliegen benötigt in der Regel einen weitaus höheren Energieaufwand als eine Bewegung über Land.[128] Nicht nur ist unklar, ob die Drohnen mit erneuerbaren Energien betrieben werden könnten und welche Umweltwirkungen entsprechende Akkuspeichertechnologien hätten, auch wird der Transport in der Luft auf absehbare Zeit vermutlich nur zahlungskräftigen Personen offenstehen. Eine sozialökologische Verkehrswende wird nicht versuchen, Menschen immer schneller zu immer weiteren Zielen zu bringen, an denen sie dann nur immer kürzer verweilen. Vielmehr wird sie Menschen dadurch mobil machen, dass nahräumliche Versorgungsstrukturen aufgebaut und möglichst ohne externen Energieinput – etwa zu Fuß oder per Fahrrad – zugänglich gemacht werden. Anstatt nachhaltig zu entschleunigen, könnten Taxi-Drohnen unsere Wirtschaft und Gesellschaft weiter ressourcenaufwendig beschleunigen.

Den ökologischen Risiken beim privaten und gewerblichen Autoverkehr stehen große Chancen der Digitalisierung beim öffentlichen und nutzungsgeteilten Verkehr gegenüber. Mehr noch: Dank Digitalisierung könnte nach Jahrzehnten umwelt- und verkehrspolitischer Anstrengungen, das Verkehrsaufkommen verstärkt auf öffentliche und nutzungsgeteilte Verkehrsträger zu verlagern, ein historischer Durchbruch gelingen. Hier wäre etwa der flächendeckende Ausbau von Carsharingsystemen in Städten zu nennen. Mehrere unabhängige Studien können deutliche Treibhausgaseinsparungen nachweisen, wenn ein stationsgebundenes Carsharing anstelle von privaten Automobilen genutzt wird; sie konstatieren eine Reduktion der Emissionen von circa 20 bis 35 Prozent.[129] Apps vereinfachen den Zugriff auf die Fahrzeuge des stationsgebundenen Carsharing und steigern die Flexibilität der Nutzung. Neben diesem Modell ermöglicht Digitalisierung auch ein *peer-to-peer-Sharing* privater Fahrzeuge, etwa über die Plattformen Drivy oder SnappCar.

Darüber hinaus hat die Digitalisierung in den letzten Jahren in Großstädten auch sogenannte *free-floating*-Systeme ermöglicht, wie *Car2Go, DriveNow* oder *SpotCar.* Nutzer*innen bekommen den Standort des nächstgelegenen freien Fahrzeugs über eine App angezeigt und können dieses per Handy buchen. Es ist allerdings nicht klar, ob *free-floating*-Carsharing ein ähnliches Einsparpotenzial mit sich bringt wie stationäre Systeme. Zunächst müssen hier die umfassenderen digitalen Infrastrukturen in die Bilanz einberechnet werden. Viel entscheidender aber ist, dass gegenüber dem stationären Carsharing die Verfügbarkeit des Automobilverkehrs in Städten noch einmal deutlich erhöht wird. So machen *free-floating*-Angebote den motorisierten Individualverkehr noch attraktiver, kostengünstiger und einer breiteren Masse zugänglich – gerade auch für Gelegenheitsfahrten, die beim stationären Carsharing so leicht nicht möglich sind. Theoretisch erleichtern auch diese Systeme zwar den Verzicht auf einen privaten Pkw. Aber es zeigt sich, dass – anders als beim stationsgebundenen Carsharing – das Gros der Nutzer*innen der *free-floating*-Systeme das Carsharing zusätzlich zu ihrem bestehenden privaten Pkw nutzt, um die eigene Flexibilität zu erhöhen und den Komfort zu maximieren.[130] Außerdem tritt *free-floating*-Carsharing in Konkurrenz zu den öffentlichen Massenverkehrsmitteln, denn die spontane Wahl, ob man zur nächsten S-Bahn laufen möchte oder lieber vor Ort rasch einen Wagen mietet, gibt es so beim stationsgebundenen Carsharing ebenfalls nicht. Daher besteht die Gefahr, dass das *free-floating*-Carsharing zu einem Anstieg des Straßenverkehrs in Städten beiträgt und nicht zu dessen Verringerung.

Welche Auswirkungen könnten künftige Systeme mit selbstfahrenden Carsharingautos oder auch selbstfahrenden Taxis (sogenannten ›Robo-Taxis‹) haben? Für die Nutzer*innen würden diese beiden Systeme kaum noch einen Unterschied machen. Sowohl Robo-Taxis als auch Fahrzeuge des selbstfahrenden Carsharing würden wir *on demand* rufen. Auf der einen Seite könnten diese Systeme dem nutzungsgeteilten (Auto-)Verkehr noch stärker zum Durchbruch verhelfen und bergen vielleicht sogar das Potenzial, das bisher vorherrschende Paradigma eines Pkw im Privatbesitz vollständig abzulösen. Denn wenn uns ein Fahrzeug direkt an der Tür abholt und uns selbstständig bis ans Ziel bringt – ohne Parkplatzsuche usw. –, dürfte der Komfort gegenüber dem Privat-Pkw unschlagbar werden. Daher gehen optimistische Szenarien davon aus, dass solche Systeme mit so starkem Zuspruch rechnen dürfen, dass sie die Zahl der Karossen in Städten deutlich verringern könnten; dies wäre bei selbstfahrenden Privatautos nicht gegeben. Studien schätzen, dass der Autobestand bei flächendeckender Einführung um 70 bis 90 Prozent sinken könnte. Auf der anderen Seite zeigen die gleichen Studien, dass das Verkehrsaufkommen trotzdem um 20 bis 40 Prozent steigen könnte.[131] Dies liegt zum einen daran, dass vermehrt Leerfahrten stattfinden; aber auch daran, dass der Verkehrsfluss aufgrund der vernetzten Fahrzeuge verbessert, Staus vermieden und das Autofahren damit attraktiver würde. Hinzu kommt das Risiko, dass selbstfahrende Autos dem ÖPNV sowie dem Verkehr mit dem Fahrrad oder zu Fuß starke Konkurrenz machen könnten.[132] Auch wenn die Angst, selbstfahrende Autos könnten den ÖPNV womöglich komplett ablösen, überzogen ist, dürfte beides dazu führen, dass der Energieverbrauch und die Verkehrsemissionen trotz nutzungsgeteiltem Verkehr ansteigen würden. Ferner blieben Potenziale für eine Reduzierung der Fahrstreifen ungenutzt, mit denen sich mehr Platz in Städten gewinnen ließe. Und schließlich würde der Ressourcenverbrauch durch die IKT-Infrastruktur steigen. Mit einem steigenden Verkehrsaufkommen ist insbesondere dann zu rechnen, wenn sich Flatrate-Tarife durchsetzen, wie wir sie von Spotify oder Netflix kennen. Anbieter von Carsharing mit selbstfahrenden Fahrzeugen könnten an Flatrates vor allem dann verdienen, wenn sie den überwiegenden Teil ihrer Profite nicht mehr durch die gefahrenen Strecken, sondern aus der Vermarktung digitaler Dienstleistungen während der Fahrt und der Auswertung von Nutzerdaten generieren – mit allen Problemen des Schutzes der Privatsphäre und des Risikos einer Überwachung, die damit einhergehen.

Im Gegensatz zu unseren kritischen Schlussfolgerungen zu selbstfahrenden Privatautos und Carsharing mit autonomen Fahrzeugen beziehungsweise Robo-Taxis könnten selbstfahrende Kleinbusse indessen einer ökologisch und stadtplanerisch sinnvollen Stärkung des ÖPNV dienen – sofern sie das Bus-, Straßenbahn- oder U-Bahn- und S-Bahn-Netz ergänzend und nicht ersetzend geplant werden. Diese Chancen werden deutlich, wenn man sich einen der Nachteile des gegenwärtigen ÖPNV ansieht. Dieser besteht in der sogenannten ›ersten und letzten Meile‹: Man wird nicht direkt von Tür zu Tür gebracht, sondern muss das erste und das letzte Stück zu Fuß, per Taxi oder anderswie zur Haltestelle der Massenverkehrsmittel zurücklegen. Selbstfahrende Minibusse könnten diese Lücke schließen. Sie hätten keine festgelegten Haltestellen, Routen und Abfahrtszeiten, sondern würden die Passagiere abholen und direkt zur passenden Haltestelle fahren. Entscheidend ist, dass im Gegensatz zum Carsharing mit selbstfahrenden Autos oder Robo-Taxis mehrere Reisende in einem Fahrzeug sitzen. Außerdem, und das ist noch wichtiger, würden die selbstfahrenden Minibusse in die Infrastruktur der öffentlichen Massenverkehrsmittel integriert. So könnte nicht nur die Zahl der parkenden Autos, sondern auch die Zahl der Vehikel und der gefahrenen Kilometer auf der Straße reduziert werden.[133]

Nicht nur in den Städten, auch im ländlichen Raum kann Digitalisierung zu einer sozialökologischen Verkehrswende beitragen. Potenziale haben vor allem vernetzte Systeme, die eine vereinfachte Inanspruchnahme von nutzungsgeteilten Verkehrsangeboten ermöglichen. Die meisten Fahrten zwischen Dörfern und Kleinstädten, sei es für Freizeit-, Einkaufs- oder Arbeitszwecke, erfolgen mit nur einer Person pro Fahrzeug. Hier kann niedrigschwellig eine bessere Auslastung erreicht werden: Mitfahrgelegenheiten zur nächsten Einkaufsgelegenheit oder zum *Park-&-Ride*-Bahnhof sind bereits heute dank Apps wie *Mobile Together, Wir fahren zusammen* oder *Shuttle* möglich und können durch Kommunen stark gefördert werden. Hier gibt es noch viel Luft nach oben. Ferner können digital gestützte Rufbus-Systeme den lokalen ÖPNV verbessern, indem das Bestellen und die Bündelung von Rufbussen erleichtert wird, insbesondere wenn dies mit selbstfahrenden Minibussen möglich werden sollte. Denn Rufbus-Systeme werden bis jetzt nur vereinzelt betrieben und funktionieren oftmals nur mittelmäßig, weil die Kapazitätsplanung schwer und das System teuer ist. Mithilfe von Digitalisierung kann beides verbessert werden und den Durchbruch bringen.

Großes Potenzial für eine Verkehrswende bergen schließlich Maßnahmen, die Verhaltensänderungen bei den Verkehrsteilnehmenden bewirken und eine Verlagerung des Verkehrs vom motorisierten Individualverkehr auf öffentliche Verkehrsmittel bewirken. Erste Entwicklungen in diese Richtung bieten multimodale Verkehrs-Apps wie *Qixxit*, *Moovel* oder *Ally*. Sie könnten so weiterentwickelt werden, dass in einer Stadt verschiedene öffentliche Verkehrsträger spielend kombiniert und ›on the go‹ gebucht werden können. Um eine solche intermodale und vernetzte Mobilität zu erzielen, müssen die Rahmenbedingungen für den Einsatz verkehrsträgerübergreifender, offener Datenplattformen verbessert werden. Und es sollte im Verkehr in Zukunft gelten, was auf dem Telekommunikationsmarkt der Europäischen Union mit dem ›Roaming‹ für Handys Normalität geworden ist: Es gibt zwar viele verschiedene Funknetze in allen europäischen Ländern, etwa von der deutschen Telekom, France Télécom, Telekomunikacja Polska usw., aber wer einen Mobilfunkvertrag hat, darf heute (und ohne dass man es überhaupt bemerkt) ohne Zusatzkosten auch über die ausländischen Funknetze telefonieren. Die Kommunikationsbotschaft findet ihren Weg vom Sender zum Empfänger, egal welches Netz als ›Träger‹ hierfür verwendet wird.

Im Verkehr hingegen müssen sich Reisende auf ihrem Weg von A nach B noch für ein Verkehrsmittel als ›Träger‹ entscheiden. Wer mit der Deutschen Bahn reist, darf nicht automatisch im Anschluss noch ein Leihfahrrad nutzen; wer mit der Straßenbahn unterwegs war, darf für die letzte Meile nicht einfach ein Carsharingangebot nutzen, sondern muss dieses getrennt zubuchen. Ein ›Roaming‹ zwischen allen Verkehrsbetrieben und -dienstleistern könnte dies erleichtern. Wenn man mit einem Klick ein integriertes Ticket beispielsweise für das Bikesharing von zu Hause zur S-Bahn, die Reise mit dieser an den Stadtrand und die Überwindung der letzten Meile per Carsharing kaufen könnte, alle Verkehrsträger und Zeitpläne zudem intelligent aufeinander abgestimmt sind und man zugleich in Echtzeit die Umstiege von einem Verkehrsträger auf den anderen auf dem Smartphone angezeigt bekommt, dann steht dem ÖPNV ein neuer Frühling ins Haus. Denn es könnte auf die Anschaffung, Wartung, Parkplatzsuche usw. für das eigene Auto verzichtet werden. Zugleich dürften die Kosten des öffentlichen und nutzungsgeteilten Verkehrs vergleichsweise günstig sein und vor allem verschafft die Digitalisierung dem öffentlichen Verkehr individuelle Flexibilität und Komfort, die jene des motorisierten Individualverkehrs übertreffen könnten.

Ziehen wir ein zweites Zwischenfazit zu den Auswirkungen der Digitalisierung auf den öffentlichen und nutzungsgeteilten Verkehr. Digitalisierung bietet einige vielversprechende Möglichkeiten, das Transportaufkommen (›Modal Split‹) vom motorisierten Individualverkehr in Richtung öffentliche und nutzungsgeteilte Verkehrsträger zu verschieben. Mehr noch eröffnet die Digitalisierung des ÖPNV und die flächendeckende Verbreitung verschiedener Sharingangebote (Bike-, E-Roller-, Carsharing usw.) die Chance, die überkommenen Infrastrukturen und Mobilitätsgewohnheiten der automobilen Gesellschaft und der ›autogerechten Stadt‹ durch neue Verkehrsinfrastrukturen zukunftsfähig zu machen. Zwar kann es auch beim Umstieg von privaten zu öffentlichen Verkehrsträgern aufgrund von Zeitersparnissen oder Kostensenkungen zu Rebound-Effekten kommen, aber für die Lebensqualität insbesondere in den Städten wie auch für die Herausforderung, Menschen nachhaltig mobil zu machen und zugleich den globalen Klimawandel zu bekämpfen, könnte sich die Digitalisierung letztlich als ein ganz zentrales Hilfsmittel erweisen.

Ziehen wir abschließend noch ein Gesamtfazit zum Thema Mobilität: Welcher Schluss lässt sich aus den Chancen und Risiken der

Digitalisierung des motorisierten Individual- und Güterverkehrs einerseits und des öffentlichen und nutzungsgeteilten Verkehrs andererseits ziehen? Unkritische Herangehensweisen, die sich etwa in der Parole »Digitalisierung first, Bedenken second« der FDP im Bundestagswahlkampf 2017 widerspiegeln, werden nicht zur Nachhaltigkeit beitragen. Stattdessen gilt es, gut nachzudenken und klug zu steuern, so lange die Gestaltungsfenster offen sind. Denn hat sich ein System digitaler Mobilität einmal etabliert, dürfte es wesentlich schwieriger sein als jetzt, Weichen für eine sozialökologische Verkehrswende zu stellen. Nur wenn Konzepte für eine smarte Mobilität von ›smarten Politiken‹ begleitet werden, die das Verkehrsaufkommen deutlich verringern und den verbleibenden Verkehr auf ökologisch nachhaltigere Verkehrsträger verlagern, können technische Einsparpotenziale erschlossen werden.

Herzstück einer Mobilitätswende sollte ein ÖPNV sein, der die Digitalisierung nutzt, um seine bisherigen Nachteile ins Gegenteil umzukehren. Flankierend zu solch einem progressiv digitalisierten ÖPNV sollte der motorisierte Güter- und Individualverkehr verteuert und entschleunigt werden, anstatt ihn durch digitale Optimierung noch weiter zu steigern. Wie das gelingen kann, werden wir in Kapitel 6 ausführen. Was selbstfahrende Autos betrifft, könnte eine politische Lenkung darin bestehen, diese nur als Ergänzung zum ÖPNV und in Vernetzung mit diesem und der Bahn zuzulassen. Selbstfahrende Kleinbusse können gefördert, Robo-Taxis oder Carsharingmodelle mit selbstfahrenden Autos hingegen sollten eher begrenzt werden. Zugleich wäre darauf hinzuwirken, dass das Gros des innerstädtischen Verkehrs mit Massenverkehrsmitteln und nicht mit Autos oder selbstfahrenden Minibussen abgewickelt wird – etwa über die Preisgestaltung oder über einen Algorithmus, der keinen Ersatz von ÖPNV-Routen durch (selbstfahrende) Autos erlaubt.

Industrie 4.0: Mit Effizienz zu mehr Wachstum

Seit einigen Jahren wird in Deutschland eine neue industriepolitische Vision propagiert, die ›Industrie 4.0‹,[134] Diese nächste industrielle Revolution dürfte die erste sein, die ausgerufen wird, bevor sie eintritt. Damit ist sie auch weniger als wissenschaftliches Konzept denn als industriepolitisches Projekt zu verstehen. Denn erfunden und vorangetrieben wird das Konzept von Vertretern der deutschen Wirtschaft und Politik, unter anderem mit der *Plattform Industrie 4.0*. Das Bundeswirtschaftsministerium definiert Industrie 4.0 wie folgt: »Wenn Bauteile eigenständig mit der Produktionsanlage kommunizieren und bei Bedarf selbst eine Reparatur veranlassen oder Material nachbestellen – wenn sich Menschen, Maschinen und industrielle Prozesse intelligent vernetzen, dann sprechen wir von Industrie 4.0. Nach Dampfmaschine, Fließband und Computer stehen wir nun mit intelligenten Fabriken vor der vierten industriellen Revolution.«[135]

Kern dieser neuen Welle der industriellen Entwicklung soll also die Vernetzung und selbstständige Kommunikation von Maschinen untereinander sein, aber auch die Vernetzung von Maschinen mit Dingen und Menschen. Im Ergebnis werden sogenannte ›cyber-physische Systeme‹ entstehen. Im internationalen Sprachgebrauch wird vom ›Internet der Dinge‹ (*Internet of Things*; IoT) gesprochen und wenn der Fokus auf der Industrie liegt, vom *Industrial Internet of Things* (IIoT). Die Konzepte umfassen – neben der Vernetzung von Maschinen und Dingen durch (Mikro-)Computer – auch den Einsatz von RFID-Chips und Sensoren, die Auswertung der dabei entstehenden großen Datenmengen *(Big Data)*, die Steuerung von Prozessen über die *Cloud* und schließlich die Einführung ›additiver Produktionsverfahren‹ wie des 3-D-Drucks.[136] Man könnte also auch sagen: Industrie 4.0 ist die weitgehende Digitalisierung des produzierenden Gewerbes.

Das Bundeswirtschaftsministerium möchte die Stärke der deutschen Industrie als ›Fabrikausrüster der Welt‹ weiterentwickeln und mit dem Konzept der Industrie 4.0 anhaltendes Wirtschaftswachstum und Wettbewerbsfähigkeit, mithin also den Wirtschaftsstandort Deutschland sichern. Einem Bericht der Boston Consulting Group zufolge wird die Umsetzung des Konzepts in Deutschland zwar insgesamt mindestens 25 Jahre dauern, soll aber bereits in den nächsten zehn Jahren jährlich circa ein Prozent zum Wirtschaftswachstum (Bruttoinlandsprodukt) beitragen und 30 Milliarden Euro zusätzliche Gewinne für die Industrie bringen. Es wird angenommen, dass insgesamt 250 Milliarden Euro Investitionen angeregt und 390.000 neue Jobs geschaffen werden.[137] Dieses wirtschaftliche Erfolgsszenario basiert auf der Erwartung der Unternehmensberater, dass die Industrie 4.0 zu Produktivitätssteigerungen in Höhe von fünf bis acht Prozent über zehn Jahre führen könne.[138]

Zunächst erscheint es daher plausibel, dass dieses Wachstum zu einer Zunahme des Ressourcen- und Energieverbrauchs führen wird, schließlich wird insgesamt mehr produziert und die Investitionen in die neuen Technologien und Infrastrukturen benötigen ebenfalls Energie und Ressourcen. So sieht das deutsche Bildungs- und Forschungsministerium eine Verknappung von Rohstoffen sowie steigende Energiepreise als die größten Herausforderungen der Industrie 4.0.[139] Für Sensoren etwa werden zahlreiche in ihrem Abbau kritische Metalle wie Zinn, Wolfram, Platin oder Tantal benötigt (siehe auch Abschnitt ›Die materielle Basis‹). Und die Nachfrage nach Sensoren wird bei einem Anwachsen des Internets der Dinge drastisch ansteigen. Die Herstellung von RFID-Chips erfordert vor allem Silber, Kupfer und Aluminium. Bereits im Jahr 2014 wurden weltweit gut sechs Milliarden RFID-Tags verkauft und gemäß Schätzungen könnte diese Zahl bis zum Jahr 2021 auf 243 Milliarden Stück anwachsen.[140] Auch wenn die mittel- bis langfristigen Schätzungen des Marktes für RFID in der Vergangenheit oft überzogen waren, könnte selbst eine ›moderat‹ steigende Produktion zu einer Übernutzung der vorhandenen Ressourcen führen, mit den damit einhergehenden Umweltbelastungen beim Abbau, Transport und Herstellungsprozess.[141] Weiter oben hatten wir bereits dargestellt, wie digitale Technologien die weltweite Nachfrage nach ausgewählten Rohstoffen in den nächsten beiden Jahrzehnten antreiben könnten.

Technik-Utopie: Internet der Dinge

In der Zukunft ist quasi alles mit allem vernetzt. Unser Alltag und die Wirtschaft sind durchdrungen von zig Milliarden Sensoren und smarten Geräten.[142] Nicht nur industrielle Maschinen, sondern auch Heizungssysteme, Haushaltsgeräte und Vergnügungselektronik, ja sogar vernetzte T-Shirts oder ›smarte‹ Socken sollen Teil dieses großen Internets der Dinge (*Internet of Things*; IoT) werden.[143] Der Kaffeeautomat springt an, wenn der Wecker klingelt. Der Kühlschrank meldet eine Nachbestellung an den Supermarkt, wenn die Milch zur Neige geht. Der Computer stellt Speicherplatz für die Berechnung von Bitcoins zur Verfügung. Im Internet der Dinge wird vieles automatisiert gesteuert und bedarf keiner aktiven Handlung und Entscheidung der Nutzer*innen mehr, so die Utopie. In einzelnen Fällen lässt sich mit solchen Anwendungen schon heute die Energieeffizienz verbessern. Smarte Energiemanagementsysteme etwa bereiten Warmwasser nur dann, wenn man sich mit dem Smartphone dem Haus nähert. Licht geht automatisch aus, sobald man den Raum verlässt. Je erneuerbarer der Strommix künftig wird, desto stärker bedarf es einer Automatisierung der Nachfrage, die an das fluktuierende Angebot aus erneuerbaren Energiequellen angepasst werden muss (siehe Abschnitt ›Dezentrale Energiewende nur mit Digitalisierung‹). Allerdings verbrauchen viele Geräte im Internet der Dinge selbst wiederum Strom. Daher warnen Wissenschaftler*innen davor, dass es in der Summe zu einem deutlichen Zuwachs des Energieverbrauchs kommen könnte.[144] Ohne Zweifel steigt auch der materielle Ressourcenbedarf stark an – mit allen sozialen und ökologischen Problemen, die der Abbau mit sich bringt.[145] Und aus Sicht des Datenschutzes stellt sich die Frage: Wer erhält all die sensiblen Informationen über die detaillierten Nutzungsmuster einzelner Menschen, die die Sensoren der Milliarden Geräte in die *Cloud* senden werden?[146]

Ungeachtet des erwarteten Booms beim Output der Wirtschaft wie auch bei der Ressourcennachfrage meint das Bundeswirtschaftsministerium, die Digitalisierung könne zur ökologischen Nachhaltigkeit der deutschen Wirtschaft beitragen.[147] Diese Einschätzung basiert auf der Annahme, dass die Anstiege in Energie- und Ressourceneffizienz vergleichsweise größer ausfallen als das erwartete Wachstum.[148] Erwartet wird, dass die für die Herstellung der Technologien zusätzlich benötigten Ressourcen durch die großen Einsparpotenziale bei ihrer flächendeckenden Anwendung netto zu einer Umweltentlastung führen.[149] Diese Annahme wird sowohl pauschal für die gesamte (deutsche) Industrie getroffen, als auch mit Blick auf einzelne *Smart-Factory-* oder 3-D-Druck-Pilotprojekte.[150]

Allerdings liegen auch mehrere Jahre nach Beginn der Diskussionen um die Industrie 4.0 und das *Industrial Internet of Things* weder international noch in Deutschland Untersuchungen – geschweige denn wissenschaftlich belastbare Studien – vor, die diese Erwartungen in irgendeiner Weise bestätigen könnten.[151] Die optimistischen Aussagen aus Wirtschaft und Politik sind damit nicht mehr als Hoffnungen – oder gar *Greenwashing*. Die bereits oben zitierte industrieseitige Studie der *Global e-Sustainability Initiative* – eine der wenigen, die überhaupt Zahlen nennt – vermutet, dass durch die Digitalisierung industrieller Prozesse bis zum Jahr 2030 über 1,2 Gigatonnen CO_2 gegenüber einer *business-as-usual*-Entwicklung eingespart werden könnten.[152] Doch wie schon im vorangegangenen Abschnitt beim Verkehr eingewandt wurde, weist die Studie Schwächen auf. Sie spezifiziert weder, woher die Daten kommen, noch worauf die Annahmen beruhen. Noch gravierender ist, dass sie weder Rebound-Effekte berücksichtigt, noch die Energie und Ressourcen, die nötig sind, um die Infrastruktur der Digitalisierung bereitzustellen. Wie aber bereits an vielen Beispielen in den vorangegangenen Abschnitten erläutert wurde, können diese Verbräuche so signifikant sein, dass sie das Einsparpotenzial von Effizienzsteigerungen wieder wettmachen oder gar übersteigen.

Es steht zu befürchten, dass Rebound-Effekte im produzierenden Gewerbe sogar besonders ausgeprägt sein könnten. Zunächst zeigen etliche Studien unabhängig von der Digitalisierung, dass Energie- und Ressourceneffizienzsteigerungen in der Industrie häufig zu großen Rebound-Effekten führen.[153] Hinzu kommt zudem, dass sich durch die Industrie 4.0 nicht nur die Energie- und Ressourceneffizienz, sondern ebenfalls die Arbeits- und Kapitalproduktivität erhöhen wird. Daher kann es neben den Rebound-Effekten in Unternehmen und Branchen auch zu makroökonomischen Wachstumseffekten kommen.[154] Konkret heißt das: Die Digitalisierung der Industrie hat das Potenzial, einen heftigen Wachstumsschub für die Herstellung von Autos, Elektrogeräten, Maschinen und anderen Produkten zu ermöglichen. Aus wirtschaftspolitischer Sicht dürfte genau dies erwünscht sein. Aus ökologischer Sicht aber ist es fatal, dass die Mehrnachfrage das Einsparpotenzial der Ressourceneffizienzsteigerungen und damit eine Umweltentlastung zunichtemacht. Denn für das Verhältnis von Ressourceneffizienz und Ressourcennachfrage gilt: Pro Wertschöpfungseinheit – je hergestelltem Kugelschreiber, Drucker oder Auto – werden zwar weniger Ressourcen und Energie benötigt, weil aber zugleich deutlich mehr Stückzahlen erzeugt werden, kommt es insgesamt nicht zu einem Rückgang, sondern voraussichtlich zu einem Anstieg der Energie- und Ressourcennachfrage.

Diese Schlussfolgerungen zu den Umweltauswirkungen der Digitalisierung werden wir in den nun folgenden Diskussionen über Arbeitsproduktivität und Arbeitsplätze wieder aufgreifen und weiterführen. In Kapitel 4 diskutieren wir, ob die Produktivitätssteigerungen beim Faktor Arbeit durch Automatisierung und Robotisierung realistischerweise zu neuen Arbeitsplätzen oder aber zu einer erhöhten Arbeitslosigkeit führen werden. Denn wenn Arbeit durch digitale Technologien ersetzt wird, können nur dann zugleich neue Arbeitsplätze entstehen, wenn ein hohes Wachstum des Outputs zu einem Nettozuwachs an Stellen führt.[155] Und Wachstum, ohne Zweifel, ist das oberste Ziel der groß angelegten Kampagne für eine Industrie 4.0.

Kapitel 4

Mit Automaten und Algorithmen Gerechtigkeit schaffen?

Kent, England, im Jahr 1830. Einige Farmarbeiter*innen entscheiden sich zu einer drastischen Maßnahme: Sie zünden eine Dreschmaschine an, eine dieser disruptiven Erfindungen, die gerade auf den Markt gekommen waren. Es ist die Zeit der frühen industriellen Revolution. In England werden im Zuge der *Enclosure*-Bewegung Ländereien privatisiert, die zuvor der gemeinschaftlichen Nutzung zur Verfügung standen. Viele Bäuer*innen verlieren die Möglichkeit, in der Landwirtschaft ihren Lebensunterhalt zu verdienen, und müssen stattdessen in neuen Industrien wie der Textilproduktion arbeiten. In dieser Situation bedeutet die Einführung arbeitssparender Technologien wie der Dreschmaschine eine weitere Gefahr für ihre Lebensgrundlage. In den darauffolgenden Jahren finden immer wieder Angriffe auf neue Produktionstechnologien statt. Es entsteht eine ganze Protestbewegung, die unter dem Begriff ›Maschinenstürmer‹ in die Geschichtsbücher eingegangen ist. In mehreren Ländern Europas kämpfen Arbeiter*innen gegen die Folgen technologischer Innovationen und für ihre Arbeitsplätze, Löhne und ihren sozialen Status.[1]

Vieles, das uns die frühen Kämpfe gegen Technologien im heranwachsenden kapitalistischen Wirtschaftssystem über die Auswirkungen des technologischen Wandels lehren, können wir auf die Gegenwart übertragen. Heute sind es Roboter und Algorithmen, die die Wirtschaft und damit auch die gesellschaftlichen Verhältnisse verändern. Joseph Schumpeter, einer der einflussreichsten Ökonomen des 20. Jahrhunderts, beschrieb solche Prozesse als ›kreative

Zerstörung‹:[2] Das Alte muss weichen, damit das Neue entstehen kann. Schon immer gab es begeisterte und ablehnende Haltungen gegenüber neuen Technologien. Bei den Maschinenstürmer*innen überwogen die Befürchtungen. Joseph Schumpeter hingegen war ein Freund der stetigen Veränderung, die er vor allem mit Fortschritt verband.

Auch bei der Digitalisierung scheint absehbar: Es wird Gewinner*innen und Verlierer*innen geben. Unternehmen aus der IT-Branche sehen in der Digitalisierung große Chancen für den Aufbau neuer Geschäftsmodelle und den ›disruptiven‹ Umbau der Wirtschaft zu ihrem Vorteil. Auch Firmen, die automatisierte Entscheidungssysteme entwickeln oder Roboter herstellen, blicken profitablen Jahren entgegen und mit ihnen die Risikokapitalgeber*innen und Aktionär*innen im Hintergrund. Viele etablierte Unternehmen hingegen bangen um ihre Gewinne. Einige Geschäftsfelder scheinen bereits beinahe dem Tod geweiht, etwa die von Videotheken oder Fotolaboren. Und nicht wenige Arbeitnehmer*innen in Industrie und Dienstleistungsgewerben machen sich Sorgen, was aus ihnen wird, sollte ihr Arbeitsplatz in Zukunft wegrationalisiert werden. Wovon sollen sie leben, wenn sie weder Aktien an IT-Unternehmen besitzen, noch über Programmierkenntnisse oder andere in der Zukunft gefragte Fertigkeiten verfügen? Kein Zweifel: Die Digitalisierung berührt eine Reihe von zentralen Fragen der ökonomischen Gerechtigkeit.

In diesem Kapitel beginnen wir mit einer Analyse, welche Jobs im Zuge der Digitalisierung bedroht sind und wie viele beziehungsweise welche Jobs im Gegenzug an anderer Stelle neu entstehen können. Mit Blick auf die Maschinenstürmer*innen fragen wir, ob sich die Digitalisierung womöglich grundlegend von vorherigen Wellen technologischer Innovationen unterscheidet. Unsere Frage ›*Is this time different?*‹ bezieht sich aber nicht nur auf die Anzahl der wegfallenden und neu entstehenden Jobs, sondern auch auf die Qualität und Bezahlung der neuen Arbeit. Wir werden sehen, dass in der digitalen Arbeitswelt eine zunehmende Polarisierung stattfindet, insbesondere beim *Crowdworking*. Wenn die Digitalisierung unter den gleichen Rahmenbedingungen fortgeführt wird wie bisher, werden einige Menschen gut bezahlte Jobs behalten beziehungsweise bekommen, viele andere finden sich jedoch in prekären Anstellungsverhältnisse wieder – das Internet unterstützt damit eine ›Rückkehr der Diener‹.

Neben dem Arbeitsmarkt ist die Marktstruktur entscheidend für die Fairness einer Wirtschaft. Die Digitalisierung birgt prinzipiell viele Möglichkeiten, die Wirtschaft demokratischer und dezentraler zu organisieren. Bestehende Konzepte der ›Postwachstumsökonomie‹ oder der ›*Distributed Economy*‹ erfahren durch sie neuen Aufwind. Doch gleichzeitig sind riesige Internetkonzerne entstanden, die aufgrund von Netzwerkeffekten und kapitalstarken Geldgebern große Marktmacht erlangen. Und diese ökonomische Macht setzt sich auch in gesellschaftliche und politische Macht um. Überwiegt in der digitalen Ökonomie, wie sie sich derzeit entwickelt, die Tendenz zur Monopolisierung gegenüber den Möglichkeiten der Demokratisierung und Dezentralisierung?

Die Digitalisierung trägt unter den bestehenden Rahmenbedingungen auch dazu bei, dass sich das Verhältnis zwischen Lohn- und Kapitaleinkommen verschiebt. Wir analysieren, warum der Anteil der Lohneinkommen am gesamten Volkseinkommen – dem Bruttoinlandsprodukt – sinkt, während der Anteil der Kapitaleinkommen steigt. Wir zeigen auch, dass diese steigende Ungleichheit letztlich zu einer ›schwächelnden Kaufkraft‹ führt. Kann eine solche ›Polarisierung 4.0‹ daher erklären, dass die Digitalisierung trotz steigender Ressourceneffizienz und Arbeitsproduktivität in den frühindustrialisierten Ländern bisher kaum zum Wachstum beigetragen hat?

Schließlich zeigen wir, dass die großen Internetkonzerne Trittbrettfahrer beim Gemeinwohl sind, weil sie kaum zur Finanzierung der digitalen Infrastrukturen und sonstiger öffentlicher Aufgaben beitragen. Die Kombination aus steigender Ungleichheit, zunehmender Machtkonzentration und geringem Wachstum hat zu einem neuen ökonomischen Regime geführt – einer Art ›digitalem Neofeudalismus‹.

Alles in allem zeichnet sich somit ab, dass die Potenziale der Digitalisierung für mehr ökonomische Gerechtigkeit wenig genutzt wer-

den. Stattdessen überwiegen derzeit Tendenzen steigender Ungleichheiten und der Konzentration von Einkommen und Macht. Gerade
deswegen werfen wir abschließend die Frage auf: Eröffnen uns die
neuen Technologien denn so vielfältige Möglichkeiten, unser Leben
angenehmer und chancenreicher zu gestalten, dass sie uns trotzdem
glücklich machen?

Jobs: Is this time different?

Ein Bild sagt mehr als tausend Worte, so heißt es. Als dieses Sprich-
wort in vordigitaler Zeit aufkam, war Fotografie noch Luxus. Heute
sieht das ganz anders aus: Bilder sind in unserem Alltag geradezu
omnipräsent. Stehe ich im Laden und überlege, welches Spielzeug
ich für den Geburtstag meiner Nichte kaufen soll, hätte ich vor zwanzig Jahren den Verkäufer gefragt. Vor zehn Jahren hätte ich die Eltern
der Nichte mit meinem Handy angerufen. Heute schicke ich ihnen
Bilder von drei verschiedenen Optionen und bekomme prompt eine
Antwort, welches Geschenk am besten geeignet ist. Inzwischen nutzen wir Bilder bei allen möglichen Entscheidungen: Urlaubsort und
Unterkunft werden anhand von Fotos oder gar einer Livestream-
Kamera ausgesucht. Onlinekaufentscheidungen basieren auf visuel-
len Eindrücken. Auch zur Pflege von Beziehungen sind Fotos im
Dauereinsatz. Auf Instagram dürfen die Fotos in den Posts nicht fehlen. Und interessiert man sich für eine Person, dürften nicht wenige
zunächst ein Foto im Internet suchen. So kommt es, dass wir heute
mit tausend Bildern sprechen, anstatt mit tausend Worten.

Die Zahl der geschossenen Fotos hat entsprechend exponentiell
zugenommen. Schätzungen zufolge waren es in den 1930ern eine
Milliarde pro Jahr, vierzig Jahre später, in den 1970ern, zehn Milliarden und weitere vierzig Jahre später, 2012, waren es rund 380 Milliarden Fotos[3] – Tendenz steigend. Von diesen Fotos werden jede Menge
im Internet geteilt: 2016 wurden allein auf Facebook circa 350 Millionen Bilder eingestellt – täglich. Auf Instagram kamen nochmals
80 Millionen Fotos dazu.[4]

Entgegen den üblichen ökonomischen Annahmen ging mit diesem rasanten Wachstum der Fotografie erstaunlicherweise ein rasanter Abbau von Arbeitsplätzen einher. Normalerweise gilt: Wächst die produzierte Menge eines Produkts schnell, dann wächst auch die Zahl der benötigten Arbeitskräfte. Doch diesen traditionellen Zusammenhang hat die Digitalisierung in der Fotoindustrie ausgehebelt. Die Veränderung der Zahl weltweiter Angestellter bei Kodak veranschaulicht, welche durchschlagenden Folgen die Digitalisierung haben kann. Die Transformation von der analogen zur digitalen Fotografie bedeutete bei Kodak eine Senkung der Arbeitsplätze von 145.000 im Jahr 1988 auf gerade mal ein Zehntel dessen im Jahr 2011.[5] Dies liegt zum einen daran, dass die Digitalisierung die Aufnahme eines Fotos bedeutend arbeitseffizienter gemacht hat. Denn haben wir unsere Fotos noch in den 1990er-Jahren größtenteils in Fotoläden entwickeln lassen, existieren sie heute oftmals nur noch virtuell. An der Entwicklung der Fotos hingen früher eine ganze Industrie und damit viele Arbeitsplätze, die im Prozess der Digitalisierung verloren gegangen sind. Zum anderen hat Kodak es verpasst, die neuen Geschäftsfelder zu besetzen. Arbeitsplätze sind stattdessen bei den Herstellern von Smartphones und den sozialen Medien entstanden, wo die Fotos hochgeladen und geteilt werden.

Nun könnte man sagen: Gut, Kodak hat den Anschluss verpasst, dafür sind jedoch Arbeitsplätze andernorts entstanden. Das Verhältnis von Arbeitsplätzen und Umsätzen hat sich in den neuen Geschäftsfeldern jedoch grundsätzlich verschoben. Hatte Kodak einmal 145.000 Arbeitsplätze, wurde dabei ›nur‹ ein Spitzenumsatz von 16 Milliarden US-Dollar erwirtschaftet.[6] Apple hingegen beschäftigte 2016 zwar auch immerhin 116.000 Menschen – allerdings bei einem Umsatz von 216 Milliarden US-Dollar.[7] Bei Kodak arbeiteten also – relativ zum Umsatz – circa 17-mal so viele Menschen. Bei Instagram wiederum sind lediglich 550 Menschen tätig, bei einem erwarteten Umsatz von 1,5 Milliarden US-Dollar aus Werbung auf mobilen Endgeräten im Jahr 2017.[8] Das sind im Verhältnis sogar 25-mal weniger Arbeitsplätze als bei Kodak. Somit hat die Digitalisierung zu einem rasanten Abbau in der alten Fotoindustrie geführt und zwar gleich-

Top 10 der gefährdeten Berufe*		Top 10 der ungefährdeten Berufe**	
Beruf	**Beschäftigte**	**Beruf**	**Beschäftigte**
Büro- und Sekretariatskräfte	2,7 Mio.	Berufe in der Kinder-betreuung und -erziehung	0,8 Mio.
Berufe im Verkauf	1,1 Mio.	Berufe in der Gesundheits- und Krankenpflege	0,7 Mio.
Berufe im Gastronomie-service	1,0 Mio.	Aufsichts- und Führungs-kräfte, Unternehmens-organisation und -strategie	0,5 Mio.
Berufe in der kaufmän-nischen und technischen Betriebswirtschaft	0,9 Mio.	Berufe in der Maschinenbau- und Betriebstechnik	0,4 Mio.
Berufe für Post- und Zustelldienste	0,7 Mio.	Berufe in der Kraftfahrzeugtechnik	0,4 Mio.
Köch*innen	0,7 Mio.	Berufe im Vertrieb (Einkaufs-, Vertriebs- und Handelsberufe)	0,3 Mio.
Bankkaufleute	0,5 Mio.	Berufe in der Sozialarbeit und -pädagogik	0,3 Mio.
Berufe in der Lagerwirtschaft	0,4 Mio.	Berufe in der Altenpflege	0,3 Mio.
Berufe in der Metallverarbeitung	0,4 Mio.	Berufe in der Hochschullehre und -forschung	0,2 Mio.
Berufe in der Buchhaltung	0,3 Mio.	Berufe in der Bauelektrik	0,2 Mio.

*Mit Automatisierungswahrscheinlichkeiten von mindestens 70 Prozent.

**Mit Automatisierungswahrscheinlichkeiten von unter 30 Prozent.

Abbildung 8: **Top 10 der gefährdeten und ungefährdeten Berufe** (Erläuterung auf S. 239).

zeitig Arbeitsplätze an anderer Stelle entstehen lassen, jedoch in bedeutend geringerem Maße.

Am geschilderten Beispiel der Fotoindustrie zeigt sich die Dynamik der Digitalisierung in besonders herausragender Weise. Hier hat der digitale Wandel bereits voll durchgeschlagen. In anderen Sektoren werden die disruptiven Veränderungen der Digitalisierung erst noch erwartet. Es gibt kaum eine Branche, in der nicht bereits Arbeitsplätze verschwunden sind oder für die dies nicht vorhergesagt wird.[9] Ein Beispiel für stark gefährdete Jobs sind Post- und Zustelldienste. Derzeit wächst der Onlinehandel zwar noch rasant (siehe

Kapitel 3) und entsprechend steigt die Anzahl der Paketzustellungen, womit der Bedarf an Paketzusteller*innen zunächst zunimmt.[10] Doch können diese Jobs zukünftig teilweise von selbstfahrenden Fahrzeugen sowie Drohnen übernommen werden, an denen bereits gearbeitet wird. Allein bei der Deutschen Post arbeiten über 80.000 Zusteller*innen. Dies betrifft jedoch nicht nur Postbot*innen: Große Kraftfahrzeughersteller arbeiten derzeit auch an fahrerlosen Alternativen zu den vielen Lastkraftwagen auf deutschen Straßen. Im Extremfall könnten hierdurch eine halbe Million Lastkraftwagenfahrer*innen arbeitslos werden.[11] Insgesamt arbeiten im Bereich Verkehr und Lagerhaltung in Deutschland 2,1 Millionen Menschen, von denen theoretisch ebenfalls ein Großteil durch Roboter und Algorithmen ersetzt werden könnte.[12] Diese Beispiele zeigen: ›Kollege Roboter‹ kann sich insbesondere für mittel und gering qualifizierte Arbeitskräfte als Jobfresser entpuppen.

Doch die Digitalisierung trifft auch Akademiker*innen, etwa im Journalismus. Schon heute werden Zeitungsartikel von Algorithmen geschrieben, vor allem solche mit Finanz- und Sportnachrichten, die viele Statistiken enthalten. ›Optimistischen‹ Schätzungen zufolge könnten 90 Prozent der Artikel in Zukunft automatisiert verfasst werden.[13] Auch Schreibtischjobs mit einem hohen Anteil an Routinetätigkeiten dürften in Zukunft verstärkt rationalisiert werden. Laut einer Studie des Instituts für Arbeitsmarkt- und Berufsforschung könnten die Tätigkeiten von Bank- und Versicherungsfachleuten zu rund 40 Prozent substituiert werden. Sogenannte ›unternehmensbezogene Dienstleistungen‹ wie Rechnungswesen oder Controlling könnten gar zu circa 70 Prozent von Computern übernommen werden.[14] Auch der Bildungsbereich wird sich weiter digitalisieren. Es gibt eine steigende Zahl an Online-Lernangeboten[15] und es ist leicht absehbar, dass dadurch Lehrstellen wegfallen können. So können Roboter nicht nur physische, sondern auch viele kognitive Tätigkeiten ersetzen.

Durch die Digitalisierung stehen also allerorten Jobs auf dem Spiel. Einvernehmlich gehen mehrere Studien davon aus, dass die Digitalisierung unter den bestehenden Rahmenbedingungen beträchtliche Umwälzungen auf dem Arbeitsmarkt bringen wird. Wie heftig die Auswirkungen genau sein werden, wird allerdings kontrovers diskutiert. Studien kommen zu sehr unterschiedlichen Aussagen, wie viele Arbeitsplätze wegfallen werden. Beispielsweise sagt eine viel zitierte Studie von Carl Frey und Michael Osborne für die USA voraus, dass 47 Prozent der Jobs durch Computer und Roboter ersetzt werden können – quer durch alle Qualifizierungsniveaus.[16] Auf Deutschland bezogen würden nach der Logik dieser Studie 42 Prozent der Jobs wegfallen.[17] Eine Studie des Zentrums für Europäische Wirtschaftsforschung (ZEW) gelangt hingegen zu dem Ergebnis, dass in den USA lediglich 9 und in Deutschland 12 Prozent der Arbeitsplätze bedroht seien.[18] Die ZEW-Studie berücksichtigte nämlich, dass es in unterschiedlichen Berufsgruppen wiederum sehr heterogene Arbeitsprofile mit variierenden Tätigkeiten gibt. Legt man aber die konkreten Tätigkeiten zugrunde, so gibt es bedeutend mehr Jobs, die nicht so leicht rationalisiert werden können. Die doch sehr unterschiedlichen Ergebnisse der vom Ansatz her gar nicht so unterschiedlichen Studien zeigen: Es ist nicht so einfach vorherzusagen, wie viele Jobs wirklich rationalisierbar sind.[19]

Technik-Utopie: Künstliche Intelligenz

Unter künstlicher Intelligenz versteht man Versuche, menschliche Intelligenz mithilfe von Computerprogrammen nachzubilden.[20] Beim sogenannten *›machine based learning‹* werden Computer mit großen Datenmengen gefüttert und analysieren diese selbstlernend, um komplexe Aufgaben zu lösen.[21] Die Schachduelle von IBMs *Watson*, der zudem den besten Spieler in der beliebten amerikanischen Quizshow *Jeopardy* geschlagen hat, oder die Siege von Googles *AlphaGo* beim asiatischen Go-Spiel werten manche als erste Zeugnisse dafür, dass künstliche sogar menschliche Intelligenz überflügeln könnte.[22] Schätzungen zufolge machen Anwendungen künstlicher Intelligenz künftig den größten

Markt der digitalen Wirtschaft aus, der unter relativ wenigen großen IT-Konzernen aufgeteilt werden dürfte.[23]

Was erwartet uns mit der künftigen Entwicklung von künstlicher Intelligenz? Mögliche Anwendungen reichen von Heimrobotern über selbstfahrende Autos, Unterstützungsprogramme für Ärzte bei der Diagnose von Krankheiten, Software für Emotionserkennung bis hin zu Anwendungen in der synthetischen Biologie oder dem Versuch, das menschliche Gehirn mit Computern zu verbinden *(brain-computer interface)*. Am konkreten Beispiel des Journalismus zeigen sich einige Risiken für Wirtschaft und Gesellschaft schon heute:[24] Einfache Texte – etwa Sport- oder Börsennachrichten – werden teilweise automatisiert erstellt. Bald könnten sogar aus automatisch transkribierten Interviews Zeitungsartikel mit O-Tönen gemacht werden. Schritt für Schritt könnten Journalist*innen durch Algorithmen ersetzt werden. Wird dann der ›Algorithmen-Journalismus‹ zur vierten Macht im Staat? Oder anders gefragt: Wie viel Einfluss auf die öffentliche Debatte und die Politik eines Landes erhalten damit die Programmierer*innen der künstlichen Intelligenz? Letztlich stellen sich solche Souveränitätsfragen für alle entsprechenden Anwendungen: Wenn selbstlernende Maschinen uns Handlungen und Entscheidungen abnehmen, steuern wir dann diese Roboter – oder steuern vielmehr die dahinterstehenden Konzerne uns?

Allerdings sind sich alle Studien darin einig, dass recht viele Tätigkeiten (also einzelne Bestandteile von dem, was ein konkreter Angestellter ausführt) prinzipiell rationalisierbar sind. Das heißt: Wenn es Unternehmen gelingt, sich so umzustrukturieren, dass die rationalisierbaren Tätigkeiten von Robotern und Algorithmen übernommen werden und Menschen nur noch nicht rationalisierbare Tätigkeiten ausüben, dann könnten sehr viele Jobs wegfallen. Legt man diese Logik zugrunde, gelangt eine Studie des Instituts für Arbeitsmarkt und Berufsforschung zu dem Ergebnis, dass circa 40 Prozent der Tätigkeiten rationalisiert werden können – *ähnlich* der Studie von Frey und Osborne.[25]

Neben der Frage, wie viele Jobs wegfallen, ist für die Anzahl der Arbeitsplätze ausschlaggebend, wie viele Jobs an anderer Stelle hinzukommen. So kommt eine Studie zu dem Ergebnis, dass allein in der Industrie in Deutschland rund 500.000 Jobs wegfallen könnten. Gleichzeitig sollen an anderer Stelle jedoch 430.000 neue Jobs entstehen.[26] Das Verhältnis zwischen Jobverlusten und neuen Arbeitsplätzen ist zentral für die Frage: ›*Is this time different?*‹ Denn auch in früheren Phasen der Mechanisierung und Automatisierung führten technologische Erneuerungen zwar zu weniger Arbeitsplätzen pro Produkt, dies wurde aber durch Produktionsausweitungen ausgeglichen. Und falls doch in bestimmten Wirtschaftssektoren viele Arbeitsplätze wegfielen, entstanden an anderer Stelle neue Jobs, die man sich vorher kaum vorstellen konnte. Wer hätte sich schon im 18. Jahrhundert vorstellen können, wie viele Fabrikarbeiter*innen es nach der industriellen Revolution braucht, und wer hätte im 19. Jahrhundert all die Dienstleistungsjobs unserer Zeit antizipieren können? Weniger Arbeitsplätze in bestimmten Bereichen wurden also im Zuge hohen Wirtschaftswachstums in anderen Bereichen wettgemacht. Bleibt dieser Zusammenhang auch in der digitalisierten Wirtschaft bestehen? Haben wir es also mit dem bekannten Phänomen des Strukturwandels zu tun, lediglich in einer besonders beschleunigten Variante? Es gibt drei entscheidende Aspekte für die Frage, ob es dieses Mal anders sein wird.

Erstens ist die Art der wegfallenden Arbeitsplätze im Zuge der Digitalisierung eine andere als etwa zu Zeiten der Maschinenstürmer im 19. Jahrhundert. Damals waren es vor allem Jobs in der Landwirtschaft, die durch Maschinen ersetzt wurden. Viele der Arbeiter*innen fanden eine Anstellung im industriellen Sektor, wo unter anderem genau jene Maschinen arbeitsintensiv gefertigt wurden. Im 20. Jahrhundert führte die Automation dann zu weniger Arbeitsplätzen in der Industrie, neue Arbeitsplätze entstanden im Dienstleistungssektor. Diese vergangenen Wellen der Rationalisierungen waren somit größtenteils darauf ausgerichtet, physische Arbeiten zu ersetzen. Dies ändert nun die Digitalisierung, durch die sowohl physische als auch kognitive Tätigkeiten substituiert werden.[27] Nicht nur einfache Arbeiter*innen in der Industrie müssen um ihre Jobs fürchten, sondern auch Vorarbeiter*innen und Teile des Managements. Und es sind auch Jobs außerhalb der Industrie betroffen, von Sekretär*innen bis zu Hochschullehrer*innen. Dieser erste Aspekt spricht dafür, dass die Rationalisierungswelle durch Digitalisierung anders sein könnte als ihre Vorgängerinnen – dadurch, dass einfach bedeutend mehr Tätigkeiten ersetzt werden können.

Zweitens hängt viel von der Frage ab, mit welcher Geschwindigkeit sich die neuen Technologien durchsetzen. Diese könnte deutlich höher sein als in früheren Phasen der Industrialisierung: Die Ausbreitung des Schienen- und Straßennetzes etwa dauerte viele Jahrzehnte. Neue Apps hingegen können in viel kürzerer Zeit entwickelt und in Sekunden heruntergeladen sowie installiert werden.[28] Auf der anderen Seite hängen auch viele digitale Funktionen vom Ausbau realer Infrastrukturen, wie beispielsweise einem schnellen Datennetz, ab. Wie oben gezeigt, gibt es viele Tätigkeiten, die rationalisiert werden können, jedoch weniger Jobs, die vollständig ersetzbar sind. Deswegen müssten Unternehmen sich stark umstrukturieren, um wirklich viele Arbeitsplätze ersetzen zu können. Dies ist eng mit der Frage verbunden, wie schnell sich neue Technologien durchsetzen – man könnte auch sagen, wie schnell die Technologiekonzerne es schaffen, der Gesellschaft die neuen Möglichkeiten schmackhaft zu machen und Hemmnisse bei ihrer Einführung zu überwinden. So steht und fällt etwa die Einführung selbstfahrender Autos oder Lieferdrohnen damit, dass Gesetze geändert, moralische Einstellungen angepasst und neue Infrastrukturen aufgebaut werden. Wie schnell die Digitalisierung auf den Arbeitsmarkt drückt, wird also nicht allein von ihrer technologischen Machbarkeit, sondern vor allem von den politischen Rahmenbedingungen und der Akzeptanz in der Gesellschaft bestimmt.

Ein dritter Aspekt zur Frage, ob die Digitalisierung auch netto zu weniger Arbeitsplätzen führen wird, ist die Höhe des Wirtschaftswachstums. Denn je höher die Anzahl der durch die Digitalisierung rationalisierten Arbeitsplätze, desto mehr Jobs müssten an anderer Stelle entstehen. Auch wenn wir uns vielleicht noch gar nicht vorstellen können, wie diese aussehen würden, steht fest: Je umfassender die Rationalisierung, desto höher müsste das Wirtschaftswachstum sein, um genügend neue Arbeitsplätze zu schaffen. Die Wachstumsraten in hochindustrialisierten Ländern wie Deutschland sind heute geringer als in früheren Phasen radikaler technologischer Erneuerungen.[29] Die oben bereits genannte Studie, die für Deutschland netto kaum Arbeitsplatzverluste prognostiziert, geht davon aus, dass die Digitalisierung durch große Investitionen von Staat und Unternehmen ausgelöst wird und dass auch die Beschäftigten durch steigende Löhne davon profitieren.[30] Investitionen und steigende Kaufkraft befeuern das Wirtschaftswachstum, so die Argumentation. Es ist jedoch zu bezweifeln, dass diese Annahme unter den derzeitigen makroökonomischen Bedingungen realistisch ist. Wie wir weiter unten darstellen, trägt die Digitalisierung vielmehr dazu bei, dass die Wachstumsraten auch in Zukunft eher gering ausfallen werden und es so zu mehr Arbeitslosen und mehr Menschen in gering bezahlten Jobs kommen dürfte.

Hinzu kommt, dass ein hohes Wachstum in Deutschland nicht auf andere Länder übertragbar wäre. Denn wie hoch das Wirtschaftswachstum ausfällt, hängt in Deutschland stark davon ab, ob die Industrie weiterhin so exportstark bleibt, wie in der Vergangenheit. Die Hoffnung, dass nur mit wenigen Arbeitsplatzverlusten zu rechnen sei, fußt auf genau dieser Annahme.[31] Doch lässt dies außer Acht, dass diese Situation keinen langfristigen Bestand haben kann, da wachsende Handelsbilanzüberschüsse die Weltwirtschaft destabilisieren. Deutschlands hohe Exportüberschüsse führen dazu, dass andere Länder Importüberschüsse in Kauf nehmen müssen und dadurch Arbeitsplätze und Einkommen von dort nach Deutschland verlagert werden. Auch wird aus Sicht ökonomischer Gerechtigkeit nichts gewonnen, weil es in der Gesamtbilanz trotzdem zu Arbeitsplatzverlusten kommt: Je mehr wir es hierzulande schaffen, mit der Digitalisierung der Wirtschaft Arbeitsplätze in Exportsektoren zu sichern, desto mehr Arbeitsplätze fallen bei unseren Handelspartnern weg.

Als vorläufiges Zwischenfazit können wir festhalten: Es ist zu erwarten, dass durch die digitale Rationalisierung signifikante Mengen an Arbeitskraft durch Roboter und Maschinen ersetzt werden. Das Wachstum, welches benötigt wird, um auf der anderen Seite genügend neue Arbeitsplätze zu schaffen, ist weder absehbar, noch wäre es ökologisch nachhaltig, wie wir in Kapitel 3 ausführlich gezeigt haben. Der Verlust von Arbeitsplätzen hat weitreichende Folgen für Fragen der ökonomischen Gerechtigkeit. Wenn Menschen ihren Job verlieren, müssen sie zunächst eine Verringerung ihrer finanziellen Mittel hinnehmen. Den Einkommenseffekten der Digitalisierung widmen wir uns im nächsten Abschnitt. Zugleich verlieren sie ihre Kontakte zu Kolleg*innen, oftmals eines der wichtigsten sozialen Netzwerke von Menschen. Auch ist ein (guter) Arbeitsplatz in unserer Gesellschaft ein Symbol von gesellschaftlicher Teilhabe und Prestige. Entsprechend zeigen empirische Untersuchungen, dass Arbeitslosigkeit meist einen verheerenden Effekt auf die Zufriedenheit von Menschen hat.[32]

Aber könnte das nicht auch positiv gewendet werden? Könnten wir nicht mehr Zeit für Familie, Hobbys, Kunst, Bildung, soziales Engagement und weitere Tätigkeiten jenseits der Lohnarbeit gewinnen? Könnten wir nicht *kürzere Arbeitszeiten für viele* durchsetzen anstatt Arbeitslosigkeit für die eine Hälfte und anhaltende Vollzeitjobs für die andere? Könnten bei *kürzeren Arbeitszeiten auch für Männer* nicht Sorge- und Reproduktionsarbeit zwischen den Geschlechtern gerechter verteilt werden? Könnte uns die Digitalisierung nicht ein großes ›Zeitgeschenk‹ bescheren und somit einen wichtigen Beitrag zu einer sozialökologischen Transformation der Gesellschaft leisten?

Leider lehrt uns die Geschichte, dass es kein Selbstläufer ist, neue Technologien zu einer Senkung der Arbeitszeit zu nutzen. In den zurückliegenden 250 Jahren der Industrialisierung wurden kürzere Arbeitszeiten stets durch gesellschaftliche, oft gewerkschaftliche Machtkämpfe erstritten. Heute stehen Arbeitnehmer*innen nahezu aller Qualifizierungsniveaus jedoch noch mehr als früher in internationaler Konkurrenz, was ihre Verhandlungsposition gegenüber den Arbeitgebern schwächt. Und die Digitalisierung führt zu einem weiteren Schub an Machtverschiebungen, wie wir in den nächsten Abschnitten zeigen werden. Insgesamt scheint damit die positive Nutzung der steigenden Arbeitsproduktivität für mehr Freizeit und eine gerechtere Verteilung der Arbeit in weiter Ferne.

Zusammengefasst: Die Digitalisierung wird zu einer Rationalisierung von Arbeit führen und massive Umwälzungen auf dem Arbeitsmarkt sind abzusehen. Ihre Geschwindigkeit und ihr Ausmaß hängen jedoch nicht primär von der Frage ab, was technisch möglich, sondern was gesellschaftlich durchsetzbar ist. Potenziell könnte die steigende Arbeitsproduktivität genutzt werden, um mehr Zeit für Sorgearbeit und Freizeit zu erlangen, und so Teil einer sozial-ökologischen Transformation werden. Eine solche Entwicklung ist jedoch bisher nicht absehbar. Frei werdende Arbeitskapazitäten wiederum wie in früheren Zeiten durch Wachstum aufzufangen, scheint weder realistisch noch ökologisch wünschenswert. Wenn jedoch eine schnelle Umsetzung digitaler Möglichkeiten mit einem geringen Wachstum und keiner Umverteilung der Arbeit einhergeht, so könnte es dieses Mal wirklich anders werden: Es gehen bedeutend mehr gut bezahlte Arbeitsplätze verloren als an anderer Stelle neu entstehen. Damit werden Menschen gezwungen, schlechter bezahlte und prekäre Beschäftigungen anzunehmen, wie wir im folgenden Abschnitt sehen.

Die Rückkehr der Diener

Die Digitalisierung bietet nicht nur die Chance, durch steigende Arbeitsproduktivität das Leben der Menschen angenehmer zu machen. Positive Visionen betonen auch, dass langweilige Routinetätigkeiten ersetzt würden, sodass sich Menschen auf anspruchsvolle und kreative Aufgaben fokussieren können und die Arbeitswelt flexibler gestaltet wird.[33] So könnten sich Journalist*innen auf Hintergrundanalysen und Meinungsartikel konzentrieren, während einfache Texte von Algorithmen übernommen werden. Auch besteht die Möglichkeit, dass unangenehme und körperlich anstrengende

Jobs verschwinden, sodass es den Menschen in der Arbeitswelt besser geht.[34]

Inwiefern dies aus Sicht einer sozialökologischen Transformation wünschenswert ist, wird kontrovers diskutiert. In Extremen ausgedrückt: Auf der einen Seite gibt es Fortschrittsoptimist*innen, die in der Übernahme jeglicher Arbeit durch Roboter die Möglichkeit sehen, den Menschen vom Joch der Arbeit zu befreien und ihm die Zeit zu geben, sich würdevolleren Tätigkeiten zu widmen.[35] Dem steht die Perspektive gegenüber, dass Arbeit zu einem guten Leben dazugehört und Menschen gerade aus der Produktion von Gegenständen und Dingen aller Art, die für das Leben nötig sind, Freude, Erfolgserfahrungen und Sinnstiftung erfahren.[36] Wir sehen eine Lösung im goldenen Mittelweg: Es spricht nichts dagegen, Maschinen einen Teil der Arbeit übernehmen zu lassen. Noch spannender ist jedoch die Frage, wie sie genutzt werden können, um Arbeit menschengerecht und sinnstiftend zu gestalten. Die Digitalisierung sollte daher nicht allein auf Produktivitätssteigerungen ausgerichtet sein, sondern auch darauf, die Arbeitsbedingungen zu verbessern und genügend Kapazitäten sowie Entlohnung für Sorge- und Reproduktionsarbeit bereitzustellen.

Die Frage, wie die Digitalisierung für eine bessere Arbeitssituation genutzt werden kann, ist eng mit den ökologischen Aspekten aus dem vorangegangen Kapitel verknüpft. Unter konsequenten ökologischen Rahmenbedingungen würde die Digitalisierung nicht so viele Arbeitsplätze bedrohen wie bisher angenommen, denn Digitalisierung basiert immer auch auf der Nutzung natürlicher Ressourcen und Energie. Aus der Umweltökonomie wissen wir: Ob ein Input viel genutzt wird, hängt von seinem relativen Preis zu anderen Inputs ab. Würden Energie- und Ressourcenverbrauch und damit die Digitalisierung also teurer werden, dann würden aller Voraussicht nach ganz andere Produktionsverhältnisse entstehen, in denen anders und weniger digitalisiert wird und mehr Arbeitskräfte benötigt werden.

Die Art und Weise, wie die Digitalisierung derzeit stattfindet, entspricht keinem der drei aufgezeigten Wege. Denn wie wir im Folgenden sehen werden, führt sie weder dazu, dass eine große Zahl von Menschen nicht mehr oder bedeutend weniger arbeiten muss, noch ermöglicht sie es, flächendeckend gute, menschenwürdige Arbeitsbedingungen zu schaffen. Stattdessen ist abzusehen, dass sie zu einer Polarisierung sowohl auf dem Arbeitsmarkt als auch beim Einkommen führen wird.

Die Entwicklungen auf dem Arbeitsmarkt lassen sich gut am Beispiel *Crowdworking* veranschaulichen. Was haben eine Softwareentwicklerin, ein Handwerker und eine Putzkraft gemeinsam? Sie alle können seit Kurzem ihre Arbeit über das Internet, als Teil einer großen ›Crowd‹ von Arbeitskräften anbieten. Waren Softwareentwickler*innen früher in Unternehmen fest angestellt, bewerben sie sich heute zunehmend im Internet auf einzelne Aufträge, die sie selbstständig erfüllen. Auch Handwerker*innen waren bisher in Betrieben angestellt – durch das Internet wird es aber immer leichter möglich, einen individuellen Handwerker direkt zu engagieren, statt sich an einen Betrieb zu wenden. Putzkräfte waren zwar früher schon oft selbstständig, aber auch sie können zunehmend im Internet bestellt werden. Sie alle eint, dass sie selbstständig auf Honorarbasis arbeiten und somit nicht über sozialversicherungspflichtige Jobs mit sozialer Absicherung, Kündigungsschutz, Urlaubsrecht etc. verfügen. Sie stehen über das Internet im Wettbewerb mit vielen anderen aus der *Crowd* und werden zunehmend online bewertet, wodurch die Konkurrenz unter ihnen noch intensiviert wird.

Allgemein gesprochen wird unter *Crowdworking* die dezentrale Organisation von Arbeitskräften mithilfe des Internets verstanden. Anbietende (zum Beispiel eine Handwerkerin) und Nachfragende (zum Beispiel ein Wohnungsbesitzer) werden über eine Plattform (zum Beispiel MyHammer) vermittelt. Die Verträge werden typischerweise direkt zwischen Anbietenden und Nachfragenden abgeschlossen, wobei die Plattform häufig Bedingungen vorgibt – und diese variieren stark zwischen verschiedenen Betreibern.[37] Die Anzahl der Beschäftigten im *Crowdworking* wächst derzeit stark an. Laut einer Umfrage haben in Deutschland inzwischen zwölf Prozent der Bevölkerung *Crowdworking* betrieben, mit nur geringen Unterschieden zwischen Frauen und Männern. Meist handelt es sich um Nebentätigkeiten. Doch immerhin stellt für 2,6 Prozent der arbeitenden Bevölkerung *Crowdworking* die primäre Einkommensquelle dar.[38] Diese Form der Arbeit nimmt sehr unterschiedliche Formen an. Erstens gibt es Tätigkeiten, die tatsächlich online, in der metaphorischen ›Wolke‹ stattfinden (auch ›*Cloud Work*‹ genannt). Zweitens umfasst *Crowdworking* aber auch Dienste, die zwar online vermittelt, aber offline vollzogen werden (›*Gig Work*‹). Im *Crowdworking* variieren die Tätigkeiten stark in ihrem Spezialisierungsgrad und Arbeitsumfang. So gibt es höchst anspruchsvolle Tätigkeiten, etwa Programmierarbeiten oder Layoutaufträge. Ebenso gibt es jedoch einfache Aufgaben, die massenhaft erledigt werden können. Eine Tätigkeit auf der Plattform Amazon Mechanical Turk besteht lediglich darin zu entscheiden, ob zwei vom Algorithmus als ähnlich identifizierte Webseiten tatsächlich das gleiche Produkt darstellen. Beispiele für einfache *Gig Work* sind über Plattformen vermittelte haushaltsnahe Dienste, wie etwa Reparaturen, Putzdienste oder Fahr- und Lieferservices.

Beschreibungen von *Crowdworkern* variieren zwischen den Extremen ›selbstbestimmt, flexibel und frei‹ und ›unterbezahlt, unversichert und unsicher‹. Die positive Vision des *Crowdworkers*: Arbeiten, von wo man möchte, wann man möchte und wie viel man möchte. Wie wäre es mit einem Leben in einem Haus am karibischen Strand? Morgens schwimmen gehen, danach ein paar Stunden im Schatten unter der Palme am Computer arbeiten und nachmittags surfen? Ähnlich hatte es übrigens bereits Karl Marx für ›seine‹ klassenlose Gesellschaft des Kommunismus vorhergesagt. Diese ermögliche »heute dies, morgen jenes zu tun, morgens zu jagen, nachmittags zu fischen, abends Viehzucht zu treiben, nach dem Essen zu kritisieren, wie ich gerade Lust habe«.[39] Für manche mag dieses romantische Bild des *Crowdworking* zutreffen. Wer einen gut bezahlten Job am Computer ausübt und gleichzeitig in einem Land mit niedrigen Lebenshaltungskosten wohnt, der wird mit relativ wenig Arbeit relativ wohlhabend sein. Auch empirische Untersuchungen deuten darauf hin, dass es solch positive Ausprägungen des *Crowdworking* gibt.

So ist die flexible inhaltliche, zeitliche und räumliche Gestaltung der Arbeit in der Tat eine zentrale Motivation dafür, solche Arbeitsverhältnisse zu wählen.[40]

Der Haken: Diese positive Beschreibung des *Crowdworking* trifft nur auf die Wenigsten zu. Das Einkommen der meisten *Crowdworker* ist gering. Im Jahr 2016 verdienten 60 Prozent der *Crowdworker* in Deutschland unter 500 Euro brutto im Monat, lediglich 10 Prozent verdienten mehr als 1.500 Euro.[41] Das liegt zwar unter anderem daran, dass *Crowdworking* für viele nur Nebenverdienst ist. Es hängt jedoch auch mit den großen Lohnunterschieden zusammen. Während einige im Schnitt 70 Euro verdienen, müssen sich viele mit Stundenlöhnen unter 10 Euro begnügen.[42] Gut die Hälfte der *Crowdworker* würde sich eine feste Anstellung statt der Auftragsarbeit wünschen.[43] Teilweise herrschen auf dem Markt erschreckende Zustände. In vielen Verträgen der Plattformen ist festgehalten, dass bei Nichtgefallen der Arbeit der Auftraggeber den Lohn einbehalten kann. Die Arbeitgeber*innen erhalten dadurch eine große Macht, die Arbeitnehmer*innen hingegen geraten in eine Bittstellerrolle.[44] Die Kombination aus unsicheren Arbeitsverhältnissen, schlechter Absicherung und niedrigen Stundenlöhnen macht klar: Ein großer Teil der *Crowdworker* sind die neuen Tagelöhner der digitalen Gesellschaft.

Bieten *Crowdworking* und die neuen digitalen Möglichkeiten in anderen Berufen, Chancen für mehr Geschlechtergerechtigkeit? Auf den ersten Blick ist dies durchaus der Fall: So könnte Familie und Beruf vereinbarer werden, etwa indem Arbeitszeiten flexibler gestaltet werden und Arbeit im Homeoffice ermöglicht wird. Gleichzeitig besteht das Risiko der Entgrenzung, insbesondere für Frauen, die bisher im Durchschnitt noch den Löwenanteil der Sorgearbeit übernehmen. Denn bedeutet die Digitalisierung, dass Menschen quasi immer arbeiten – auch noch abends, wenn die Kinder endlich im Bett sind – ist wenig gewonnen.[45] Eine gleichere Verteilung der Arbeit, inklusive kürzerer Arbeitszeiten für viele Männer, ist daher eine wichtige Forderung, die wir in Kapitel 6 weiter ausführen werden.

Hinzu kommt die internationale Perspektive: Die digitalen Geräte und Infrastrukturen, die für Fernarbeit vonnöten sind, basieren

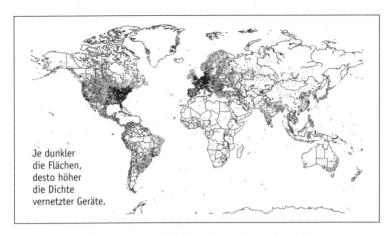

Je dunkler die Flächen, desto höher die Dichte vernetzter Geräte.

Abbildung 9: ›Digital Divide‹: Die weltweite Verteilung vernetzter Geräte (Erläuterung auf S. 239).

auf ökologisch fragwürdiger Ressourcenausbeutung und werden oft unter unwürdigen Arbeitsbedingungen hergestellt; ein Punkt, den wir bereits in Kapitel 3 behandelt haben. Mag die Herstellung der Milliarden digitaler Geräte vielen Menschen, insbesondere im globalen Süden, zwar zunächst einen Arbeitsplatz bescheren, stellt sich dennoch die Frage: Bringt ihnen die Digitalisierung auch eine erhöhte Arbeitsqualität? Bisher jedenfalls haben die rund 1,3 Millionen Arbeiter*innen des chinesischen Elektronikkonzerns Foxconn, die die Hardware für unsere Smartphones, Tablets und Rechenzentren herstellen, kaum Anteil an der ›schönen neuen Arbeitswelt‹,[46] um nur ein Beispiel zu nennen. Können schwangere Frauen, denen oft kurzerhand gekündigt wird, weil sie nicht mehr zu 100 Prozent zur Verfügung stehen, etwa die Mikroprozessoren per Telearbeit zu Hause zusammenbasteln? Sowohl die ökologischen als auch die sozialen Missstände zeigen: Digitale Arbeits- und Lebensweisen bergen ein hohes Risiko, zugleich ›imperiale Lebensweisen‹[47] zu sein.

Auch ist der Zugang zu und die Nutzung von digitalen Geräten und dem Internet international extrem ungleich verteilt (siehe Abbildung 9). Zwar haben die reichen Eliten auch in den ärmsten Ländern längst Smartphones, WLAN und mehr. Doch nach wie vor besteht eine eklatante ›*Digital Divide*‹, also eine große Kluft bei der Verteilung der Früchte der Digitalisierung.[48] Viele Weltregionen sind noch wenig bis gar nicht digital vernetzt, was aufgrund der Preise für Smartphones und andere digitale Geräte eigentlich nicht verwundert. Auch in den Ländern des globalen Südens sind diese zwar bei städtischen Mittel- und Oberschichten bereits sehr verbreitet. Aber für wohl zwei bis drei Milliarden Menschen der Welt bleibt eine Teilhabe an der Digitalisierung bis auf Weiteres schlicht unerschwinglich. Und damit können sie sich auch nicht als *Click-* oder *Crowdworker* zu geringen Löhnen für den globalen Norden und die Eliten des Südens verdingen.

Auch beim Thema *Crowdworking* spielt die Frage des Datenschutzes eine wichtige Rolle. In den USA etwa wurden Uber-Fahrerinnen von Fahrgästen im Nachgang der Dienstleistung belästigt. Die Gäste konnten über eine Kombination des ›*Lost and found*‹-Systems von Uber und der Apple-App ›*Find my iPhone*‹ die Adressen der Fahrerinnen recherchieren und sie zu Hause aufsuchen.[49] Darüber hinaus überwachen *Crowdworking*-Plattformen in unterschiedlichen Ausmaßen ihre Mitarbeiter*innen über digitale Hilfsmittel.[50] So können verdeckte Screenshots erstellt oder auch die Tastatur und Mausnutzung aufgezeichnet werden. Viele *Crowdworker* wissen nichts über diese Methoden und ahnen nicht, dass sie überwacht werden.[51] Nicht selten sind *Crowdworker* daher sogar ›gläserne Tagelöhner‹.

Der Arbeitsmarkt insgesamt wird ähnlich von der Digitalisierung geprägt, wie dies für den Bereich *Crowdworking* der Fall ist: Auf der einen Seite gibt es wenige Arbeitnehmer*innen, oft mit IT- und anderen technischen Qualifikationen, die hoch gefragt sind und einen stolzen Lohn wie auch gute Arbeitsbedingungen genießen. Auf der anderen Seite stehen viele Arbeitnehmer*innen, die sich prekär verdingen müssen, mit niedrigem Lohn und schlechter bis nicht vorhandener sozialer Absicherung. Diese Polarisierung des Arbeitsmarktes basiert auf zwei Phänomenen.

Erstens sind Jobs mit geringerem Einkommen stärker von der Digitalisierung betroffen als solche mit hohem Einkommen. Dadurch verlieren vor allem Gering- und Mittelverdienende ihre Anstellun-

102   *Kapitel 4*

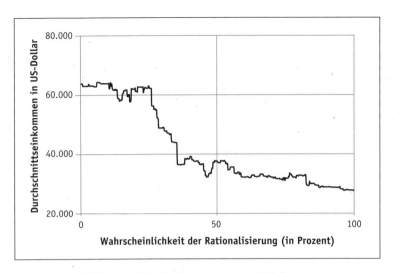

Abbildung 10: **Arbeitsplatzverluste nach Einkommen**
(Erläuterung auf S. 239).

gen: Die Wahrscheinlichkeit der Rationalisierung hängt von der Höhe des Lohnes ab. Zweitens entstehen neue Jobs im sehr gut bezahlten Segment, nur wenige jedoch im mittleren Einkommensbereich. Schauen wir uns noch einmal die Beispiele von oben an, wo und durch was überall Jobs ersetzt werden: in der Logistik durch selbstfahrende Autos und Drohnen, im Journalismus durch ›Bots‹, auf den Finanzmärkten durch algorithmenbasiertes *Trading,* in der Industrie durch Roboter usw. Diese Beispiele haben eines gemein: Eine bestimmte Berufsgruppe wird zusätzlich benötigt, damit die Algorithmen und Roboter ihre künstliche Intelligenz entfalten können. Software und Roboter werden auf absehbare Zeit von Menschen entwickelt – von Hard- und Softwareentwickler*innen. Bereits für 2020 wird ein signifikanter Fachkräftemangel für diese Bereiche vorhergesagt – für Ingenieur*innen, Naturwissenschaftler*innen und Mathematiker*innen.[52] Aber wie wir im vorangegangenen Abschnitt gezeigt haben, werden in diesen Berufen nicht genügend Jobs entstehen, um die Arbeitsplatzverluste der Digitalisierung in den anderen Bereichen auszugleichen. Deswegen entstehen bereits heute, aber in der Zukunft voraussichtlich noch stärker, viele Jobs im Niedriglohnbereich.

Wohin uns die neue Arbeitsteilung im digitalen Zeitalter führt, beschreibt Christoph Bartmann in seinem Buch *Die Rückkehr der Diener*.[53] Er nutzt dafür das Beispiel eines typischen Haushalts in der mittleren Oberschicht von New York City. Gemeint sind Haushalte, in denen beide Partner*innen in guten Positionen berufstätig sind. Diese wohnen oft in Apartmenthäusern mit Rezeptionist*innen. Letztere übernehmen alle möglichen häuslichen Dienste, wie die Betreuung von Handwerker*innen oder die Annahme von Paketen. Zudem haben viele Bewohner*innen eine Reinigungs- oder Haushaltskraft angestellt, wie auch Nannys für die Kinder, während Uber-Fahrer*innen die Funktion des Chauffeurs übernehmen. So wird versucht, möglichst viel Reproduktions- und Sorgearbeit zu externalisieren.[54] Viele der Dienstleistungen, die der Haushalt hierfür in Anspruch nimmt, werden über Websites und Apps vermittelt. Natürlich hatten reiche Haushalte schon vor Jahrhunderten Nannys und Haushälter*innen. Aber dank Digitalisierung breitet sich das Phänomen jüngst wieder stärker aus. Bereits zwölf Prozent der Arbeitnehmer*innen in den USA gelten als ›Dienstleistungsproletariat‹.[55]

Und so schließt sich der Kreis. Genau hier entstehen die Jobs, die anderswo unter anderem durch die Digitalisierung ›freigesetzt‹ werden. Fand man früher als junger, gering qualifizierter Mensch noch einen festen Job in der Industrie oder im Handwerk, müssen sich in Zukunft viele als selbstständige Alles-Handwerker*innen, Taxifahrer*innen oder Haushaltshilfen über Onlineplattformen vermitteln lassen. Den Menschen bleibt dabei kaum eine andere Wahl, als die schlecht bezahlten, unsicheren und prekären Jobs anzunehmen, weil feste und besser bezahlte Anstellungsverhältnisse nicht mehr zur Verfügung stehen. Auch aus Geschlechterperspektive ist diese Entwicklung kritisch zu bewerten. Denn über die Qualifikationen, die in Zukunft von der Industrie gefragt und gut bezahlt werden – Natur- und Ingenieurswissenschaften, Softwareentwicklung etc. – verfügen traditionell und auch heute noch mehr Männer als Frauen.[56] Der ›Gender Pay Gap‹ könnte damit eher noch steigen als fallen.

Insgesamt entsteht somit folgendes Bild auf dem Arbeitsmarkt: Arbeitsplätze auf allen Qualifizierungsniveaus werden rationalisiert, allerdings sind gering qualifizierte Arbeitnehmer*innen stärker betroffen als höher qualifizierte. Einige der Entlassenen werden neue Jobs im hoch qualifizierten Bereich finden, da dort in begrenztem Maße neue Jobs entstehen. Viele werden sich jedoch genötigt sehen, gering bezahlte und prekäre Jobs anzunehmen, um ihren Lebensunterhalt verdienen zu können. Beide Entwicklungen sind zwei Seiten der gleichen Medaille. Denn gut bezahlte Spezialist*innen und Manager*innen, etwa aus der IT-Branche, haben das passende Kleingeld, möglichst viele häusliche Arbeiten auszulagern. Dieses Bild basiert auf einer Fortführung bestehender Entwicklungen in der Zukunft, unter der Annahme, dass sich die wirtschaftspolitischen Rahmenbedingungen nicht stark verändern. Doch könnte die Digitalisierung nicht auch ganz anders genutzt werden? Im folgenden Abschnitt diskutieren wir, inwiefern sich die Wirtschaft durch die Digitalisierung grundlegender verändern könnte, hin zu gerechteren und insbesondere demokratischeren Wirtschaftsstrukturen.

Chancen für Wirtschaftsdemokratie

Im Jahr 1968 begeben sich Stewart Brand, der später ein berühmter Grenzgänger zwischen der Alternativszene und dem Silicon Valley werden sollte, und seine Frau Lois auf eine abenteuerliche Reise. Sie klappern mit ihrem Pick-up Bildungsmessen in Kalifornien ab. Mit dabei ist ihr neuestes ›Baby‹, die ersten Ausgaben des *Whole Earth Catalogue*, eine Mischung aus Handbuch und Diskussionsplattform für die *Back-to-the-land*-Bewegung der alternativen 1968er-Generation. Der Katalog soll den Menschen alle Informationen geben, die sie brauchen, um ein selbstbestimmtes, alternatives Leben führen zu können. Im Jahr 2005, 37 Jahre später, beschrieb Steve Jobs diesen Katalog als eine Art analogen Vorläufer des Internets und als eine der großen Inspirationen für die digitalen Innovationen der letzten Jahrzehnte. Der *Whole Earth Catalogue* steht symbolisch für die Hoffnungen, die mit dem Internet verbunden wurden. Er sollte vor allem zu einer radikalen Demokratisierung beitragen.[57]

Ob Digitalisierung auf politischer Ebene die Demokratie stärkt oder schwächt, wird bereits seit Jahren diskutiert. Demokratie bedeutet nicht nur, alle paar Jahre ein oder mehrere Kreuzchen auf einem Wahlzettel zu machen. Wie der Soziologe Jürgen Habermas überzeugend argumentiert hat, ist die Qualität des öffentlichen Diskurses zentral für die Qualität der Demokratie.[58] Wie wird diskutiert und vor allem, wer darf mitdiskutieren? Chatrooms, Blogs, Diskussionsforen, soziale Medien galten viele Jahre als aussichtsreiche *tools*, um die öffentliche Diskussion demokratischer zu gestalten – vor allem aufgrund dreier Attribute: Erstens können mithilfe des Internets Informationen schnell über weite Strecken verbreitet werden, sodass die Bevölkerung immer aktuell informiert ist. Zweitens ist es verhältnismäßig preiswert, über das Internet miteinander zu kommunizieren, sodass fast alle Menschen daran teilnehmen können. Drittens kann im Internet eine Kommunikation aller mit allen stattfinden und dazu noch in alle Richtungen, während in der Vergangenheit die Kommunikation, vor allem der Massenmedien, nur eine Richtung kannte: die vom Sender zum Empfänger.[59]

Insbesondere in den letzten Jahren hat sich allerdings gezeigt, dass drei Entwicklungen diesen Chancen für eine Verbesserung des öffentlichen Diskurses entgegenstehen. Erstens ist seit den Enthüllungen von Edward Snowden bekannt, dass Sicherheitsdienste das gesamte Internet ausspähen und damit sehr viele und vertrauliche Informationen über sehr viele Menschen sammeln. Eine Privatsphäre, also ein geschützter Raum, in dem man denken und tun kann, was man möchte, ist aber eine zentrale Voraussetzung dafür, dass Bürger*innen in der Demokratie handeln können. Totale Transparenz ist der Todfeind der Demokratie. Ein zweites Problem ist die Frage, wessen Beiträge und Meinungen im Internet tatsächlich gehört werden und welche nicht. Einen zunehmenden Einfluss hierauf haben soziale Medien. Immer mehr Menschen lesen Nachrichten auf Twitter, Facebook etc. Die Ausgestaltung der dahinterliegenden Algorithmen, die auswählen, was im Newsfeed auftaucht, liegt in den Händen einiger weniger gewinnorientierter Unternehmen. Diese verfügen damit über eine enorme gesellschaftliche Macht. Denn wer die Informationen kontrolliert, kann den Diskurs beeinflussen. Drittens stellt sich die Frage, inwiefern die Kommunikation im digitalen Raum wirklich als gemeinsamer, öffentlicher Diskurs verstanden werden kann. Denn jede und jeder Einzelne befindet sich im Internet in einer Art Filterblase. Man liest, was die eigenen Freund*innen schreiben und was die Algorithmen der sozialen Medien aufgrund des bisherigen Leseverhaltens vorschlagen.[60] Wenn jeder eine eigene Wahrheit wahrnimmt, kann dies aber kaum einen gemeinsamen öffentlichen Diskurs ergeben. Und es wird schwierig, gemeinsame Lösungen zu finden. In den Worten von Jürgen Habermas: »Vorerst fehlen im virtuellen Raum die funktionalen Äquivalente für die Öffentlichkeitsstrukturen, die die dezentralisierten Botschaften wieder auffangen, selegieren und in redigierter Form synthetisieren.«[61]

Es ist daher fraglich, inwiefern das Internet den Hoffnungen auf einen substanziellen Ausbau der Demokratie auf politischer Ebene bisher entsprechen konnte. In jüngster Zeit mehren sich Analysen, die eher große Gefahren für die Demokratie sehen. Zwar ist die Verfügbarkeit von Informationen gestiegen und man kann sich in Foren, Kommentarspalten und per Tweets und Posts austauschen. Die diskursive Macht liegt jedoch bei großen kommerziellen Akteur*innen. Außerdem wurden Überwachungsmöglichkeiten stark ausgebaut. Der Kulturwissenschaftler Harald Welzer spricht daher von einer ›Smarten Diktatur‹[62]. Und Sascha Lobo, einer der deutschen Vordenker des Internets, kommt zu folgendem Schluss: »Das Internet ist nicht das, wofür ich es so lange gehalten habe. Ich glaubte, es sei das perfekte Medium der Demokratie und der Selbstbefreiung. Der Spähskandal und der Kontrollwahn der Konzerne haben alles geändert.«[63]

Weitaus weniger breit diskutiert wird die Frage, ob digitale Technologien das Potenzial haben, zu einer Demokratisierung der Wirtschaft zu führen. Einige dieser Potenziale knüpfen an Aspekte aus Kapitel 3 an. Wir haben dort gesehen, dass ein dezentrales Energiesystem resilienter und umweltgerechter gestaltet werden könnte. Eine Dezentralisierung des Energiesystems impliziert jedoch auch, dass die Windkrafträder, Solaranlagen, Kleinwasserkraftwerke oder Biogasanlagen im Besitz vieler Tausend Privatpersonen, Genossenschaften oder Kommunen liegen sollten und nicht im Besitz einer Handvoll großer Energiekonzerne. Das wäre demokratischer, weil die Macht über die Ausgestaltung der Energieversorgung damit auf viele Köpfe verteilt würde. Und es wäre gerechter, weil die finanziellen Gewinne bei vielen Menschen landeten, anstatt bei vergleichsweise wenigen Aktionär*innen.

Auch die in Kapitel 3 angesprochenen Phänomene ›Prosuming‹ und ›Sharing‹ haben das Potenzial, wirtschaftliche Prozesse demokratischer zu gestalten: Beim Angebot einer Mitfahrgelegenheit können viele Einzelpersonen preiswerter reisen beziehungsweise die eigene Fahrt besser finanzieren. Und wenn Kleinbäuer*innen Gemüse über Plattformen wie etwa die Marktschwärmer verkaufen, wird eine dezentrale Landwirtschaft gefördert. Allerdings ist hier entscheidend, wer die Plattformen kontrolliert. Als Amazon startete, wurde noch gefeiert, dass dort auch kleine Verlage ihre Bücher verbreiten können. Heute hat Amazon große Marktmacht und profitiert überproportional von der Wertschöpfung. Ähnliches kann man bei Uber, AirBnB oder kommerziellen Carsharinganbietern beobachten.

Eine Form, dem demokratischen Potenzial von *Sharing* und *Prosuming* auf die Sprünge zu helfen, sind sogenannte kooperative Plattformökonomien. Auf der Benutzeroberfläche sind es Internetplattformen wie eBay oder AirBnB, doch sie befinden sich in kollektiver Hand, im Besitz von Genossenschaften, Kommunen oder anderen gemeinschaftlichen Organisationen.[64] So gibt es in den USA mehrere Taxigenossenschaften wie etwa Trans Union Car Service oder Union Taxi, die lokale Alternativen zu Uber darstellen. In Deutschland versucht Fairmondo eine Alternative zu Amazon aufzubauen. Weitere Beispiele beschreiben wir in Kapitel 6. Was diese Ansätze demokratischer macht, ist, dass sich sowohl die Produktionsmittel – Software, Server, Vertriebskanäle – im gemeinschaftlichen Besitz befinden, als auch Entscheidungen zur grundsätzlichen Strategie und zum Management von den Anbieter*innen, Nutzer*innen und weiteren Stakeholder*innen gemeinschaftlich getroffen werden.

Eine andere und ältere Erfolgsstory, wie die Digitalisierung für einen dezentralen Umbau der Wirtschaft genutzt werden kann, ist die *Open-Source-Community*. Im Jahr 1985 veröffentlichte der US-amerikanische Aktivist und Programmierer Richard Stallman eines der Gründungsdokumente der Bewegung. Stallman argumentierte, dass Softwareprogramme Gemeingüter sind, da alle von ihnen profitieren können. *Codes* und Programme sollten frei und ohne Beschränkung zugänglich sein, da sie so den größten gesellschaftlichen Nutzen stiften könnten.[65] Bereits ein Jahrzehnt zuvor schrieb Bill Gates einen offenen Brief, in dem er forderte, dass Software bezahlt werden müsse, damit die Programmierer*innen entlohnt werden können.[66] Damit waren die zwei widerstreitenden Paradigmen der Digitalisierung geboren: offen versus geschlossen oder – anders ausgedrückt – gemeinschaftlich und *bottom-up* versus proprietär und *top-down*.

Bis heute konkurrieren diese beiden Paradigmen miteinander, vor allem bei der Software. Die vielen Produkte von Apple und Microsoft stehen für wirtschaftlich erfolgreiche geschlossene Systeme. Aber es gibt auch Erfolgsgeschichten von *Open-Source*-Projekten: Die wichtigste Bibliothek der Welt ist inzwischen nicht mehr ein großes Gebäude in London, sondern die Internetseite Wikipedia. Sie ist frei zugänglich, jede und jeder kann an ihrer Weiterentwicklung mitwirken und sie wird von einer Non-Profit-Organisation betrieben. Auch drei Jahrzehnte nach der Erfindung von Windows gibt es nach wie vor *Open-Source*-Betriebssysteme, bekannt ist vor allem Linux. Noch erfolgreicher ist Linux allerdings bei *Cloud*-Systemen und im Internet der Dinge, wo es in über 80 Prozent der Geräte eingesetzt wird.[67] Auch der *Open-Source*-Internetbrowser Firefox war lange Zeit eine Erfolgsgeschichte – er hat in den letzten Jahre allerdings an Marktanteil verloren.[68] Angesichts der massiven finanziellen Mittel, die kommerzielle Softwarekonzerne in geschlossene Systeme investieren, ist es erstaunlich, dass *Open Source* nach wie vor eine so gewichtige Rolle spielt. Woran liegt das? *Open-Source*-Projekte sind deshalb so erfolgreich, weil sie die größten Stärken des Internets nutzen: die Teilung von Wissen, kombiniert mit dem Zugang aller interessierten Entwickler*innen und Nutzer*innen.

Die unzähligen Produkte und Projekte von *Sharing*, *Prosuming* und *Open Source* zeigen, wie die Digitalisierung dazu beitragen kann, die Wirtschaft demokratischer und gerechter zu gestalten. Doch können die digitalen Möglichkeiten auch für Veränderungen im gesamten Wirtschaftssystem, für eine Transformation des bestehenden privatwirtschaftlichen Kapitalismus hin zu einer gemeinwirtschaftlichen und demokratischen Ökonomie genutzt werden?

Machen wir noch einmal einen kurzen Ausflug in die 1970er-Jahre. Der Begriff der nachhaltigen Entwicklung war zwar im heutigen Sinne noch nicht etabliert. Doch gab es bereits die ersten Diskussionen darüber, wie sowohl Länder des globalen Südens als auch des globalen Nordens auf einen nachhaltigen Kurs gebracht werden können. In den Ländern des Südens ging es um die Frage, wie sie sich aus den neokolonialen Strukturen emanzipieren können, in den Ländern des Nordens darum, die zunehmenden Probleme der Industriegesellschaft zu lösen – allen voran die ökologische Zerstörung, aber auch die zunehmende Vereinsamung der Menschen und die offene Frage, wie ein gutes Leben jenseits der Fließbandarbeit aussehen kann. Eines der einflussreichsten Bücher dieser Diskussionen war ›*Small Is Beautiful*‹ des Ökonomen Ernst Friedrich Schumacher aus dem Jahr 1973.[69] Seine Hauptthese: Kleine Produktionseinheiten sind sowohl besser für die Erhaltung der Natur als auch für das Miteinander der Menschen. So sei etwa eine dezentrale, kleinbäuerliche Nahrungsmittelproduktion nicht nur ökologisch nachhaltiger, sondern sie verteile auch Einkommen und Einfluss gerechter. Zudem ermögliche sie, anders als die damals heranwachsende Agrarindustrie, sinnstiftende Arbeit.

Aufbauend auf diesen Argumenten wurden in den letzten Jahrzehnten verschiedene Konzepte entwickelt, wie eine Re-Regionalisierung und Dezentralisierung der Ökonomie aussehen könnte.[70] Auch die heute diskutierten Konzepte einer ›Postwachstumsökonomie‹ beinhalten Vorschläge, die auf eine sozialökologische Ausgestaltung der Digitalisierung anwendbar sind: von der Regionalisierung über die längere Nutzung und Reparatur von Produkten bis hin zur Verwendung von Produktivitätsfortschritten für mehr freie Zeit und

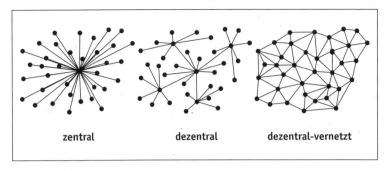

Abbildung 11: **Zentrale, dezentrale und dezentral-vernetzte Ökonomie** (Erläuterung auf S. 239).

soziale Tätigkeiten.[71] Die Idee ist dabei nicht, die Wirtschaft vollständig auf Subsistenz oder regionale Produktion umzustellen. Vielmehr gewinnt diese an Bedeutung, während ein (im Vergleich zu heute geringerer) Bestandteil der Produktion nach wie vor in internationaler Arbeitsteilung stattfindet. Man kann diesen Wandel mit dem Leitbild der ›ökonomischen Subsidiarität‹ beschreiben: so viel lokale Produktion wie möglich, so wenig ergänzende Weltmarktproduktion wie nötig.[72] Ähnlich argumentieren Vertreter*innen der ›*Distributed Economy*‹. Auch hier wächst der Anteil lokaler Produktion, globale Wertschöpfungsketten bleiben in kleinerem Maßstab als heute aber bestehen. Es lassen sich drei ökonomische Idealtypen definieren: eine ›zentrale‹ Ordnung, in der die Strukturen auf einen Mittelpunkt hin orientiert sind; eine ›dezentrale‹ Ordnung, in der viele verschiedene Mittelpunkte bestehen, die nur marginal miteinander verbunden sind; und eine ›dezentral-verteilte‹ Ordnung, die von stark verwobenen Strukturen geprägt wird.[73] Die beiden Letzteren würden mit einer Re-Regionalisierung einhergehen, da die geografischen Entfernungen kleiner würden.

Digitale Technologien könnten – richtig angewandt – helfen, viele der bisherigen Probleme dezentraler Wirtschaftskonzepte zu überwinden. Denn obwohl regionale und dezentrale Wirtschaftsweisen oft ökologisch nachhaltiger, gerechter und demokratischer organisiert sind, stoßen sie doch auf einige zentrale Vorbehalte. Oftmals wird befürchtet, wir könnten zurück ins Zeitalter des Dorfes geworfen werden – mit ineffizienten Produktionsweisen, konservativen Strukturen, abgeschieden vom Rest der Welt. Genau hier kann die Digitalisierung helfen, das Gute aus zwei Welten zu vereinen: Ökologische Nachhaltigkeit und ein hoher Grad an lokaler Gemeinschaft können verbunden werden mit der freien Gesellschaft, dem materiellen Wohlstand und der globalen Vernetzung der Moderne. Mit anderen Worten: Das Internet könnte genutzt werden, um einen ›kosmopolitischen Lokalismus‹ zu ermöglichen. Mithilfe der Digitalisierung können wir die Grenzen dessen verschieben, was lokal machbar ist.

In einigen Bereichen, beispielsweise bei der Nahrungsmittelproduktion, ist eine dezentrale und regionale Produktionsstruktur auch ohne Digitalisierung noch leicht vorstellbar. Fruchtbares Land steht an vielen Orten der Welt zur Verfügung und die nötigen Werkzeuge sowie das Know-how für kleinbäuerliche, agrarökologische Anbausysteme sind verhältnismäßig leicht und ›low-tech‹ verfügbar.[74] In anderen wirtschaftlichen Bereichen sieht das – wahrscheinlich auch noch in Zeiten der Digitalisierung – anders aus. Die Produktion von Zügen, Elektrogeräten oder Massenwaren wie Werkzeugen oder Küchenutensilien wäre in kleinem Maßstab entweder zu ineffizient oder technisch schlicht nicht machbar. Die Digitalisierung eröffnet aber dezentraler Produktion neue Möglichkeiten in unterschiedlichen ökonomischen Bereichen. Wissenschaftler*innen können ohne Probleme über die ganze Welt verstreut zusammenarbeiten, Softwareentwickler*innen können dezentral Programme designen und auch Musiker*innen komponieren inzwischen über Kontinente hinweg. Kurz gesagt: Werden immaterielle Produkte hergestellt, die digital übertragen werden können, sind der dezentralen Struktur der Wirtschaft kaum Grenzen gesetzt. Bei der lokalen Produktion physischer Güter ist die Situation naturgemäß eine andere. Doch auch hier kann die Digitalisierung zu dezentraleren Produktionsweisen beitragen, nämlich indem sie die folgenden vier Möglichkeiten eröffnet: Informationsfluss, Zugang, Koordination und neue Produktionstechnologien.

Erstens verfügen heute alle Menschen mit Internetanschluss über unbegrenzten Zugang zu weltweiten Informationen – und können das jeweils gewünschte Know-how mithilfe von Suchmaschinen blitzschnell finden. Für den Eigenbedarf fehlt es nicht an Anleitungen für den Gemüseanbau, für das Nähen oder für das Schreinern eines Tisches. Doch auch wie man lokales Bier braut oder Schuhe herstellt – nicht nur für den eigenen Konsum, sondern für ein lokales Unternehmen – lässt sich leicht erfahren. Der Reparaturbereich zeigt besonders gut, wie die neuen digitalen Möglichkeiten genutzt werden können, in diesem Fall mit dem wichtigen Effekt, dass Produkte länger genutzt werden und so zu einer nachhaltigeren Lebensweise beigetragen wird. Im Internet finden sich unzählige Anleitungen zur Reparatur des Kühlschranks, des Toasters, aber auch des Computers und des Smartphones. Dieser freie Wissensfundus kann entweder für den individuellen Bedarf oder als Grundlage für lokales Dienstleistungsgewerbe genutzt werden.

Nach dem Informationsfluss ist ›Zugang‹ der zweite zentrale Faktor, und zwar Zugang sowohl zu Produkten als auch zu Absatzmärkten. Um selbst etwas herzustellen oder zu reparieren und damit ein Unternehmen ins Leben zu rufen, ist das Know-how nur nützlich, wenn man auch alle nötigen Inputs für die Produktion bekommt und die Möglichkeit hat, die hergestellten Produkte zu verkaufen oder seine Reparaturdienstleistung anzubieten. Möchte jemand ein Geschäft aufmachen, das sich auf die Reparatur von Handys spezialisiert, benötigt sie oder er spezifische Ersatzteile. Steigt jemand in die Produktion von Lastenrädern ein, reicht vielleicht nicht der lokale Markt, um ein Geschäftsmodell daraus zu machen, sondern es bedarf Kundschaft aus einer größeren Region – und die kann über das Internet erreicht werden.

Drittens können digitale Dienste es ermöglichen, auf Zwischenhändler zu verzichten. Ob haltbare Nahrungsmittel, Elektrogeräte, Möbel oder Kleidung: Früher war man als Hersteller*in darauf angewiesen, mit einem Lebensmittelgeschäft, Elektrohändler, Möbelgeschäft oder einer Boutique zusammenzuarbeiten. Heute kann man mit relativ wenig Aufwand die Produkte über eine eigene Website oder über Plattformen vertreiben. Plattformen wie Zalando positionieren sich zwar zunehmend als neue Zwischenhändler, die Einnahmen abschöpfen. Doch dies muss nicht so sein. Alternativ können sich viele Händler genossenschaftlich organisieren, wie im Falle von Fairmondo geschehen (siehe Kapitel 6). Eine neue Strategie, Zwischenhändler auch im Internet zu verhindern, sind *Blockchain*-Technologien. Das berühmteste Beispiel ist die Krypto-Währung Bitcoin. *Blockchain*-Ansätze schicken sich aber auch an, dezentral organisierte Alternativen zu AirBnB, Uber oder Booking.com zu ermöglichen.[75] *Blockchains* etablieren ein dezentrales Buchhaltungssystem, das keinen zentralen Intermediär benötigt und gleichzeitig sicherstellt, dass einzelne Akteur*innen Verträge oder Absprachen nicht manipulieren können. Diese – technisch nicht ganz leicht zu durchschauenden – Ansätze basieren darauf, bilateral geschlossene Verträge zwischen Anbieter*innen und Nutzer*innen so zu verschlüsseln und mit Verträgen anderer zu verknüpfen, dass Abmachungen nicht manipuliert werden können. Mieter*innen von Wohnungen könnten beispielsweise direkt mit Zwischenmieter*innen Verträge schließen, ohne eine Provision an Zwischenhändler wie AirBnB zu zahlen. *Blockchains* können somit ein bisheriges Problem dezentraler Organisation lösen: die Koordination vieler Handlungen ohne zentrale Koordination. Allerdings ist fraglich, ob *Blockchain*-Anwendungen, die derzeit noch extrem energieintensiv sind, so gestaltet werden können, dass sie auch in ökologischer Hinsicht tragfähig werden (siehe Textbox zur *Blockchain* im nächsten Abschnitt ›Monopolisierung‹).

Viertens erleichtern neue Produktionstechnologien, kombiniert mit digitaler Übertragung von Informationen, eine dezentrale Organisation. Im vorangegangenen Kapitel haben wir bereits die Möglichkeiten einer dezentralen Energieversorgung diskutiert. Diese resultieren unter anderem aus der Kombination neuer Technologien, wie Fotovoltaikzellen oder Biogasanlagen, mit einer neuen Netzinfrastruktur, die durch die Digitalisierung ermöglicht wird. Ein zweites Beispiel sind 3-D-Drucker, die es erlauben, Produkte in kleiner Stückzahl herzustellen, die früher nur in Massenproduktion rentabel erzeugt werden konnten – insbesondere Produkte und Ersatzteile aus Kunststoff.[76] Und auch viele der Technologien, die wir im Abschnitt ›Is this time different‹ vorgestellt haben, könnten für eine regionalere Wirtschaft genutzt werden. Denn bisher war ein Hauptargument gegen regionale Produktion, dass sie zu ineffizient sei. Die Digitalisierung ermöglicht es nun, lokale Produktion deutlich produktiver zu gestalten. So können etwa Effizienzsteigerungen, die *Precision Farming* ermöglichen, auch für die urbane und regionale Nahrungsmittelproduktion genutzt werden, die gleichzeitig ökologisch und produktiv ist.[77] Und die fortwährenden Effizienzsteigerungen in Logistik und Lieferdiensten können dazu beitragen, lokale Produktion effizient zugänglich zu machen.[78]

Technik-Utopie: 3-D-Drucker

Beim 3-D-Druck werden nicht Textseiten, sondern ganze Gegenstände ›ausgedruckt‹. In einer Computerdatei sind die Informationen über ein Objekt enthalten, welches vom Drucker mittels additiver Verfahren hergestellt wird.[79] Bereits über 100 Materialien sind druckfähig. Unter anderem wurden mit industriellen Druckern Auto- und Hausteile gedruckt. Heimanwender*innen können schon heute kleinere Ersatzteile ausdrucken, beispielsweise Deckel oder Schalter. Perspektivisch wird auch der Druck komplexerer Teile, etwa für elektronische Geräte, möglich sein. 3-D-Drucker können so eigene Reparaturarbeiten und urbane Subsistenz fördern.[80] Ihnen wird darüber hinaus großes Potenzial für eine Dezentralisierung der Wirtschaft zugesprochen: Wenn viele Güter vor Ort erzeugt werden können, wird die zentrale Massenproduktion genauso überflüssig wie umweltbelastende Warentransporte.[81]

Noch hat fast niemand einen 3-D-Drucker zu Hause. Aber manche Tüftler und Bastler nutzen sie in ›Makerspaces‹, ›FabLabs‹ oder anderen offenen Werkstätten. Es wird allerdings bisweilen kritisiert, dass die Objekte, die dort gedruckt werden, oft noch keinen großen Nutzen stiften.[82] Vielmehr handelt es sich meist um Spielereien wie Plastikdinosaurier oder andere überflüssige Dinge aus der Kategorie ›plastic stuff‹. Auch ist fraglich, ob komplexere Produkte wirklich die Qualität von industriell gefertigten Gütern erreichen und ob ihre Herstellung pro Stück nicht energie- und ressourcenintensiver ist. Nicht zuletzt könnte der Konsum insgesamt steigen, wenn man alles nur Erdenkliche selbst drucken kann. Wird dann die weltweite Nachfrage nach Material für die Drucker steigen? Einige Expert*innen hoffen, 3-D-Drucker könnten langfristig Plastikabfall als Rohstoff verwenden.[83] Doch aus welchen Materialien werden komplexere Teile gedruckt? Wie viel Strom wird das Drucken fressen? Was passiert mit dem Müll?

Digitalisierung kann zu etwas beitragen, was früher schwer vorstellbar war: ein modernes, weltoffenes Leben mit dezentralen wirtschaftlichen Strukturen. Die dafür nötigen Zutaten kommen aus zwei unterschiedlichen Szenen, auf der einen Seite aus der Computerszene, die neue Technologien und die *Open-Source*-Philosophie aufzeigt, auf der anderen Seite aus der Alternativszene, die die politische Ausrichtung an der Lösung ökologischer und sozialer Herausforderungen einbringt. Diese Mischung erinnert an die *Counterculture*-Bewegung des Silicon Valley, die wir bereits in der Einführung dieses Buchs beschrieben haben. Doch ist es bei all den Chancen nicht ernüchternd, dass wir seit einigen Jahren überwiegend den Aufstieg riesiger, kommerzieller Internetkonzerne mit Tendenz zur Monopolstellung beobachten? Und dass es bei den Schlagzeilen über erfolgreiche Start-ups aus dem Silicon Valley eher um Milliardengeschäfte geht, als dass etwa die Chancen für eine Vitalisierung bislang abgeschiedener Regionen Thema wären? Offenbar sind Einflussfaktoren am Werk, die eine schrittweise Transformation unserer Wirtschaft hin zu einer dezentralen Wirtschaftsdemokratie vereiteln und stattdessen die Digitalwirtschaft zur Speerspitze des Kapitalismus gemacht haben. Woran liegt das?

Monopolisierung und Machtkonzentration

Die reale Entwicklung läuft heute deutlich stärker in Richtung Monopolisierung als in Richtung Dezentralisierung. Kommerzielle Internetriesen teilen zentrale Funktionen des Internets zunehmend unter sich auf. Bei ihnen handelt es sich um börsennotierte Konzerne mit Filialen auf der ganzen Welt.

Die Macht der IT- und Internetriesen zeigt sich zum einen an ihrem Börsenwert: Sechs der zehn höchstdotierten Unternehmen der Welt kommen inzwischen aus der digitalen Wirtschaft: Apple, Alphabet (Google), Microsoft, Amazon, Facebook und der chinesische Konzern Tencent.[84] Unter den 500 meistbesuchten Websites ist Wikipedia die einzige nicht kommerzielle[85] und damit eine einsame kooperative und gemeinnützige Ausnahme in einem Meer von proprietären und kommerziellen Regelfällen.

Diese globalen Konzerne betätigen sich je auf unterschiedlichen Feldern und verfügen jeweils über Monopolstellungen in einzelnen Märkten.[86] 2016 liefen weltweit über 70 Prozent der Suchanfragen über Google[87] und dessen Smartphone-Betriebssystem Android hat sogar einen Marktanteil von 86 Prozent. Eine ähnliche Marktmacht hat Facebook bei den sozialen Medien in Deutschland. Über 70 Prozent der Seitenaufrufe entfielen auf das Netzwerk.[88] Da ist es nicht verwunderlich, dass diese beide Konzerne 2017 fast die Hälfte aller weltweiten Werbeeinnahmen im Internet unter sich aufteilten.[89] In China dominiert Tencent mit 76 Prozent Marktanteil die sozialen Medien. Im Bereich Onlineshopping ist Amazon der klare Marktführer – mit 50 Prozent Marktanteil in den USA und 31 Prozent in Deutschland.[90] Alibaba, sozusagen das Amazon Chinas, beansprucht sogar 80 Prozent des dortigen Marktes.[91] Beim Online-Buchhandel macht Amazon in Deutschland sogar 90 Prozent aus. Microsoft ist mit 92 Prozent Marktanteil Monopolist bei den Betriebssystemen auf Desktopcomputern. Und Apple gelingt es, mit seinen iPhones den Markt für Smartphones zu beherrschen: Apple macht 92 Prozent der weltweiten Gewinne in diesem Bereich (siehe Abbildung 12).

Wie ist zu erklären, dass sich die Marktmacht so stark bei einigen Anbietern bündelt? Ein zentraler Grund für ihren Erfolg sind Netzwerk- und Skaleneffekte. Je mehr Suchanfragen auf Google stattfinden, desto besser werden die Suchergebnisse. Und je mehr Einkäufe auf Amazon getätigt werden, umso vielfältiger und preiswerter kann Amazon das Produktangebot gestalten. Als Ergebnis entstehen für viele Dienstleistungen digitale Plattformen, die zur Monopolisierung tendieren. Zwar kommen auf ihnen sehr viele Anbieter*innen mit sehr vielen Nutzer*innen zusammen, aber koordiniert wird dies über eine einzelne Plattform, wie etwa Netflix, eBay, Youtube, Instagram und andere. Sie vereinen in höchst zentralistischer Manier den größten Teil des Internetverkehrs in ihren ›Märkten‹ auf sich und müssen oft keine ernsthafte Konkurrenz fürchten.

Woran liegt es, dass diese Plattformen nicht von kooperativen oder gar gemeinnützigen, sondern von kommerziellen Anbietern geführt werden? Ein Grund sind die nötigen Investitionen, die es braucht, um eine führende Plattform aufzubauen. Diese können entweder von großen Unternehmen aufgebracht werden oder Start-ups bekommen das nötige Startkapitel als Risikokapital von Venture-Kapitalgebern. Da diese Investoren einen Anteil am Unternehmen und an zukünftigen Gewinnen verlangen, ist diese Finanzierungsform für kooperative oder gemeinnützig ausgerichtete Unternehmen nicht geeignet – ja, sie widerspricht sogar allen Grundprinzipien gemeinwohlorientierter Ansätze.

Hinzu kommt, dass die digitalen Monopolisten inzwischen in der Lage sind, mögliche Konkurrenten aufzukaufen; sie erfreuen sich teils enorm hoher Gewinne. Nur einige illustrative Beispiele: Allein im ersten Quartal des Jahres 2017 haben Alphabet und Microsoft jeweils rund fünf Milliarden US-Dollar Gewinn eingefahren; Facebook sowie die größte *Cloud*-Plattform Amazon Web Services je knapp vier Milliarden. Da mangelt es nicht am nötigen ›Kleingeld‹, um auf ausgedehnte Shoppingtour zu gehen. Beispielsweise kaufte Alphabet schon im Jahr 2006 YouTube für 1,6 Milliarden, 2012 die Mobilfunksparte von Motorola für 12,5 Milliarden und 2014 die Firma Nest Labs für 3,2 Milliarden US-Dollar. Facebook erwarb 2012 Instagram

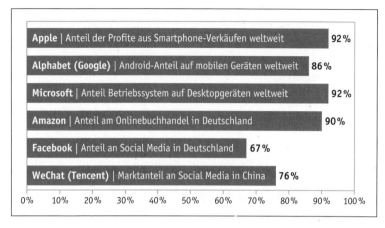

Abbildung 12: **Marktmacht von IT-Unternehmen**
(Erläuterung auf S. 240).

für rund eine Milliarde, 2014 Oculus für zwei Milliarden und im selben Jahr WhatsApp für satte 19 Milliarden US-Dollar. Übrigens sei hier angemerkt, dass diese Aufkäufe nicht allein der Machtgier der Großen entspringen. Aufgekauft zu werden, gehört zum Berufsethos der Start-up-Szene. Mit leuchtenden Dollarzeichen in den Augen geht es vielen Gründer*innen nicht darum, Märkte zu demokratisieren oder gar nach ethischen oder ökologischen Kriterien umzugestalten, indem angestammten Unternehmen das konventionelle Geschäft streitig gemacht wird. Vielmehr stellt der Verkauf der eigenen Firma, bitte möglichst in dreistelliger Millionen- oder gar in Milliardenhöhe, oft den eigentlichen, wenngleich armseligen Sinn und Zweck der Unternehmung dar.

Durch die Aufkäufe mehren die Riesen ihre Marktmacht, auch weil sie dann oft mehrere Geschäftsfelder dominieren. Zunächst fokussieren sie auf den Markt ihres Kerngeschäfts, etwa wenn ein soziales Netzwerk ein anderes aufkauft. Damit steigern sie ihre Macht auf dem Onlinewerbemarkt. Unmittelbar damit verknüpft bauen sie ihren Einfluss auf dem Markt für die Analyse und Auswertung der Nutzerdaten *(Big Data)* aus, inklusive der Beratungsleistungen an Dritte, die sich hieraus ergeben. Und schließlich gewinnen die Großen durch die enormen Datenmengen, über die sie verfügen, Vorteile beim Aufbau jener (neuen) Geschäftsfelder, die auf *Big Data* basieren, wie etwa die Programmierung lernender Algorithmen und künstlicher Intelligenz.

Ein entscheidender Punkt von Macht in der digitalen Ökonomie ist, dass sie nicht nur auf großen Anteilen in einzelnen Güter- oder Dienstleistungsmärkten basiert, sondern auch auf der Kontrolle der Onlineinfrastrukturen wie der digitalen Vertriebskanäle. Amazon mag (noch) kein Monopolist im Elektronik-, Lebensmittel- oder Videomarkt sein. Aber da sehr viele Nutzer*innen heute nicht mehr über Suchmaschinen, sondern direkt bei Amazon nach Produkten suchen, sind kleinere Anbieter mehr oder minder gezwungen, ihre Bücher, Videos und anderen Produkte auf Amazons Plattform anzubieten – und werden so von den Infrastrukturen des Konzerns abhängig.[92] Zudem erhält Amazon dadurch umfassende Auskünfte über Verkaufstrends und Profitchancen der Konkurrenz. Eine Untersuchung fand heraus, dass Amazon innerhalb von wenigen Wochen viele der am besten laufenden Produkte von Drittanbietern in das eigene Sortiment aufnahm und damit höchst effektiv Konkurrenten ausschalten kann.[93] Auch kartellrechtlich geht nicht immer alles mit rechten Dingen zu. So verhängte die EU-Kommission eine Strafe von 110 Millionen Euro gegen Facebook. Das Unternehmen hatte beim Kauf von WhatsApp versichert, die Daten der Nutzer*innen beider Dienste nicht zu verknüpfen. Genau diese Verknüpfung aber nimmt Facebook spätestens seit 2016 vor und baut damit seine monopolartige Stellung beim Sammeln und Auswerten persönlicher Informationen erheblich aus.[94]

Ein häufig genanntes Gegenargument zur Monopolisierungsthese ist, dass immer neue Unternehmen kommen könnten, die die alten durch disruptive Innovationen dann wieder vom Markt fegen würden. Freilich, Amazon beispielsweise hat angestammten Konzernen das Fürchten gelehrt: Karstadt, Quelle, der Otto-Konzern und viele andere müssen ihre lang gehegte Marktmacht nun teilen (oder sind gar Pleite gegangen). Die Chance, dass neue digitale Player etablierten Marktriesen das Wasser abgraben, besteht auch weiterhin, ins-

besondere dort, wo die Digitalisierung noch nicht so weit fortge-
schritten ist, wie etwa im Ernährungsbereich. Doch darf dabei nicht
übersehen werden, dass meist nur diejenigen Start-ups echte Aus-
sichten auf Erfolg haben, die finanzstarke Risikokapitalgeber – in
Deutschland etwa Rocket Internet – an ihrer Seite haben. Insofern ist
mancher Kampf um Marktmacht kein Kampf von David gegen Goli-
ath, sondern ein Kampf unter Giganten. Und wenn ein Monopol ein
anderes ablöst, hat das sehr wenig mit einer Demokratisierung der
Wirtschaft zu tun; umso weniger, wenn die neuen Internetriesen noch
mehr Macht konzentrieren als die einflussreichen Konzerne früher.

Der womöglich wichtigste Unterschied zwischen Monopolen in
der analogen und solchen in der digitalen Wirtschaft ist jedoch, dass
letztere immer mit einer großen Macht über persönliche Informationen von Millionen, wenn nicht Milliarden von Menschen einhergehen. Die Internetgiganten vereinen, was früher stärker aufgeteilt
war: sowohl finanzielle Macht als auch zunehmenden Einfluss auf
Informationen, Nachrichten und öffentliche Diskurse. Daher liegen in der Monopolbildung nicht nur wirtschaftliche, sondern auch
gesellschaftliche Risiken. Bereits jetzt setzt sich die Verfügungsge-
walt über Daten und Informationen in politische Macht um, erst wenige Jahre, nachdem viele dieser Unternehmen gegründet wurden.
Abzusehen ist, dass sie ihre wirtschaftliche, informationelle, politische und damit gesellschaftliche Macht noch weiter ausbauen werden. Die Folgen können kaum überschätzt werden. Im August 2017
haben mehrere Unternehmen aus dem Silicon Valley nach einem
rechtsradikalen Anschlag in Charlottesville, USA, rechte Websites
gesperrt und damit deren Möglichkeiten stark beschnitten, sich aus-
zutauschen und zu organisieren. Im konkreten Fall mögen viele
›richtig so‹ sagen. Doch der vermutete Einfluss nicht nur russischer
Geheimdienste und Hacker, sondern auch der sozialen Medien auf
den Ausgang der Präsidentschaftswahl 2016 in den USA wird von
vielen wesentlich kritischer beurteilt. Selbst wenn soziale Medien
wie Twitter, Google Plus und andere hier zunächst keine eigene politische Agenda verfolgen mögen, ist dennoch die Art und Weise, wie
sie ›Filterblasen‹ und Echoräume in den sozialen Medien organi-

sieren, nie ganz neutral.[95] Und längst betrifft die Macht über unsere Informationen uns alle. Das deutsche Spionagemuseum in Berlin fragt zu Recht: »Wer weiß mehr über Sie – Stasi, NSA, Facebook oder Payback?«[96]

Die Digitalisierung führt also gegenwärtig nicht zu einer Demokratisierung der Wirtschaft. Im Gegenteil: Es überwiegen sehr deutlich die Tendenzen zur Herausbildung von IT- und Internetmonopolen mithilfe von Netzwerkeffekten und großen Finanzvolumina. Die Chancen zur Demokratisierung der Wirtschaft durch dezentrale Strukturen, Regionalisierung oder gemeinschaftliche Organisation geraten ins Hintertreffen. Alternativen gibt es noch, und nach wie vor entstehen viele neue Plattformkooperativen mit fantastischen, zukunftsweisenden Ideen für die Transformation unserer Wirtschaft (siehe auch Kapitel 6). Aber bislang bleiben diese in gesellschaftlichen Nischen.

Technik-Utopie: Blockchain

Das World Wide Web hat den Informationsaustausch revolutioniert, das sogenannte Web 2.0 brachte die sozialen Medien und die *Sharing Economy*. Nun könnte die *Blockchain*-Technologie ein wichtiger Baustein eines ›Web 3.0‹ werden und die Wirtschaft revolutionär dezentralisieren und demokratisieren, so meinen jedenfalls die Fans dieser Technologie.[97] Sie bietet eine manipulationssichere Möglichkeit, um Geld, Waren und Dienstleistungen online direkt von Mensch zu Mensch abzuwickeln. Meist wird sie mit Kryptowährungen wie etwa Bitcoin in Verbindung gebracht, doch sie kann auch als Alternative für Verträge, Zertifikate und vieles mehr genutzt werden. Kurz gesagt ist die *Blockchain* ein *tool*, um Transaktionen zu vereinfachen. Letztendlich steckt das Potenzial darin, ›Mittler‹ wie Zentralbanken, Grundbuchämter, aber auch Plattformen wie AirBnB oder Uber überflüssig zu machen. Hierin liegt ihr Demokratisierungspotenzial.

Mit der *Blockchain* erhalten libertäre Träume von unabhängigen Zahlungssystemen über ein zensurfreies Internet bis hin zu völliger Anonymität im Web neuen Aufwind.[98]

Doch die *Blockchain*-Technologie macht nicht nur die *peer-to-peer*-Transaktionen, sondern auch den kommerziellen Handel schneller und sicherer. Neben einigen Initiativen aus der alternativen Szene[99] investieren derzeit auch mindestens neun der weltgrößten Banken in die *Blockchain*-Technologie, um mit ihr einen immer reibungsloseren Kapitaltransfer zu erreichen.[100] Transformiert die *Blockchain* also den Kapitalismus oder führt sie zu dessen Hyperbeschleunigung? So oder so liegt ein hoch problematischer Zielkonflikt zwischen Demokratie und ökologischer Nachhaltigkeit vor: Die Berechnung einer *Blockchain* ist extrem energieintensiv.[101] Einen einzigen Bitcoin-Block zu berechnen, benötigt etwa so viel Strom wie sieben durchschnittliche deutsche Haushalte pro Tag verbrauchen – und rund zehntausendmal mehr als eine Bezahlung mit Kreditkarte.[102] Schätzungen gehen davon aus, dass alle Bitcoin-Transaktionen im Jahr 2016 im besten Fall ›nur‹ vier, eventuell aber auch bis zu 24 Terawattstunden Strom verbraucht haben könnten.[103] Wäre Bitcoin ein Land, würde der Stromverbrauch damit weltweit an 70. Stelle stehen – vor Nigeria mit 180 Millionen Einwohner*innen. Zwar sind andere *Blockchain*-Anwendungen etwas weniger energieintensiv. Dennoch werden heute bereits ganze Datenzentren für die Kalkulationen der Technologie in Beschlag genommen. Der Traum von einer dezentralen Wirtschaft, die größtenteils auf *Blockchains* basiert, wäre daher vermutlich ein Albtraum für den Planeten.

Welche Probleme sich aus einer großen Markt- und Machtkonzentration für Fragen der Ökologie und Gerechtigkeit ergeben können, ist aus anderen Märkten gut bekannt, zum Beispiel aus der Chemie-, Pharma- oder Ernährungswirtschaft. Oftmals sind Vertreter*innen der einschlägigen Konzerne direkt in der Regierung präsent, oder

Regierungsvertreter nehmen nach ihrem Ausscheiden aus dem öffentlichen Amt Jobs oder Beratertätigkeiten in der Wirtschaft auf. Viele gesetzgeberische Versuche, in diesen Märkten zum Beispiel höhere Umweltstandards einzuführen, sind daher gescheitert oder wurden stark verwässert (so beispielsweise Emissionsstandards für die Automobilindustrie). So wundert es auch nicht, dass es insbesondere die vermachteten Wirtschaftssektoren sind – Chemie, Landwirtschaft, Energie, in Deutschland auch der Automobilsektor –, an denen sich die nachhaltigkeitsorientierte Politik und Zivilgesellschaft seit Jahrzehnten die Zähne ausbeißen. Wenn Digitalisierung nach demokratischen und sozialökologischen Kriterien gestaltet werden soll, muss dringend eine monopolrechtliche Regulierung erfolgen, bevor es die IT-Giganten sind, die die Politik regulieren.

Polarisierung 4.0:
Mit Ungleichheit zu weniger Wachstum

In den vorangegangenen Abschnitten haben wir gezeigt, dass die Digitalisierung innerhalb der derzeitigen wirtschaftspolitischen Voraussetzungen zu einer Polarisierung auf dem Arbeitsmarkt beiträgt. Auch haben wir ausgeführt, dass die Digitalisierung der Wirtschaft ein hohes Risiko birgt, Marktmacht und Finanzkapital in den Händen weniger Unternehmen zu konzentrieren. Beide Trends forcieren ökonomische Ungleichheiten, wie wir in diesem Abschnitt darlegen werden. Denn Unterschiede innerhalb der Lohneinkommen bestimmen nicht allein, wie das Einkommen in einem Land verteilt ist. Eine weitere wichtige Determinante ist die Aufteilung zwischen Lohn- und Kapitaleinkünften. Auch hierbei spielt die Digitalisierung eine Rolle.

Die Digitalisierung wird, solange sich die ökonomischen Rahmenbedingungen nicht ändern, mit einer Verschiebung des Verhältnisses zwischen Lohn- und Kapitaleinkommen einhergehen – und zwar zugunsten der Dividenden, Zinsen und Aktiengewinne. Wie kommt es dazu? Folgender Gedankengang erläutert den volkswirtschaftlichen Wirkmechanismus. Wie wir oben gezeigt haben, ersetzen im Zuge der Digitalisierung Maschinen und Algorithmen menschliche Arbeitskraft. Dieser Effekt ist besonders ausgeprägt, da digitale Technologien auch eingesetzt werden, um die Maschinen und Roboter selbst herzustellen. Deswegen sind diese in den letzten Jahren immer billiger geworden, was es für Unternehmen noch lukrativer macht, weitere Arbeitskräfte zu ersetzen.[104] Je mehr Maschinen und Algorithmen ein Betrieb einsetzt, umso mehr Einnahmen aus der Produktion fließen auch an die Besitzer*innen der Unternehmen.[105] Aus all dem folgt: Weil Arbeitskräfte ersetzt werden, sinken die Lohneinkommen; weil mehr Technologien zum Einsatz kommen, steigen die Kapitaleinkommen. Dies ist zwar kein Naturgesetz, die Rendite auf Kapital (bildlich gesprochen: das Kapitaleinkommen pro Roboter) könnte auch sinken und die Stundenlöhne der Arbeitnehmer*innen könnten steigen. Aufgrund der bestehenden Kräfteverhältnisse zwischen Unternehmenseigentümer*innen und Angestellten ist dies aber momentan nicht der Fall.[106] Das Beispiel selbstfahrender Autos veranschaulicht diese Zusammenhänge: Automatisierte Fahrzeuge benötigen keine Fahrer*innen, dafür aber Soft- und Hardware sowie neue Infrastruktur, etwa Server-Parks. Das Geld, das Transport-, Logistik- oder Taxiunternehmen durch die Entlassung ihrer Fahrer*innen einsparen, fließt teilweise an die Besitzer*innen der selbstfahrenden Autoflotte und zu einem anderen Teil an Unternehmen wie Google, Tesla, Audi oder Mercedes und indirekt dadurch auch an die Mitarbeiter*innen in diesen Unternehmen, jedoch ist in diesen großen Unternehmen die Lohnquote bedeutend niedriger als in kleinen Unternehmen.[107]

Nicht anders sehen die Effekte einer umfassenden Digitalisierung der Industrie – also der Industrie 4.0 – aus. Roboter werden angeschafft, weil sie Kleidung, Möbel, Autos oder Kühlschränke billiger herstellen können, als ihre menschlichen Vorgänger*innen. Die eingesparten Kosten mögen zwar teilweise in niedrigere Preise dieser Güter umgesetzt werden. Aber zwangsläufig fließt ein anderer Teil auf die Konten der Eigentümer*innen der ›smarten Fabriken‹ und ihrer (digitalen) Technologien. Die Liste der Beispiele lässt sich wei-

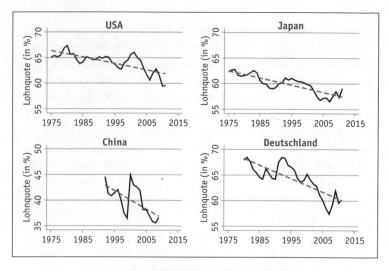

Abbildung 13: **Entwicklung der Lohnquote**
(Erläuterung auf S. 240).

terführen: Werden Zeitungsartikel von Algorithmen geschrieben, verdienen statt der Journalist*innen die Besitzer*innen der Algorithmen und der Nachrichtenplattformen. Findet Finanzberatung automatisiert ohne Bankkaufleute statt, gehen die Einnahmen weiterhin an die Finanzinstitute, die aber weniger Ausgaben für Angestellte haben usw. Kurz gesagt, zeigt sich die Digitalisierung als smarte Maschine zur Umverteilung von unten nach oben.

Das konstante Verhältnis zwischen Lohn- und Kapitaleinkommen galt in den Wirtschaftswissenschaften viele Jahrzehnte als eines der stabilen Elemente moderner Volkswirtschaften.[108] Bereits seit den späten 1980er-Jahren lässt sich jedoch beobachten, dass der Anteil der Lohneinkommen, die sogenannte Lohnquote, sinkt. Jüngere Untersuchungen zeigen, dass sie in den letzten Jahrzehnten signifikant abgenommen hat[109] – sowohl in Hoch- als auch in Niedrigeinkommensländern.[110] Abbildung 13 zeigt die Entwicklungen in den USA, Japan, China und Deutschland. Im Ergebnis verstärkt die Digitalisierung daher den sprichwörtlichen Matthäus-Effekt: ›Wer hat, dem wird gegeben.‹

Dabei ist die Verschiebung von Lohn- zu Kapitaleinkommen keineswegs allein durch technologische Entwicklungen wie die Digitalisierung zu erklären. Seit Beginn der Industrialisierung hat die technische Evolution immer zum Ersatz menschlicher Arbeitskraft durch Maschinen und natürliche Ressourcen geführt. Dies führte jedoch beileibe nicht zu jeder Zeit zu einem Rückgang der Lohnquote. Beispielsweise blieb in den 1960er- und 1970er-Jahren, einer Zeit der rasanten Automatisierung industrieller Produktion, die Lohnquote in Deutschland relativ konstant beziehungsweise stieg sogar leicht an.[111] Expert*innen verweisen daher auf einen zweiten wichtigen Zusammenhang, der Verschiebungen im Verhältnis von Lohn- und Kapitaleinkommen erklärt: das Machtverhältnis zwischen Arbeit und Kapital, mit anderen Worten: zwischen Angestellten und Unternehmenseigner*innen oder Aktionär*innen. Hier gilt: Je höher der Organisationsgrad der Angestellten, zum Beispiel in Gewerkschaften, desto höher ist ihr Anteil an der Wertschöpfung, den sie gegenüber den Kapitalbesitzer*innen für sich einfordern können.[112] Tatsächlich konnte in den 1960er- und 1970er-Jahren die Lohnentwicklung auch deswegen mit der Produktivitätsentwicklung Schritt halten, weil die Gewerkschaften in Deutschland und anderen frühindustrialisierten Ländern gut organisiert und ihre Verhandlungsposition von gesetzlicher Seite abgesichert waren. Zudem hatten Unternehmen damals nur begrenzt Möglichkeiten, Produktionsanlagen in andere Länder zu verlegen – das Machtverhältnis hängt auch mit dem Grad der Globalisierung zusammen.[113]

Diese Situation hat sich seit den 1980er-Jahren stark verändert. Unternehmen konnten – auch dank der Digitalisierung – ihre Produktion zunehmend in Länder des globalen Südens verlagern, wo Arbeitslöhne niedriger sind. Zugleich wurde der Arbeitsmarkt in vielen Ländern durch verschiedene politische Maßnahmen dereguliert, was es Gewerkschaften ebenfalls schwieriger machte, ihre Interessen durchzusetzen. Reale (oder angedrohte) Produktionsverlagerungen wie auch ein sinkender Organisationsgrad der Arbeitnehmer*innen spielen bis heute eine Rolle für die gesunkene Lohnquote. So sind auch *Crowdworker* bisher kaum gewerkschaftlich organisiert,[114] und dies macht es Unternehmen leicht, die vielen Heimarbeiter*innen und Selbstständigen gegeneinander auszuspielen und den Lohn zu drücken.

Wie wirkt sich die zunehmende Polarisierung der Einkommen auf die Dynamik der gesamten Wirtschaft, namentlich auf das Wirtschaftswachstum aus? Diese Frage ist nur im Zusammenhang mit den zuvor genannten Entwicklungen, insbesondere der Arbeitsproduktivität zu beantworten. In Kapitel 3 haben wir gezeigt, wie die Industrie 4.0 die Arbeitsproduktivität und gegebenenfalls auch Energie- und Ressourceneffizienz steigern kann und daher hohe Wachstumsraten verspricht. Auch in anderen Bereichen als der Industrie kann die Rationalisierung von Arbeitskräften prinzipiell für Angebotsausweitungen genutzt werden. All die Lastkraftwagenfahrer*innen, Industriearbeiter*innen und Bürokräfte, die durch Roboter und Algorithmen ersetzt werden, könnten entweder eingesetzt werden, um noch mehr Frachtfahrten, Autos oder Dienstleistungen zur Verfügung zu stellen, oder sie könnten andere Dinge produzieren. Dies würde jedoch hohes Wachstum implizieren, was aus ökologischer Sicht eine Katastrophe wäre, denn höhere Produktion bedeutet eine höhere Nachfrage nach Energie und Ressourcen, und so würden Rebound-Effekte die Einsparpotenziale der Effizienzsteigerungen wieder wettmachen.

Doch die Polarisierung der Einkommen und die Prekarisierung einkommensschwacher Bevölkerungsteile sind zentrale Gründe, warum sich hohe Wachstumsraten in Zukunft vermutlich gar nicht einstellen werden. Man könnte sagen, die Digitalisierung sägt den Ast ab, auf dem sie sitzt. Denn während die eine Seite der Medaille der Digitalisierung die Erhöhung der Ressourcen- und Arbeitsproduktivität ist, ist die andere Seite die Erhöhung der Einkommensungleichheit. Letztere führt schrittweise dazu, dass der Konsum ›schwächeln‹ wird. Verliert eine Industriearbeiterin in der Industrie 4.0 ihren Job, so muss sie entweder von einem weit niedrigeren Transfereinkommen leben oder sie findet einen neuen Job, der aber tendenziell schlechter bezahlt sein wird. In beiden Fällen wird ihr Konsumniveau sinken.[115] Allgemein gesprochen wird die Kaufkraft vieler Menschen abnehmen oder stagnieren, was geringeren Konsum bedeutet. Gleichzeitig gibt es natürlich auch Menschen, deren Einkommen steigen wird. Dies betrifft aber weniger Menschen und tendenziell solche, die bereits jetzt über ein hohes Einkommen verfügen und in der Regel einen geringeren Anteil ihres Einkommens für Konsum ausgeben (und stattdessen sparen). Insgesamt führt eine höhere Einkommensungleichheit daher zu einem vergleichsweise geringeren gesamtgesellschaftlichen Konsumniveau, als es bei einer gleicheren Einkommensverteilung der Fall wäre. Schwächelnder Konsum wiederum wird zu geringen Investitionen der Unternehmen führen und ergo auch zu geringem Wirtschaftswachstum. Über die steigende Ungleichheit kann Digitalisierung damit zu langfristig niedrigen Wachstumsraten beitragen.[116]

Tatsächlich teilen inzwischen viele Ökonom*innen von Rang die Prognose des langfristig niedrigen Wachstums. Im November 2013 trat der US-amerikanische Politiker und Professor für Wirtschaftswissenschaften Larry Summers als einer der Ersten mit dieser These auf der jährlichen Konferenz des Internationalen Währungsfonds vor die Wirtschaftsexpert*innen der Welt. Summers erklärte, dass die niedrigen Wachstumsraten seit der Finanzkrise 2007/2008 keine vorübergehende Erscheinung seien. Vielmehr könnten wir eine langfristige Phase niedrigen Wachstums erwarten, eine sogenannte ›säkulare Stagnation‹.[117] Andere prominente Ökonomen wie Paul Krugman oder Robert J. Gordon vertreten inzwischen ähnliche Thesen.[118] Ihre Analysen decken sich mit empirischen Untersuchungen, die langfristig abnehmende Wachstumsraten in Hocheinkommensländern feststellen.[119]

Ist ein niedriges Wachstum aus ökologischer Sicht nicht wiederum eine gute Sache? Sind wir damit bereits in der ›Postwachstumsökonomie‹ angekommen,[120] die Teile der Zivilgesellschaft seit Langem fordern, um die sozialen und ökologischen Großkrisen unserer Epoche zu lösen? Mitnichten! Die sozialökologischen und wachstumskritischen Konzepte, die unter dem Stichwort Postwachstum oder *Degrowth* diskutiert werden, entwerfen ein deutlich anderes Bild als jenes, das gegenwärtig gezeichnet wird.[121] Anstatt demokratisch, egalitär und ökologisch nachhaltig ist die derzeitige Wirtschaft ohne Wachstum von steigenden Ungleichheiten, zunehmender Machtkonzentration und einem ökologischen Fußabdruck geprägt, der weit über dem nachhaltigen Niveau liegt. Die Situation kann daher statt als ›Postwachstumsökonomie‹ wohl treffender als beginnender ›Neofeudalismus‹ bezeichnet werden,[122] also als eine ökonomische Situation, in der man kaum noch durch Leistung oder Arbeit, sondern fast ausschließlich durch Vermögen und Kapitaleinkommen wohlhabend werden kann. Wie wir gezeigt haben, droht die ungesteuerte Digitalisierung der Wirtschaft die bestehenden Tendenzen zur Einkommenspolarisierung, zur Prekarisierung und zur Konzentration von Vermögen und ökonomischer Macht noch zu vergrößern. Müssen wir uns die digitale Wirtschaft der Zukunft als einen ›digitalen Neofeudalismus‹ vorstellen?

Trittbrettfahren beim Gemeinwohl

Demokratie und (wirtschafts-)politische Mitbestimmung verbieten prinzipiell ein neofeudalistisches System. Denn sowohl Machtkonzentration als auch weiter steigende ökonomische Ungleichheiten vertragen sich nicht mit der Forderung nach gleichberechtigter Mitsprache und Teilhabe. Ein weiterer Aspekt trägt zur sozialen und politischen Schräglage bei. Viele digitale Unternehmen profitieren von den Infrastrukturen und dem bestehenden Gemeinwohl eines Landes oder einer Region, ohne sich angemessen an deren Pflege zu beteiligen. So verdient etwa AirBnB an der Vermittlung von Ferienwohnungen, zahlt aber keine Kurtaxe. Uber schickt seine Fahrer auf die Straßen vieler Länder, leistet aber kaum steuerliche Beiträge für deren Bau oder Unterhalt.[123] Und Google nimmt aus deutscher Werbung Milliarden ein, führt aber fast nichts von diesem Umsatz an den deutschen Fiskus ab. Haben wir es mit digitalen Trittbrettfahrern zu tun?

In den vorangegangenen Abschnitten haben wir gezeigt, warum digitale Unternehmen derzeit besonders stark wachsen und leicht zu quasimonopolistischen, global agierenden Konzernen werden. Grundsätzlich ist bekannt, dass globale Akteur*innen ihre Macht nicht nur nutzen können, um mit Verweis auf den internationalen Wettbewerb und unter Androhung möglicher Standortverlagerungen Löhne zu drücken. Sie können ebenfalls Steuern umgehen, wie zahlreiche Beispiele von Ikea[124] über Starbucks[125] bis Apple[126] zeigen. Natürlich versuchen Unternehmen im Kapitalismus, ihre Steuerbeiträge möglichst gering zu halten, um ihre Gewinne zu maximieren. Aber die Möglichkeiten der Digitalisierung helfen ihnen dabei, dieses Ziel mit noch perfideren Methoden zu verfolgen. Viele Internetkonzerne betreiben dieses Spiel besonders erfolgreich. Um Steuern zu vermeiden, werden komplizierte Bilanzierungsmodelle über mehrere Länder hinweg gewählt. Das mittlerweile bekannte ›Double Irish‹-Steuersparmodell wenden neben Google auch andere Internetkonzerne an. Das Prinzip ist, Gewinne nicht in den Ländern zu verbuchen, wo sie gemacht werden, sondern dort, wo die Steuersätze besonders gering sind.[127] Google etwa hat seinen gesamteuropäischen Umsatz von 22,6 Milliarden Euro allein in Irland verbucht und bezahlt darauf nur 47,9 Millionen Euro Steuern – das sind gerade mal 0,2 Prozent.[128] Wieso aber dürfen Internetfirmen allerorten Telefon-, Datenkabel und sonstige Infrastrukturen kostenlos nutzen, ohne sich fair an deren Unterhalt zu beteiligen, ganz zu schweigen von einem Beitrag zu anderen öffentlichen Einrichtungen, wie Schulen, Universitäten oder Krankenhäusern, die aus dem Steueraufkommen finanziert werden?

Technik-Utopie: Schwimmende Städte

Es kursiert in der IT-Branche bereits seit Längerem die Idee, schwimmende Städte zu bauen, um sich damit einen eigenen physischen und rechtlichen Raum zu schaffen.[129] Heiß diskutiert werden derzeit die Aktivitäten des Seastanding Institute, das unter anderem von Peter Thiel finanziert wird, einem bekannten

Investor aus dem Silicon Valley.[130] Die schwimmenden Städte auf offener See wären keinen nationalen Gesetzen unterworfen und könnten so libertäre Träume verwirklichen.[131] Im Jahr 2018 soll ein erster Prototyp bei Französisch-Polynesien realisiert werden,[132] der noch nicht ganz unabhängig von staatlicher Obhut sein wird, aber bereits viele Freiheiten genießen soll.[133]

Trotz der vereinzelten Meinung, dass diese Inseln umweltfreundlich seien,[134] weil ihr Stromverbrauch durch erneuerbare Energieträger gedeckt werden kann,[135] dürfte ›Seastanding‹ ein äußerst ressourcenintensives Projekt werden. Schließlich werden die künstlichen Inseln aus Stahl, Beton, Glas und anderen Materialen gebaut und überdies mit Hightech-Geräten beladen. Und das ist noch nicht einmal das Hauptproblem. Denn IT-Konzerne wären dort endgültig von der Steuerlast befreit und die ›alten Territorialstaaten‹ würden in die Röhre schauen.

Es ist für den Staat tendenziell noch schwerer, digitale Unternehmen zum Steuerzahlen zu bringen als andere Konzerne. Denn Ikea muss zumindest Verkaufsfilialen eröffnen, bei denen der Fiskus anklopfen kann. Genauso braucht die Kette Starbucks reale Cafés, um ihren Coffee to go verkaufen zu können.

Bei Unternehmen der Digitalwirtschaft wie Spotify oder Bing ist die Sache schwieriger. Denn wenn es von Spotify keine Filiale und keine Mitarbeiter*innen in Deutschland gibt, wie können die deutschen Steuerbehörden auf das Unternehmen überhaupt zugreifen? Die Bundesregierung schreibt in ihrem 2017 veröffentlichten *Weißbuch Digitale Plattformen* immerhin, dass ein internationaler Steuerdumpingwettbewerb verhindert werden muss.[136] Und auch wenn es immer wieder Vorstöße gibt, Internetriesen stärker zu besteuern,[137] wurde das Problem noch nicht annähernd gelöst. Innovative Steuerkonzepte und eine enge internationale Kooperation sind dringend gefragt, um auch die virtuelle Wirtschaft zur Pflege des Gemeinwesens zu verpflichten.

Obwohl die virtuelle Wirtschaft gewissermaßen überall und nirgends sein kann, bündelt sie sich doch in bestimmten Städten oder Regionen.[138] Das Silicon Valley ist das berühmteste Beispiel. Zwar mag es viele Gründe geben, warum gerade hier der Hotspot der Digitalisierung ist – einer davon ist sicher die relativ geringe steuerliche Belastung. Noch offensichtlicher wird dies an den Orten, die Internetriesen für ihre europäischen Zweigstellen auswählen. Viele haben diese, wie schon erwähnt, in Irland angesiedelt, wo besonders niedrige Steuern verlangt werden. 2014 soll Apple auf seine europäischen Gewinne, die der Konzern in Irland bündelt, nur 0,005 Prozent Steuern, gezahlt haben. In einem Beihilfeverfahren wertet die EU-Kommission die niedrigen Steuersätze für Apple sogar als nicht erlaubte Subvention und verlangt Nachzahlungen. Dennoch weigert sich Irland, mehr Steuern zu erheben.[139]

Längst befinden sich die IT-Giganten an der Börse unter den zehn größten Unternehmen, tragen aber kaum zur Finanzierung des Gemeinwesens bei. Dadurch wird es für den Staat immer schwieriger, von Reich zu Arm umzuverteilen. Der sinkende Umverteilungseffekt staatlicher Besteuerung ist auch empirisch zu beobachten.[140] Ob auf dem Arbeitsmarkt, bei der Verteilung des Volkseinkommens oder der Zahlung von Steuern: Derzeit trägt die Digitalisierung dazu bei, dass die Gesellschaft ungerechter wird. Freilich ist dies eine Entwicklung, die bereits seit circa drei Jahrzehnten stattfindet. Vergleicht man den Gini-Koeffizienten – eine verbreitete Maßeinheit für Einkommensungleichheit – aller OECD-Länder zwischen 1985 und 2013, dann zeigt sich, dass die Ungleichheit in 17 von 22 Ländern gestiegen ist. In vier Ländern blieb sie gleich und nur in einem Land, der Türkei, war sie rückläufig.[141]

Sicher treiben auch andere Kräfte den Anstieg der Ungleichheit voran, vor allem wirtschaftspolitische Maßnahmen der Steuer- und Arbeitsmarktpolitik und die Globalisierung. Die Digitalisierung ist dabei nur ein Faktor, vielleicht noch nicht einmal der wichtigste. Doch ihr Effekt ist offensichtlich: Unter den derzeitigen Bedingungen trägt sie zu weniger anstatt zu mehr ökonomischer Gerechtigkeit bei. Wenn unsere Gesellschaft in Zukunft also noch digitaler

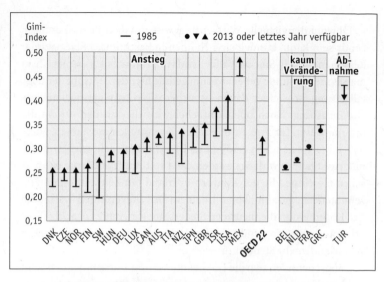

Abbildung 14: **Entwicklung der Einkommensungleichheit**
(Erläuterung auf S. 240).

wird, dann müssen politische Rahmenbedingungen deutlich anders gestaltet werden, damit eine gerechte digitale Gesellschaft möglich wird. In Kapitel 6 wenden wir uns einer solchen ›transformativen Digitalpolitik‹ zu. Doch zunächst widmen wir uns der Frage: Auch wenn die Digitalisierung unsere Gesellschaft nicht gerechter macht – macht sie uns Menschen vielleicht trotzdem freier und glücklicher?

Die Illusion vom ›Guten Leben‹

Wer kann sich noch ein Leben ohne Internet vorstellen? Wie würden wir etwa eine Reise planen? Für die Fahrt mit dem Zug würde uns die Bahn-App fehlen, für die Autofahrt das Navigationsgerät. Wie können wir jemandem rasch Bescheid geben, wenn wir uns verspäten oder einen gemeinsamen Treffpunkt kurzfristig verlegen wollen? Und sind wir überhaupt noch in der Lage, uns mit analogen Stadtplänen effizient und schnell zu einer unbekannten Adresse zu bewegen, wenn wir auf digitale Kartendienste wie OsmAnd oder GoogleMaps verzichten müssten? Nicht nur für die sogenannten ›digital natives‹ – der ab den 1980er-Jahren geborenen Generationen[142] – ist es kaum mehr vorstellbar, wie Arbeits- und Alltagsleben ohne Computer und Internet organisiert werden können. Verschafft uns die Digitalisierung also – obwohl sie ökonomische Ungerechtigkeiten tendenziell erhöht – trotzdem so viel individuelle Freiheit und Selbstbestimmung, dass sie uns alles in allem glücklicher macht?

Unzählige Beispiele sprechen dafür. Auch die meisten Ökonom*innen würden dieser Annahme intuitiv zustimmen. Denn sie bewerten den Wohlstand eines Landes primär an den zur Verfügung stehenden Dienstleistungs- und Konsumoptionen. So nutzen beispielsweise Erik Brynjolfsson und Andrew McAfee in ihrem 2015 mit dem deutschen Wirtschaftsbuchpreis prämierten Buch *The Second Machine Age* eine Zeitreise als Gedankenexperiment, um zu verdeutlichen, wie uns neue Produkte glücklicher machen.[143] Sie fragen: »Was würdest du wählen: Mit 50.000 US-Dollar Produkte aus dem Jahr 1993 oder solche aus dem Jahr 2013 kaufen zu können?« Und sie sind überzeugt: »Deine Antwort wäre, die Produkte aus 2013 kaufen zu können.« Der Grund: Heute gibt es eine ganze Reihe von Produkten, die es damals nicht gab, aber die wir inzwischen als unverzichtbar für ein gutes Leben erachten. Wer würde heute gern noch auf einer Audiokassette durch Vorspulen den Anfang des nächsten Songs suchen, anstatt online jedes beliebige Lied mit einem Klick zur Verfügung zu haben? Wer hat noch Lust auf Marionettenfilme, obwohl man sich auch Animationsfilme in 3D anschauen kann? Und wer sucht auf der Autofahrt lieber im Atlas die Abfahrt, anstatt sich über automatische Ansagen entspannt und sicher ans Ziel navigieren zu lassen?

Das Gedankenexperiment macht allerdings zwei zentrale Fehler. Erstens kann man zeitlich nicht die Uhr zurückdrehen. Weil man in den 1980er-Jahren noch keine Handys oder gar Smartphones kannte, konnte man sie damals auch nicht vermissen. Zweitens, und noch wichtiger, ergibt es keinen Sinn zu fragen, ob eine einzelne Person auf die neuen digitalen Möglichkeiten verzichten würde. Denn ohne

Computer oder Smartphone kann man in Ländern wie Deutschland kaum noch am gesellschaftlichen Leben teilhaben, weil sich so viele Strukturen und Gepflogenheiten umgestellt haben. Anstatt daher individuell zu fragen, muss gesamtgesellschaftlich untersucht werden: Sind Gesellschaften mit den digitalen Möglichkeiten heute glücklicher als sie es 1993 ohne diese waren?

Es ist nicht ganz leicht, mit wissenschaftlichen Methoden das Wohlergehen einer Gesellschaft zu erfassen. Zwei Ansätze haben sich dabei herausgebildet. Der erste geht davon aus, dass Menschen recht gut selbst einschätzen können, ob sie glücklich sind oder nicht. Über lange Jahre wiederholte Umfragen zu Fragestellungen wie ›Wie zufrieden sind Sie insgesamt mit Ihrem Leben?‹ kommen zu dem Ergebnis, dass das Wohlergehen in Ländern mit hohen Einkommen wie Deutschland bereits seit Längerem nicht mehr zunimmt. Es scheint, als ob die Zufriedenheit der Bevölkerungen in diesen Ländern einen Zenit erreicht hat. Und dieses Level wurde beispielsweise in den USA bereits kurz nach dem Zweiten Weltkrieg erreicht[144] – lange bevor die Digitalisierung in unsere Arbeits- und Lebenswelten Einzug gehalten hat. In Deutschland hat sich zwischen 1991 und 2013 das durchschnittliche Pro-Kopf-Einkommen zwar fast verdoppelt,[145] und im selben Zeitraum haben zunächst PCs, dann das Internet, um den Jahrtausendwechsel Mobiltelefone und seit 2007 Smartphones viele Aspekte der Arbeits- und Alltagswelt grundlegend verändert. Doch das angegebene Wohlbefinden ist in diesem Zeitraum mit leichten Schwankungen auf dem gleichen Niveau geblieben.

Die zweite Methode, das Wohlbefinden einer Gesellschaft zu messen, versucht dies anhand ›objektiver‹ Faktoren. Dies sind Aspekte, von denen man annimmt, dass sie einen großen Einfluss auf das Wohlergehen der Menschen ausüben. Einfache Modelle nutzen hierfür das verfügbare Einkommen beziehungsweise das Bruttoinlandsprodukt eines Landes. Da Geld alleine aber ein ungenügender Wohlstandsindikator ist, werden häufig noch weitere Faktoren hinzugezogen. Die britischen Wissenschaftler*innen Kate Pickett und Richard G. Wilkinson haben etwa in einer breit angelegten Studie die Lebenserwartung, das Bildungsniveau, die Kindersterblichkeit, die Anzahl von Menschen in Gefängnissen, psychische Krankheiten und weitere soziale und gesundheitliche Probleme als Indikatoren für gesellschaftliches Wohlbefinden genutzt. Ihr Ergebnis: Es gibt keinen positiven Zusammenhang zwischen der Höhe des Bruttoinlandsprodukts und dem Wohlergehen in wohlhabenden Ländern wie Deutschland.[146] Zugleich zeigt die Studie, dass eine höhere Ungleichheit mit schlechteren Werten bei den genannten sozialen und gesundheitlichen Problemen einhergeht.

Wenn die Digitalisierung, also die Ungleichheit weiter erhöht, wird sich dies negativ auf das Wohlergehen auswirken. Die bisher gezeichneten Entwicklungen geben hierfür viele Anhaltspunkte. So ist bekannt, dass bei Menschen sowohl in relativer als auch in absoluter Armut die Wahrscheinlichkeit höher ist, mit dem Leben unzufrieden zu sein, und gesundheitliche Probleme, insbesondere bei Kindern, zunehmen. Die Zunahme prekärer Arbeitsverhältnisse führt indessen zu einer steigenden Angst in der unteren Mittelschicht, auch in die Armut abzurutschen. Als besonders relevant für das individuelle Wohlergehen im Zusammenhang mit der Digitalisierung wird außerdem das Phänomen der ›sozialen Beschleunigung‹ eingeschätzt.[147] Digitalisierung ermöglicht ohne Zweifel rasche Spontaneität im täglichen Handeln, liefert Informationen über schnellere Wege für die Fortbewegung, macht Shopping rund um die Uhr möglich und beschleunigt den Zugang zu allen Arten von Informationen. Aber wenn wir mit den digitalen Hilfsmitteln so viel Zeit einsparen können, warum ist das Wohlergehen in der Gesellschaft dann nicht merklich gestiegen? Müsste sich nicht ein großartiger Zeitwohlstand einstellen? Ein Grund, warum dies nicht so ist, liegt an sogenannten Zeit-Rebound-Effekten.[148] Sie äußern sich darin, dass wir die Zeitsparpotenziale oft durch neue und zusätzliche Aktivitäten wieder zunichtemachen. Und sie rühren strukturell daher, dass sich das Tempo in der Gesellschaft insgesamt erhöht.[149] Sehen wir uns also den Zusammenhang zwischen Digitalisierung, individuellem Lebenstempo und sozialer Beschleunigung etwas näher an.

Am offensichtlichsten ist der Beschleunigungseffekt der Digitalisierung bei der zwischenmenschlichen Kommunikation. Mit ihr

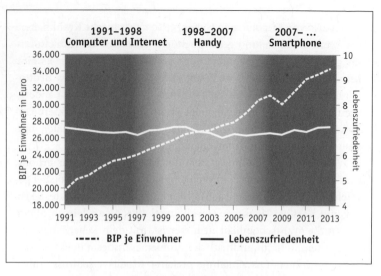

Abbildung 15: **Wirtschaftswachstum, Digitalisierung und Lebenszufriedenheit** (Erläuterung auf S. 240).

einher ging ein radikaler Anstieg der Menge an Kommunikationsbotschaften. Je schneller und einfacher wir kommunizieren können, desto mehr tun wir es. Im Jahr 2015 verschickte die Menschheit pro Tag rund 205 Milliarden E-Mails,[150] hinzu kamen täglich 55 Milliarden WhatsApp-Nachrichten,[151] weitere 20 Milliarden SMS, 500 Millionen Tweets und eine Unmenge an Posts und hochgeladenen Fotos. Mehr als jeder dritte Mensch weltweit – insgesamt rund 2,7 Milliarden Menschen – ist täglich auf einem der sozialen Netzwerke wie Snapchat, Instagram, Facebook, LinkedIn usw. aktiv.[152] Die explosionsartige Zunahme elektronischer Nachrichten, die wir insgesamt austauschen, lässt sich nicht mehr beziffern. Schon allein, weil wir heute viel mehr Botschaften pro Tag verfassen und empfangen, beschleunigt sich unser Leben. Denn je mehr Zeit wir für Kommunikation verwenden, desto weniger Zeit bleibt uns für andere Tätigkeiten, von denen wir heute aber nicht weniger ausführen, sondern ebenfalls eher mehr. Die Folge ist, dass wir viele unserer Tätigkeiten auf kürzere Zeiträume verdichten müssen.

Bei dieser Verdichtung von Tätigkeiten wiederum helfen uns digitale Werkzeuge ganz enorm, und zwar in dreifacher Weise.[153] Erstens können wir zeitintensive ›analoge‹ Handlungen durch zeitsparende digitale ersetzen, etwa eine E-Mail schreiben anstatt eines handschriftlichen Briefs oder online einkaufen statt ins Geschäft zu fahren. Zweitens beschleunigt digitale Kommunikation die Handlungsgeschwindigkeit, weil sie Pausen- und Leerzeiten reduziert. Das mehrtägige Abwarten eines postalischen Antwortschreibens beispielsweise, von dem eine nachfolgende Handlung abhängig ist, schrumpft durch elektronische Kommunikation auf wenige Sekunden. Und Pausenzeiten bei Fahrten in öffentlichen Verkehrsmitteln oder beim Warten auf den nächsten Termin gibt es kaum noch. Diese Zeiten werden immer öfter mit dem Smartphone mehr oder minder produktiv überbrückt. Drittens erhöht sich nicht nur die Geschwindigkeit von Kommunikation und Aktivitäten, sondern auch das Multitasking vieler gleichzeitiger Tätigkeiten wird digital noch leichter möglich. Dank E-Mails, SMS, WhatsApp, Feeds, Chats, Posts usw. können Informationen, die zu unterschiedlichen Zeiten generiert wurden, parallel empfangen, erwidert und in nachfolgende Handlungen übersetzt werden – auch dann, wenn das Gegenüber fern ist, gerade etwas völlig anderes tut oder schläft. Und während man Freund*innen im Café trifft, kann man gleichzeitig Fotos auf Instagram oder Snapchat hochladen und so parallel weitere Freundschaften auf der anderen Seite des Globus ›pflegen‹. So kommt es, dass beim Übergang von der analogen zur digitalen Gesellschaft die Handlungs- und/oder Erlebnisepisoden pro Zeiteinheit zunehmend gesteigert werden.[154]

Extreme Beschleunigung befördert Digitalisierung auch im Wirtschaftsgeschehen: Anwendungen wie Barcodierung, *Big-Data*-Analysen des Verbraucherverhaltens oder *Just-in-Time*-Marketing können die Produktzyklen effizient mit gesellschaftlichen Trends und Moden abgleichen. Das verkürzt Produktlebens- und Modezyklen. Auf Algorithmen basierender Börsenhandel organisiert den Tausch von Aktien, Anleihen und anderen Finanzprodukten in Nanosekunden, was zu mehr und schnelleren Finanztransaktionen geführt hat und so die Realwirtschaft auf Trab hält. Die *High-Speed*-Wirtschaft durchzieht die gesamte Wertschöpfungskette bis hin zum individuellen Arbeitsplatz. Sie haben seit zwei Stunden eine unbeantwortete Nachricht in Ihrem Posteingang? Dann werden Sie wohl bald die erste Erinnerung und dann eine besorgte Nachfrage bekommen, ob Sie etwa den Job gewechselt haben.

Wenig Wunder, dass Zeitknappheit die zentrale Komplementärerscheinung der Beschleunigung ist.[155] Je mehr sich alle Wirtschafts- und Lebensvorgänge beschleunigen, desto stärker treten die Schattenseiten hervor: Wir kommen zwar schneller am Zielort an, bleiben aber kürzer dort. Wir arrangieren mehr Treffen mit Arbeitskolleg*innen oder Freund*innen, aber verbringen einen Teil der Gesprächszeit damit, am Handy schon die nächsten Treffen zu verabreden. Die Aufmerksamkeit für unser Gegenüber wird von der Aufmerksamkeit für das Smartphone verschlungen. Insgesamt macht sich Rastlosigkeit im Leben breit. Wenn wir uns dank digitaler Werkzeuge zwar leichter mit anderen treffen können, jedoch nur kürzer und qualitativ flüchtiger zusammen sind, dann steigert die digitale Optionensteigerung nicht das persönliche Wohlbefinden oder gar Glück. So ist die größte Gefahr der Digitalisierung letztlich ihr eigener Erfolg.

Auch wenn kaum jemand noch auf ein Smartphone verzichten möchte (oder kann), so empfinden manche Menschen die ständige Erreichbarkeit und das Bombardement mit elektronischen Nachrichten als Stress. Und Stress entsteht überdies dann, wenn Digitalisierung dazu beiträgt, dass Arbeit und Freizeit nicht mehr klar getrennt werden. So kommt es nicht nur darauf an, wie viele E-Mails abends zu Hause noch geschrieben werden oder wie lange der Feierabend unterbrochen wird. Schon die reine Erwartung arbeitsbedingter Mails nach Feierabend treibt das Stresslevel in die Höhe.[156]

Nicht selten schlägt der Stress sogar in Sucht um. Onlinesucht gibt es in unterschiedlichen Ausprägungen, etwa als Internetsucht (Surfen, Herumklicken), Handysucht (SMS, ständiges Prüfen auf Anrufe) oder Soziale-Medien-Sucht (Chatsucht), wobei sich diese Phänomene überlappen.[157] Fünf bis zehn Prozent der Bevölkerung in Deutschland werden inzwischen als onlinesüchtig eingeschätzt, besonders betroffen sind junge Menschen.[158] Die Sucht ist dadurch gekennzeichnet, dass die Betroffenen einen laufenden Drang verspüren, online zu sein oder ihr Smartphone zu prüfen und eine innere Leere und Frustration empfinden, wenn sie längere Zeit offline waren. Dies führt zu Aufmerksamkeitsdefiziten, etwa während des Schulunterrichts oder im Job. Und hier kann ein Teufelskreis beginnen, wenn Leistungsdruck durch abfallende Konzentrationsfähigkeit und ›Verzettelung‹ neuen Stress auslösen.

Wie steht es also unterm Strich mit Digitalisierung, Beschleunigung und Wohlergehen? Gibt es hier eine Parallele zur Wirkung der Digitalisierung auf die Umwelt? In Kapitel 3 haben wir gezeigt, dass große ökologische Fußabdrücke digitaler Geräte und Infrastrukturen sowie Rebound-Effekte durch intensivere Nutzung die Chancen der Digitalisierung für Energie- und Ressourcenersparnisse wettmachen. Deswegen hatten wir geschlussfolgert, dass sich die ökologischen Effekte bestenfalls als ein Nullsummenspiel darstellen. Könnte dies auch das Fazit fürs persönliche Wohlergehen im digitalen Zeitalter sein? Den Glücksverheißungen digitaler Optionensteigerungen, Komfortverbesserungen sowie der vielen Erleichterungen im Alltag und in der Kommunikation stehen die Beschleunigung des Lebenstempos sowie wachsender Leistungsdruck und Stress gegenüber – bis hin zu zunehmenden Fällen von Burn-out-Erfahrungen. Und das Rad dreht sich immer weiter: Viele fühlen sich unter Druck, die digitalen Möglichkeiten in immer mehr Kommunikation und immer mehr Aktivitäten umzusetzen. So besteht die sehr reelle Gefahr, dass das Potenzial für mehr Lebensqualität, wenn man nicht aufpasst und bewusst gegensteuert, wieder aufgefressen wird.

Angesichts dieser ambivalenten Auswirkungen der Digitalisierung auf die Lebensqualität kann nicht die Rede davon sein, dass sie die negativen Konsequenzen für die ökonomische Gerechtigkeit ausgleichen könnten. Denn die Polarisierung auf dem Arbeitsmarkt und beim Einkommen, genau wie die Konzentration von wirtschaftlicher und gesellschaftlicher Macht, führen gemeinsam zu einer bedeutend ungerechteren Gesellschaft. Insgesamt trägt die Digitalisierung, wie sie derzeit stattfindet, somit offenbar nicht dazu bei, dass es den Menschen mehrheitlich besser geht. Dass die Digitalisierung so wirkt, ist jedoch nicht gottgegeben, sondern hängt davon ab, wie wir sie als Gesellschaft gestalten. Wir glauben fest daran: Eine andere Digitalisierung ist möglich! Wie sie aussehen könnte, skizzieren wir in den nächsten zwei Kapiteln.

Kapitel 5

Prinzipien einer zukunftsfähigen Digitalisierung

Die Digitalisierung ist in aller Munde, und sie wird sich aller Wahrscheinlichkeit nach in nächsten Jahren und Jahrzehnten rasant weiterentwickeln. Wie diese Entwicklung aussehen wird, sollten wir keinesfalls dem Zufall überlassen, sondern ganz bewusst und aktiv gestalten. Es gibt bereits eine Vielzahl an Vorschlägen, wie die Digitalisierung emanzipatorisch gestaltet werden kann, etwa mit Blick auf Netzneutralität, Datenschutz oder *Open Source*. Doch bislang werden digital- und netzpolitische Diskussionen noch kaum mit dem Ziel einer sozialökologischen Transformation der Gesellschaft verbunden. In den vorangegangenen Kapiteln haben wir analysiert, wie Digitalisierung, ökologische Nachhaltigkeit und ökonomische Gerechtigkeit zusammenhängen. Dabei sind bereits Vorschläge für eine sozialökologische Ausgestaltung der Digitalisierung angeklungen. In diesem Kapitel fassen wir zunächst die Ergebnisse unserer Analysen zusammen. Wir kommen zu dem Ergebnis, dass sich zwar einige positive Trends in Richtung Nachhaltigkeit abzeichnen, dem aber insgesamt zu viele Kräfte entgegenwirken. In einem zweiten Schritt entwickeln wir drei Leitprinzipien, die wir als zentral für eine sozialökologische Digitalisierung erachten. Sie weisen den Weg, wie Politik, Wirtschaft, Nutzer*innen und die Zivilgesellschaft an einer Weiterentwicklung der Digitalisierung mit der Zielrichtung einer smarten grünen Welt mitwirken können und sollten.

Zwischenfazit:
Der Digitalisierung eine klare Richtung geben!

Ausgangspunkt dieses Buchs ist die Einsicht, dass unsere Gesellschaft fundamentaler Veränderungen bedarf, um ökologisch nachhaltig zu werden und unseren Wohlstand gerechter zu verteilen. Prinzipiell bietet die Digitalisierung etliche Möglichkeiten für umweltgerechtere Produktions- und Konsumweisen. Ebenfalls bietet sie Ansatzpunkte, die Art und Weise, wie wir arbeiten, was wir produzieren und wer darüber entscheidet, demokratischer und gerechter zu gestalten. Doch diese Chancen werden bislang vertan, ja teilweise geht die Entwicklung in die diametral entgegengesetzte Richtung. Die bestehenden gesetzlichen, ökonomischen, politischen und kulturellen Rahmenbedingungen führen dazu, dass soziale und ökologische Probleme mit voranschreitender Digitalisierung eher verschärft als gemindert werden. In diesem Abschnitt fassen wir zusammen, warum dies bislang der Fall ist und skizzieren den bestehenden Handlungsbedarf.

In Kapitel 2 haben wir herausgearbeitet, dass es insbesondere in der Frühphase drei widerstreitende Anliegen waren, die die Digitalisierung aus der Taufe gehoben haben. Sie lassen sich auf die Einflüsse des Militärs, globaler Unternehmen und der alternativen Szene (›counterculture‹) zurückverfolgen. Dem Militär ging es darum, mithilfe digitaler Technologien mehr Informationen über Menschen, Organisationen und Länder zu erhalten, um diese besser überwachen und kontrollieren zu können. Das Anliegen der globalen Konzerne war, mit der Digitalisierung bestehende Geschäftsfelder zu optimieren und neue zu erschließen, um den unternehmerischen Profit und das Wachstum zu erhöhen. Und die ›Weltverbesserer‹ wollten mithilfe nutzergenerierter, menschenfreundlicher Technologien den Bürger*innen Werkzeuge an die Hand geben, mit denen sie sich von sozioökonomischen Zwängen emanzipieren und nachhaltigere Lebensweisen praktizieren können. Im Kapitel 3 und 4 haben wir gezeigt, wie stark diese drei widerstreitenden Anliegen nach wie vor die gegenwärtige Entwicklung der Digitalisierung prägen. Und ebenfalls ist klar geworden, dass die Tendenzen zur ausufernden staatlichen Überwachung sowie kommerziellen Datenhortung und -auswertung mit der Tendenz eines forcierten digitalen Kapitalismus die zwei wesentlichen Gründe sind, die verhindern, dass die vielen ökologischen und sozialen Chancen der Digitalisierung bisher in der Breite zum Tragen kommen. Wir sind der Meinung: Gesellschaft und Politik müssen die Digitalisierung viel stärker gestalten und ihr eine klare, eindeutige Richtung verleihen!

In unseren Analysen der Kapitel 3 und 4 lassen sich drei übergeordnete Wirkmechanismen der Digitalisierung beobachten, die widersprüchliche Effekte auf soziale und ökologische Nachhaltigkeitsziele haben, weil sie Chance und Risiko zugleich darstellen. Wir werden die Ambivalenz dieser Mechanismen in den folgenden Absätzen zusammenfassen. Anschließend stellen wir ihnen drei zukunftsgerichtete Leitprinzipien entgegen. Eine Ausrichtung entlang dieser Leitprinzipien würde eine Entfaltung der sozialen und ökologischen Potenziale der Digitalisierung ermöglichen.

Der erste übergeordnete Wirkmechanismus der Digitalisierung besteht darin, dass sie in verschiedensten Anwendungsfeldern unzählige Effizienz- und Optionensteigerungen eröffnet. Beispielsweise haben wir analysiert, welche Energie- und Ressourceneffizienzsteigerungen in E-Book-Readern, digitalen Musikträgern oder dem Streaming von Filmen im Vergleich zu den herkömmlichen Alternativen bestehen – zumindest in der Nutzungsphase. Onlineshopping kann die Energieeffizienz beim Konsum verbessern, weil sich statt vieler einzelner Pkw-Fahrten die Einkäufe per Lieferverkehr bündeln lassen. Im Verkehrssektor können telematische Verkehrsleitsysteme die Effizienz steigern, während eine vernetzte Verkehrsplanung und *Sharing*-Angebote dabei helfen, Leerfahrten zu vermeiden. Und in der Industrie lassen sich Herstellungsverfahren digital optimieren, sodass weniger Energie, Rohstoffe und vor allem weniger Arbeitskraft pro Produkt benötigt werden. Neben diesen Potenzialen für Effizienzsteigerungen und für die Rationalisierung von Arbeitskräften haben unsere Analysen auch gezeigt, wie Digitalisierung die

Prinzipien einer zukunftsfähigen Digitalisierung

Optionenvielfalt in ganz unterschiedlichen Bereichen erhöht. Etwa kann Onlineshopping rund um die Uhr und von jedem beliebigen Ort aus stattfinden. *Free-floating*-Carsharing-Systeme, bei denen eine App die verfügbaren Leihwagen anzeigt, wären ohne digitale *tools* nicht denkbar. Und auch eine automatische Absenkung der Heiztemperatur immer dann, wenn wir nicht zu Hause sind, lässt sich nur durch eine Vernetzung von Smartphone mit *Smart Home* erreichen.

Doch unsere Analysen haben offenbart, dass ein Umstieg auf digitale Produkte und Dienste nicht automatisch zu einer Dematerialisierung führt. Denn zum einen werden digitale Dienstleistungen keinesfalls stofflos bereitgestellt. In den Aufbau der digitalen Infrastrukturen und die Herstellung der Geräte – vom E-Book-Reader über den *Smart Meter* im Stromnetz bis zur vernetzten Produktionsanlage in der Industrie – fließen große Mengen an Ressourcen, die gewonnen, transportiert und verarbeitet werden müssen. Da viele Rohstoffe aus Ländern des globalen Südens stammen und oft unter katastrophalen Arbeitsbedingungen gewonnen werden, berührt dies auch Fragen der globalen Gerechtigkeit. Und die Infrastrukturen und Geräte brauchen Energie, in der Herstellung wie auch im Betrieb – oft rund um die Uhr. Zum anderen kommt hinzu, dass Effizienz- wie auch Optionensteigerungen die Nachfrage in vielen Bereichen explodieren lassen. Gerade weil Digitalisierung dazu beiträgt, dass Material, Kosten und auch Zeit eingespart werden können, kommt es zu Rebound-Effekten. Mit den Möglichkeiten des E-Commerce wächst das gesamtgesellschaftliche Konsumniveau. Und das produzierende Gewerbe nutzt die Möglichkeiten von ›Industrie 4.0‹, um seinen Output zu steigern. In der Zusammenschau stellt sich die Digitalisierung für den Energie- und Ressourcenverbrauch bestenfalls als Nullsummenspiel dar. Für die Nutzer*innen sind zwar viele Produkte und Dienste virtuell und haben einen dematerialisierten, ressourcenleichten Anschein. Doch deren Bereitstellung ist erstens ressourcenintensiv und zweitens führen Effizienz- und Optionensteigerungen zu Konsum- und damit Wirtschaftswachstum, was die Einsparpotenziale zunichtemacht. Und nicht nur das: Die neuen Möglichkeiten beschleunigen das Lebenstempo, Arbeitsleben und den

Konsum, sodass viele Menschen ihr Leben nicht (nur) als angenehmer, sondern (auch) als stressreicher empfinden.

Damit die Digitalisierung zu den ökologischen Nachhaltigkeitszielen beitragen kann, sollte sie am Leitprinzip der digitalen Suffizienz ausgerichtet werden. Wie dieses Leitprinzip 1 konkret ausgestaltet werden kann, werden wir anhand der drei Prinzipien Techniksuffizienz, Datensuffizienz und Nutzungssuffizienz zeigen, stellen aber zunächst die beiden weiteren Wirkmechanismen digitaler Technologien vor.

Der zweite übergeordnete Wirkmechanismus der Digitalisierung besteht in der Fülle an Informationen. Daten können mithilfe der neuen Technologien gesammelt und bereitgestellt werden. Computergestützte Methoden bieten neue Möglichkeiten, Massendaten auszuwerten und nutzbar zu machen. Und schließlich können mit diesen Informationen Menschen und Wirtschaftsakteur*innen global miteinander vernetzt werden. So bietet Digitalisierung zum Beispiel die Grundlage für die Energiewende und hilft dabei, die Energienachfrage flexibel an das fluktuierende Angebot erneuerbarer Energien anzupassen. Am Arbeitsplatz ermöglicht sie Telearbeit und führt zudem zu gänzlich neuen flexiblen Tätigkeiten wie dem *Crowdworking.* Im Konsumbereich bietet Digitalisierung zahlreiche Informationen und Plattformen sowohl für konventionellen als auch nachhaltigen Konsum, angefangen beim Einkauf von Produkten aus aller Welt über Angebote des *Sharing* bis hin zur Koordination von *Second-Hand*-Verkäufen. Insgesamt birgt die informationelle Vernetzung das Potenzial, dass Konsument*innen zu *Prosumern* werden können – ob für den Tausch oder Verkauf selbst genähter Kleidung oder das Angebot von häuslich erzeugtem Strom.

Die Kehrseite von Informationsfülle und *Big Data* ist jedoch die Gefahr einer steigenden staatlichen sowie kommerziellen Überwachung. Der zunehmende Einzug der Digitalisierung ins Energiesystem wie etwa ins vernetzte Eigenheim wirft Fragen des Datenschutzes und der Stabilität des Systems auf. Am Arbeitsplatz entstehen neue Formen der Kontrolle und Diskriminierung. Insgesamt tendieren wir alle dazu, gläserne Arbeitnehmer*innen, gläserne Konsument*innen und gläserne Hausbewohner*innen zu werden. Gegenüber den Akteur*innen, die über unsere Daten verfügen, genießen wir kaum noch eine ›Privatsphäre‹. Geheimdienste – ob hierzulande oder in fernen Diktaturen – können sich Zugriff auf diese Daten verschaffen. Und Unternehmen nutzen sie für eine Perfektionierung ihres Marketings und steigern über personalisierte Werbung und Preise das aus Nachhaltigkeitssicht bereits heute viel zu hohe Produktions- und Konsumniveau noch weiter.

Damit Digitalisierung mit dem Schutz der Privatsphäre, der Meinungsfreiheit und der Konsumentensouveränität kompatibel wird und bestehende Machtasymmetrien zwischen datensammelnden Organisationen und Individuen gering gehalten werden, sollte sie am Leitprinzip eines konsequenten Datenschutzes ausgerichtet werden. Auch zu diesem Leitprinzip werden wir drei Prinzipien vorstellen, die die Digitalisierung sozialer und ökologischer machen können: Ebenfalls die Datensuffizienz, zudem das Prinzip *Privacy by Design* und drittens die Gewährleistung der ›Datensouveränität‹ der Nutzer*innen.

Der dritte übergeordnete Wirkmechanismus der Digitalisierung besteht schließlich darin, dass sie in sozialer Hinsicht zu einer Umverteilung und Polarisierung der Gesellschaft beiträgt. Zunächst öffnen sich durch Digitalisierung zwar einige Chancen: Mehr Menschen erhalten einen Zugang zu Bildungsmöglichkeiten, Konsumangeboten, politischen Informationen und vielem mehr, was im Internet oft umsonst und unabhängig vom Wohnsitz erhältlich ist. Außerdem können Bürger*innen leichter ihre Stimme erheben und sich im politischen und gesellschaftlichen Prozess artikulieren, etwa über soziale Netzwerke. Und in ökonomischer Hinsicht birgt Digitalisierung das Potenzial, dezentral vernetzte Organisationsformen zu etablieren und eine regionale beziehungsweise lokale Produktion attraktiver und auch kostengünstiger zu machen. Insgesamt bestehen also durchaus Chancen, Wirtschaft und Gesellschaft offener und demokratischer zu gestalten.

Doch für viele Menschen bleiben diese Chancen bisher theoretischer Art. Wie unsere Analyse gezeigt hat, polarisiert die Digitalisierung den Arbeitsmarkt. Unter den bestehenden Rahmenbedingungen führt sie nicht nur in der Industrie, sondern auch im Dienstleistungssektor zur Rationalisierung von Arbeitsplätzen. Relativ wenige Menschen finden gute, teils neue Jobs, während sich viele mit prekären und schlecht bezahlten Arbeitsverhältnissen begnügen müssen. Auch entwickeln sich die Einkommen weiter auseinander, weil immer mehr schlecht bezahlte den wenigen besser bezahlten Jobs gegenüberstehen. Dieser Trend wird auch dadurch vorangetrieben, dass der Anteil der Löhne am volkswirtschaftlichen Gesamteinkommen zurückgeht, während die Kapitaleinkommen steigen. Zugespitzt formuliert entzweit Digitalisierung die Gesellschaft in digitale Gewinner*innen einerseits, die die Anwendungen und Geräte entwickeln, die Roboter programmieren oder denen sie gehören, und in digitale Verlierer*innen andererseits, deren Arbeitsplätze ersetzt werden und die nicht über Aktien an den entsprechenden Unternehmen verfügen.

Zwar bietet die Digitalisierung Chancen für eine dezentrale und demokratische Ökonomie, doch in der Praxis nimmt bislang die Ungleichheit auch zwischen den Unternehmen zu. Einige wenige Anbieter von Plattformen sammeln einen Großteil der Massendaten, teilen das Gros der Werbeeinnahmen unter sich auf, genießen spektakuläre Wertzuwächse etwa in Form von Aktienwertsteigerungen und zahlen oft nur extrem geringe Steuern. Demgegenüber wächst der Druck auf den Rest der ›Realwirtschaft‹, die Marktanteile abtreten und die Pflege des Gemeinwesens schultern muss. Im Ergebnis läuft die derzeitige Ausgestaltung der Digitalisierung daher große Gefahr, die Gesellschaft ungerechter zu machen und in der Wirtschaft zu einer historisch beispiellosen Konzentration von Marktmacht und damit auch politischer und gesellschaftlicher Macht in der Hand einiger weniger Internet-Plattformen und IT-Konzerne zu führen.

Damit von der Digitalisierung nicht vor allem Konzerne und eine kleine Minderheit der Menschen, sondern die gesamte Gesellschaft profitieren, sollte sie am Leitprinzip der Gemeinwohlorientierung ausgerichtet werden. Wie Abbildung 16 zeigt, können auch die-

Prinzipien einer zukunftsfähigen Digitalisierung

Leitprinzipien für eine zukunftsfähige Digitalisierung		
Digitale Suffizienz	**Konsequenter Datenschutz**	**Gemeinwohl- orientierung**
Techniksuffizienz	Privacy by Design	Internet als Commons
Datensuffizienz	Datensuffizienz	
Nutzungs- suffizienz	Dateneigentum den Nutzern	Open Source
		Kooperative Plattformen
Motto: *So viel Digitalisierung wie nötig, so wenig wie möglich.*	Motto: *Wessen Daten? Unsere Daten!*	Motto: *Kollaborativ statt kapitalistisch.*

Abbildung 16: **Prinzipien einer zukunftsfähigen Digitalisierung** (Erläuterung auf S. 240).

sem Leitprinzip drei konkrete Ideen zugeordnet werden: Internet als *Commons*, *Open Source* und kooperative Plattformen.

Im Folgenden stellen wir nun vor, wie diese drei Leitprinzipien dazu beitragen können, dass der Megatrend Digitalisierung in Einklang mit der Megaherausforderung eines sozialökologischen Wandels gebracht werden kann. Zusätzlich werden wir über eine *Backcasting*-Methode für jedes Leitprinzip eine digitale Gesellschaftsutopie für das Jahr 2030 entwickeln: Wir werden uns vorstellen, wie wir die digitalen Möglichkeiten in der Zukunft für ein nachhaltiges Leben und Wirtschaften einsetzen, um daraus zu schlussfolgern, was heute dafür getan werden muss. Mit diesen drei Utopien leiten wir zudem über in unser letztes Kapitel, in dem wir konkrete Handlungsoptionen vorstellen (Letztere sind in den Beschreibungen der Gesellschaftsutopien fett gedruckt).

Leitprinzip 1:
Digitale Suffizienz

Das Leitprinzip der digitalen Suffizienz kann auf mehreren Ebenen die nicht nachhaltigen Auswüchse einer ressourcenintensiven Digitalisierung vieler Lebens- und Wirtschaftsbereiche eindämmen und stattdessen ihre positiven ökologischen Potenziale aktivieren. In der herkömmlichen Diskussion zur Suffizienz[1] geht es zum einen darum, weniger zu konsumieren, also etwa weniger Filme zu *streamen* oder sich nicht alle zwei Jahre ein neues Smartphone zu kaufen. Zum anderen wird unter Suffizienz verstanden, nicht nachhaltige Verhaltensweisen durch nachhaltigere zu ersetzen, also etwa öffentliche Verkehrsträger statt private Autos zu nutzen.

Das Grundverständnis von Suffizienz ist, dass gesellschaftliche Probleme nicht allein durch neue Technologien, sondern nur im Zusammenspiel mit Verhaltensänderungen gelöst werden können. Zum Beispiel können wir digitale Möglichkeiten entweder nutzen, um konventionelle durch selbstfahrende Autos zu ersetzen oder um eine smarte öffentliche Mobilität zu fördern – Letztere ist ökologisch nachhaltiger, bedingt aber auch neue Verhaltensmuster von vielen Menschen.

Derzeit werden in nahezu allen Bereichen des Lebens und Wirtschaftens digitale Technologien eingeführt – auf der Arbeit, in der Freizeit und zu Hause, beim Flirten, im Urlaub, in der Bildung, in der Politik, auf den Finanzmärkten und beim Konsum. Nüchtern betrachtet ist es Unsinn, ein bestimmtes Set an Technologien für alle möglichen gesellschaftlichen Bedürfnisse oder Probleme einzusetzen. *One-size-fits-all*-Lösungen haben in der Vergangenheit schon oft zu Problemen geführt. Dies zeigt beispielsweise die völlige Abschaffung des ÖPNV in vielen amerikanischen Städten im Zuge der Automobilisierung in der ersten Hälfte des 20. Jahrhunderts. In unserer Epoche steht eine kritische gesellschaftliche Diskussion darüber an, wo Digitalisierung sinnvoll ist und wo nicht. So wird, wie wir gesehen haben, ein gewisser Grad an Digitalisierung im Energie-

Prinzipien einer zukunftsfähigen Digitalisierung

system äußerst hilfreich sein. Doch bedeutet dies noch lange nicht, dass es sinnvoll wäre, alle Geräte im Haushalt in energie- und datenintensive *Smart-Home*-Systeme zu integrieren.

Wir müssen uns daher konstruktiv und kritisch mit digitalen Technologien und Anwendungen auseinandersetzen. Derzeit scheint die Maxime zu sein: ›So viel Digitalisierung wie möglich.‹ Dem stellen wir das Motto gegenüber: ›So viel Digitalisierung wie nötig, so wenig wie möglich.‹ Denn wenn wir die planetaren Grenzen nicht sprengen wollen, bedarf es einer deutlichen Reduktion der Ressourcen- und Energieverbräuche. Wir sehen drei Möglichkeiten, wie das Leitprinzip der digitalen Suffizienz ausgestaltet werden kann.

(1) **Techniksuffizienz** zielt darauf ab, Informations- und Kommunikationssysteme so zu konzipieren, dass nur wenige Geräte nötig sind und diese selten erneuert werden müssen. Meist müssen Hard- und Software zusammen betrachtet werden, denn die Einführung von immer datenintensiverer Software führt dazu, dass noch einwandfrei funktionierende Hardware (Laptops, Smartphones usw.) ausgewechselt werden muss. Daher ist es wichtig, sowohl bei Hard- als auch Softwareentwicklung auf eine lange Nutzungsdauer zu achten. Techniksuffizienz bedeutet auch, sich um eine sozial und ökologisch nachhaltige Herstellung zu bemühen, ebenso wie um Reparierbarkeit und um modulare Erweiterbarkeit von Geräten. Alle digitalen Geräte sollten ein möglichst ökologisches Produktdesign aufweisen.[2] Wie das Fairphone vormacht, können Smartphones so konzipiert werden, dass man Verschleißkomponenten wie den Bildschirm oder den Akku auswechseln, aber auch zusätzliche Speicherkapazität oder Rechenleistung einfügen kann. Und wenn im Zuge einer dezentralen Energiewende bestimmte Geräte wie Kühlsysteme oder Waschmaschinen ›smart‹ werden, können Lösungen gefunden werden, die existierenden Geräte aufzurüsten anstatt alte durch neue zu ersetzen. Für techniksuffiziente Hard- und Software spielt *Open Source* eine wichtige Rolle.[3] Stehen die Baupläne von Geräten für jedermann zur Verfügung, sind Wartung und Reparatur einfacher. Aus dem gleichen Grund können sie auch leichter erweitert werden. Schließlich hilft

Open Source dabei, langlebige Produkte flächendeckend einzuführen, da diese auch von anderen als den Erfinder*innen und Patentinhaber*innen produziert werden dürfen.

(2) Datensuffizienz bezieht sich auf das Design digitaler Anwendungen. Mehr Datenverkehr erfordert mehr Serverkapazitäten und IT-Infrastruktur. Software wird über die Jahre oft so weiterentwickelt, dass sie zunehmenden Datenverkehr hervorruft, oftmals allein durch nebensächliche und verzichtbare Hintergrunddienste.[4] Viele Apps greifen laufend auf *Clouds* zurück, würden aber offline und durch gelegentliches Updaten der Datenbasis ähnlich gut funktionieren. In Kapitel 3 haben wir Beispiele des Medienkonsums angeführt: Lieder, die mehrfach gehört werden, müssen nicht jedes Mal gestreamt, sondern können heruntergeladen und lokal gespeichert werden. Videoportale können Nutzer*innen auf die Möglichkeit einer geringeren grafischen Auflösung zumindest hinweisen, besser aber in den Standardeinstellungen immer zunächst die geringste Bildauflösung anbieten. Für diese und weitere Anwendungen sollte *Sufficiency by Default* gelten. Auch wenn dies jeweils für sich genommen nur kleine Beiträge leistet: Kleinvieh macht auch Mist. Sollten in Zukunft Millionen selbstfahrender Autos unterwegs sein, würde dies ganz neue Anforderungen an die digitalen Infrastrukturen stellen und den ökologischen Fußabdruck der Digitalisierung weiter vergrößern. Datensuffizienz wirft eine zentrale Frage auf: Wie viel permanente Vernetzung und Datenverkehr ist sinnvoll und nötig? Jede Diskussion über *Smart City*, *Smart Home*, *Smart Mobility* oder das Internet der Dinge sollte stets mit dieser kritischen Frage beginnen. In jedem Falle gilt: Je geringer das Datenvolumen, desto weniger Notwendigkeit für den Ausbau ressourcenintensiver Infrastrukturen und die Herstellung immer leistungsfähigerer Geräte und Serverparks. Datensuffizienz kann bewirken, dass die Infrastrukturen nur moderat erweitert werden müssen und somit Ressourcen schonen – vom Breitbandausbau über Mobilfunkstandards bis zum Bau von Datenzentren. So fiele der Energieverbrauch auch komplexer digitaler Anwendungen möglichst gering aus.

(3) **Nutzungssuffizienz** schließlich trägt der Tatsache Rechnung, dass Nachhaltigkeitsziele nicht durch smarte Technologien allein erreicht werden können. Auch ein Umdenken und veränderte Verhaltensmuster der Nutzer*innen sind gefragt. Wenn ihr Smartphone kaputtgeht, können Nutzer*innen versuchen, es zu reparieren, anstatt sich sofort ein neues Gerät zu kaufen – sofern ein techniksuffizientes Design der Geräte dies zulässt. Wenn im Internet Kleidung, technische Geräte oder Möbel auch gebraucht statt neu gekauft werden können, bedarf es dafür dennoch der individuellen Bereitschaft. Und auch wenn smarte Netze ein dezentrales Energiesystem technisch möglich machen, so fußt die Energiewende doch auf lokalen Initiativen und engagierten Menschen, die vor Ort daran mitarbeiten. Nutzungssuffizienz zielt vor allem darauf ab, dass digitale *tools* nicht zu Rebound-Effekten und zu Mehrkonsum führen: Wenn die intelligente Vernetzung des Verkehrs dazu führt, dass man schneller und kostengünstiger von A nach B kommt, legen suffizienzorientierte Nutzer*innen trotz dieser Möglichkeit in Summe dennoch nicht mehr Kilometer zurück. Und wenn dank digitaler Kommunikation Aktivitäten und Logistik schneller bewältigt werden können, werden suffiziente Nutzer*innen dies nicht für zusätzliche Aktivitäten nutzen, sondern Zeitwohlstand genießen. Letztlich muss sich jede Nutzerin und jeder Nutzer fragen: ›Wie viele digitale Geräte und wie viel permanente Vernetzung benötige ich, um ein zufriedenes Leben führen zu können?‹ Die Auswirkungen unserer ›imperialen Lebensweise‹, die laufend Nachteile und Kosten auf andere Menschen etwa im globalen Süden und auf die Umwelt abwälzt, machen die Relevanz von Nutzungssuffizienz besonders deutlich.[5]

Gesellschaftsutopie:
Digitalisierung nach ökologischem Maß

Stellen wir uns das Jahr 2030 vor. Wir leben in einer digital suffizienten Welt. Wie haben wir das geschafft? Zunächst werden wir alles vermieden haben, was im digitalen Raum zu Hyperkonsum führt. Dafür hat die Politik aufgrund zunehmender öffentlicher Debatten in etlichen Bereichen des Internets **Werbeverbote** erlassen und ein allgemein gültiges **Passivitätsgebot** für Unternehmen durchgesetzt, das sie daran hindert, Menschen in ihren Konsumwünschen zu manipulieren. Hardware wie Smartphones oder Computer werden so lange wie möglich genutzt, alle Anwendungen werden möglichst datensuffizient konzipiert. Die Anreize dafür hat eine **digital-ökologische Steuerreform** gesetzt. Gleichzeitig nutzen wir dank **kritischer Bildungsangebote** digitale Möglichkeiten, wo immer sie helfen können umweltzerstörende Praktiken zu verringern: Wir vermeiden Dienstreisen, wenn wir uns auch im virtuellen Raum ›treffen‹ können, Personenverkehr findet nutzungsgeteilt statt und materielle Konsumbedürfnisse werden zu einem großen Teil durch *peer-to-peer-Sharing* befriedigt. Dafür haben wir **Digitalisierung in selektiven Bereichen** besonders gefördert – etwa im ÖPNV oder zum Ausbau **guter *Sharing*-Angebote**. Wirtschaftspraktiken haben wir auf diese Weise **re-regionalisiert** und dadurch entsprechend kürzere Transportwege erreicht. In dieser dezentralen Ökonomie nutzen die Menschen digitale Technologien, um **nachhaltig zu konsumieren** und **soziale Innovationen** für Nachhaltigkeit zu generieren. So hat auch die Digitalisierung einen Beitrag dazu geleistet, den Klimawandel zu stoppen und Lebens- und Wirtschaftsformen zu verbreiten, die enkeltauglich sind.

Leitprinzip 2:
Konsequenter Datenschutz

Die zunehmende Nutzung des Internets und digitaler Anwendungen geht damit einher, dass Menschen und Unternehmen Informationen von sich preisgeben. Viele Anwendungen gibt es überhaupt nur aufgrund dieser Daten, darunter auch solche, die sozial und ökologisch sinnvoll sind, etwa dezentrale *Micro Grids* im Energiebereich, Mitfahr-Apps im Verkehr oder *Prosumer*-Plattformen für den lokalen Warentausch. Auch der Aufbau dezentral vernetzter, regionaler Organisationsformen der Wirtschaft baut darauf auf, verstreute Akteur*innen miteinander zu vernetzen. Neben diesen Chancen gibt es aber auch Risiken: Der Staat und einzelne monopolartige Konzerne verwenden die Massendaten, um in die Privatsphäre von Nutzer*innen einzugreifen, sie zu überwachen und für die Steigerung von Profiten auszunutzen. Konsequenter Datenschutz muss daher für alle Akteur*innen gelten, die Zugriff auf Informationen haben. Dies ist aus zwei übergeordneten Gründen nötig: zur Sicherung der Demokratie und zur Einhaltung der planetaren Grenzen.

Erstens ist ein konsequenter Datenschutz aus sozialen und gesellschaftlichen Gründen wichtig, um den Schutz der Privatsphäre, die Integrität der Person und die Meinungsfreiheit zu gewährleisten. Diese stellen bereits in sich selbst wichtige Ziele dar und wurden von der Staatengemeinschaft im Jahr 1966 mit dem *Internationalen Pakt über bürgerliche und politische Rechte* zu einem zentralen Teil der unveräußerlichen Menschenrechte erklärt.[6] Privatsphäre und Meinungsfreiheit stellen auch eine Grundbedingung für eine funktionierende Demokratie dar. Im politischen Raum können sich Bürger*innen nur dann unabhängige Meinungen bilden und diese auch äußern, wenn sie sich nicht überwacht fühlen oder gar Repressalien vom Staat fürchten müssen. Schon die Befürchtung, dass sich die politischen Rahmenbedingungen in der Zukunft ändern und die gespeicherten Daten dann persönliche Konsequenzen nach sich ziehen könnten, schränkt die Meinungsfreiheit und Demokratie ein.

Darüber hinaus können große Unternehmen *Big Data* auch dazu missbrauchen, die politische Meinungsbildung und Diskussion von Bürger*innen zu beeinflussen. Die übermäßige Konzentration von Daten in den Händen relativ weniger globaler Konzerne wie Facebook, Alphabet, Apple, Microsoft oder Amazon sowie den *Data-Analytics*-Firmen, die ihnen zuarbeiten und die verschiedensten Datensätze zusammenführen, läuft einer funktionierenden Demokratie ebenfalls zuwider. Sie ermöglicht eine Manipulation von Meinungen und unterwandert die Handlungsautonomie von Individuen. Nur wenn staatliche und privatwirtschaftliche Datenspeicherung und -nutzung streng limitiert werden, kann eine Aushöhlung der Demokratie vermieden werden. Daher sollte das Motto gelten: ›Wessen Daten? Unsere Daten!‹

Zweitens ist ein konsequenter Datenschutz aus ökologischen Gründen wichtig. Die oben genannten Konzerne sammeln und analysieren Daten derzeit vorrangig zu kommerziellen Zwecken, und zwar mit dem Ziel, über personalisierte Werbung und Preise oder situatives Marketing auf Basis von Bewegungsprofilen das bereits heute nicht nachhaltig hohe Konsumniveau noch weiter zu steigern. Indem ein konsequenter Datenschutz dies verhindert, liefert er auch einen Beitrag zur Umsetzung wichtiger Nachhaltigkeitsziele, etwa der ›Sustainable Development Goals‹ der Vereinten Nationen[7] oder des Klimaabkommens von Paris.[8] Hierfür muss die kommerzielle Datenauswertung und -nutzung von wirtschaftlichen Akteur*innen viel stärker als bisher reguliert werden. Umgekehrt gilt aber ebenfalls: Das Leitprinzip konsequenten Datenschutzes darf nicht unter dem Vorwand sozialökologischer Ziele ausgehebelt werden. Weder *Smart Home*-Systeme noch Bike- oder Carsharing oder im Rahmen eines digital vernetzten ÖPNV erhobene Bewegungsprofile dürfen Rückschlüsse auf Personen zulassen. Zu groß wäre die Gefahr, dass sich die digitalen Anwendungen zur kommerziellen Manipulation oder autoritären Kontrolle der Bürger*innen auswachsen. Mit folgenden drei Möglichkeiten lässt sich das Leitprinzip des konsequenten Datenschutzes umsetzen.

(1) **Datensuffizienz** haben wir bereits im vorangegangenen Abschnitt behandelt. Sie zielt darauf ab, dass nur möglichst wenig Informationen generiert und sodann in die *Cloud* beziehungsweise zwischen Rechenzentren und Anbietern fließen. Datensuffizienz schont nicht nur natürliche Ressourcen und spart Energie, sondern dient auch dem Datenschutz; hier überschneidet sich das Prinzip der Datensuffizienz mit dem etablierten Prinzip der ›Datensparsamkeit‹:[9] Je weniger Daten überhaupt entstehen und übermittelt werden, desto weniger Möglichkeiten bieten sich, diese Daten zu missbrauchen, um die Privatsphäre auszuhöhlen, Konsument*innen zu beeinflussen und Bürger*innen zu kontrollieren. Datensuffizienz ist somit ein zentraler Bestandteil konsequenten Datenschutzes.

(2) *Privacy by Design* ist ein Gestaltungsprinzip, das darauf abhebt, dass Geräte und Anwendungen stets einen maximalen Schutz der Privatsphäre gewährleisten. Es besagt, dass Betriebssysteme, Browser, Apps, Router usw. so designt werden sollten, dass sie Daten standardmäßig anonymisieren. *Privacy by Design* wurde bereits 2010 auf der internationalen Konferenz für Datenschutz als Standard festgelegt und auch in der Europäischen Datenschutz-Grundverordnung festgeschrieben, die 2016 beschlossen wurde.[10] Allerdings wird *Privacy by Design* bisher meist einseitig auf Datensicherheit und nicht umfassend im Sinne eines konsequenten Datenschutzes ausgelegt. Bei Letzterem geht es nicht nur darum, dass Daten nicht in die falschen Hände geraten, sondern dass sie gar nicht erst erhoben werden dürfen.[11] Um einen konsequenten Datenschutz voranzubringen, ist es unabdingbar, dass *Privacy by Design* weltweit zum Standard wird.

(3) **Dateneigentum den Nutzer*innen:** Hierunter verstehen wir, dass verbindliche und weitreichende Datenschutzregeln auf privatwirtschaftliche Akteur*innen ausgedehnt und konsequent eingehalten werden. Wir halten es für dringend erforderlich, an der problematischen Tatsache anzusetzen, dass eine Lücke besteht zwischen einerseits recht umfangreichen Datenschutzregeln für öffentliche Institu-

tionen wie Regierungen oder Geheimdienste und andererseits weit weniger strikten Datenschutzregeln für privatwirtschaftliche Unternehmen. So gibt es in Deutschland beispielsweise für die öffentliche Hand strenge Regeln für die Vorratsdatenspeicherung oder die Ausland-Ausland-Fernmeldeaufklärung.[12] Wie lax dagegen die Regeln für die Privatwirtschaft sind, zeigt etwa das Gesetz zur Fluggastdatenspeicherung: Dieses regelt nur die Speicherung der Daten und den Umgang mit ihnen seitens des Bundeskriminalamts, nicht aber seitens der Fluggesellschaften.[13] Wer ein Flugticket bucht, nimmt in Kauf, dass die Fluggesellschaft auf Jahre hinaus die Fahrgastinformationen speichert. Ähnliches gilt in anderen Bereichen: Wer die Suchmaschine Google nutzen möchte, muss beim ersten Mal deren Nutzungsregeln zustimmen und *Cookies* auf seinem Rechner zulassen. Wer einen Account bei LinkedIn eröffnet, macht einen Haken an deren Geschäftsbedingungen. Die meisten Nutzer*innen werden noch nicht einmal wissen, welcher Verwertung ihrer Daten sie dabei zustimmen und welche Rechte sie abgeben – etwa, dass sie Facebook »eine nicht exklusive, übertragbare, unterlizenzierbare, gebührenfreie, weltweite Lizenz für die Nutzung jeglicher IP-Inhalte« einräumen. Damit überlassen sie dem Unternehmen alle hochgeladenen Fotos und Informationen für dessen eigene, kommerzielle Zwecke.[14] Insbesondere die monopolartigen Internetplattformen, Suchmaschinen und sozialen Netzwerke lassen Nutzer*innen im Grunde keine Chance, ihre Daten wirksam zu schützen – außer indem sie sich der Nutzung gänzlich verweigern. Wer etwa auf WhatsApp nicht verzichten möchte, weil sie oder er nicht sozial ausgegrenzt werden will oder seinen Bekanntenkreis nicht von alternativen, datensicheren Diensten überzeugen konnte, dem obliegt keine echte Souveränität bei der Frage, ob und welche Informationen sie oder er an Facebook preisgeben möchte. Auch eine freiwillige Zertifizierung von Diensten, die datensparsam und vertrauenswürdig sind, etwa mit dem europäischen Datenschutz-Gütesiegel *EuroPriSe*, kann allenfalls ein erster Schritt sein.[15] So wird kein flächendeckender Schutz zu erreichen und Datenkraken, die derzeit private Informationen nach der Manier des ›Wilden Westens‹ ausschlachten, kein Riegel vorzuschieben sein.

Prinzipien einer zukunftsfähigen Digitalisierung

Das Sammeln, Speichern und Verwenden von Daten und schließlich deren Weitergabe an Dritte muss stark begrenzt und klaren Regeln unterworfen werden.

Gesellschaftsutopie:
Die Daten gehören den Menschen

Stellen wir uns eine Welt im Jahr 2030 vor, in der unsere Daten uns selbst, jedem einzelnen Menschen, gehören. Die Risiken für staatliche Überwachung oder Manipulationen zu kommerziellen Zwecken, denen wir in den Zehner- und Zwanzigerjahren noch stark ausgesetzt waren, gehören weitgehend der Vergangenheit an. Die digitalen Technologien, die unseren Alltag prägen, sind strikt nach *Privacy by Design* entwickelt worden. Das Prinzip des konsequenten Datenschutzes wurde – nicht zuletzt aufgrund des Drucks einer **breiten zivilgesellschaftlichen Bewegung** – weitgehend umgesetzt. Niemand neben uns selbst verfügt über unsere Daten, außer wir lassen dies aktiv zu. Welche Maßnahmen haben dazu beigetragen? Zunächst konnte erreicht werden, dass bestehende Datenschutzgesetze – etwa zur **Datensparsamkeit** und zum **Kopplungsverbot** – tatsächlich umgesetzt und von allen Akteur*innen auch weltweit eingehalten werden. Ein selektives **Werbeverbot** hat die personalisierte Onlinewerbung stark eingeschränkt. Niemand muss mehr befürchten, aufgrund seines Profils in sozialen Medien keinen Bankkredit zu bekommen – garantiert durch ein **Algorithmusgesetz**. Und die Frage, ob sich hinter einem Link versteckte Werbung oder ein echtes Informationsangebot verbirgt, muss sich niemand mehr stellen – ermöglicht durch ein **Passivitätsgebot**. Viele Weichen für den konsequenten Datenschutz hat also die Politik gestellt. Aber auch die Nutzer*innen haben dazu beigetragen, indem sie ihren **Konsum digital nachhaltig** umgestellt haben, also sich selbst mündig gegen Datenkraken und für datensuffiziente und sichere Alternativen entschieden haben. Auch hierbei hat die Zivilgesellschaft eine wichtige Rolle gespielt, indem sie **kritische digitale Bildung vermittelt** und **Debatten zur Digitalisierung geprägt** hat. Insgesamt haben diese Maßnahmen dazu beigetragen, dass wir auch im Jahr 2030 noch selbstbestimmt und in einer demokratischen Gesellschaft leben können.

Leitprinzip 3:
Gemeinwohlorientierung

Wie gezeigt, werden die Gewinne der Digitalisierung unter den aktuellen Rahmenbedingungen sehr ungleich verteilt. Auf dem Arbeitsmarkt kann nur ein vergleichsweise kleiner Anteil der Erwerbstätigen mit den passenden Qualifikationen auf einen sicheren Job und steigende Einkommen zählen. Kapitaleigentümer*innen ergattern einen hohen Anteil der Wertschöpfung einer stark automatisierten Produktion, indes große Internetplattformen und IT-Konzerne zugleich kaum Beiträge zur Finanzierung des Gemeinwohls leisten. Derzeit scheint das Motto zu gelten: ›Gewinne first, Gemeinwohl second.‹

Das muss sich ändern! Würde sie konsequent am Leitprinzip der Gemeinwohlorientierung ausgerichtet, profitierten viel mehr Menschen, ja die ganze Gesellschaft, von der Digitalisierung. Eine Diskussion, die bereits heute zur Gemeinwohlorientierung geführt wird, ist die zur Netzneutralität.[16] Netzneutralität bedeutet, dass das Internet für alle Anbieter und Nutzer*innen gleichermaßen zugänglich und zudem neutral gegenüber dem Angebot aller Inhalte ist. *Peer-to-peer*-Modelle wie etwa *bitTorrent*, das einen Datentausch von Nutzer*innen untereinander ermöglicht, würden ohne Netzneutralität verlangsamt. Die zahlreichen Angriffe auf die Netzneutralität, die von Konzernen und Gesetzgebern immer wieder vorgenommen werden, verfestigen somit Macht, Monopole und bestehende Ungleichheiten.[17] Und sie verhindern, dass innovative, neue Anwendungen und Start-ups sich etablieren können.

Prinzipien einer zukunftsfähigen Digitalisierung

Doch eine echte Gemeinwohlorientierung würde nicht nur ein ›Level Playing Field‹, also gleiche Ausgangsvoraussetzungen auf technischer Ebene des Internets schaffen. Darüber hinaus zielt sie darauf ab, den Prozess der Digitalisierung weiter Teile der Ökonomie gerechter zu machen. Um Arbeit, Einkommen und Macht fair zu verteilen, bedarf es vor allem klarer politischer Rahmenbedingungen. Was die Politik etwa auf dem Arbeitsmarkt, beim Steuerrecht oder bei den Energiepreisen machen kann, stellen wir in Kapitel 6 dar. Daneben hängt der Beitrag der Digitalisierung zu einer sozial ökologischen Transformation zentral davon ab, wer sie entwickelt und gestaltet. In den letzten Jahren wurde sie zunehmend von großen Konzernen geprägt. Daher ist es nicht verwunderlich, dass derzeit vor allem deren Besitzer*innen und Mitarbeiter*innen profitieren. Um die Digitalisierung gemeinwohlorientiert aufzustellen, muss sie somit nicht nur anders, sondern auch von anderen gestaltet werden. Im Folgenden stellen wir drei Ansätze für eine gemeinwohlorientierte Gestaltung der Digitalisierung vor.

(1) **Internet als *Commons*:** Das Internet ist eigentlich ein Paradebeispiel für eine ›virtuelle Allmende‹. Den Ursprung der Allmende, heute oft *Commons* genannt, bilden die mittelalterlichen öffentlichen Gemeindewiesen, auf denen damals alle Viehhalter reihum ihr Vieh treiben konnten. Und auch heute gibt es unzählige Beispiele für erfolgreiche lokale und globale *Commons*.[18] Das Internet weist alle zentralen Charakteristika hierfür auf: Es besteht überhaupt nur deshalb, weil seine Nutzer*innen es selbst hervorgebracht haben – und laufend neu hervorbringen. Die Inhalte im Internet sind für alle offen und schließen niemanden von der Nutzung aus. Es besteht prinzipiell keine Konkurrenz beim Konsum der Inhalte. Und vielleicht am wichtigsten: Das Internet ›gehört‹ niemandem und gedeiht am besten, wenn keine einzelnen privaten Interessen dominieren. Doch wie wir beschrieben haben, ›kolonialisieren‹ heute einige wenige Monopolisten sowohl die Nutzer*innen wie auch die Inhalte des Netzes für ihre Zwecke. Das Internet droht daher zu mutieren: von der virtuellen Allmende, auf der alle Nutzer*innen – egal ob kommerziell,

zivilgesellschaftlich oder privat – auf gleicher Augenhöhe miteinander interagieren, zu einem stark durch Einzelakteur*innen dominierten kapitalistischen, ja beinahe neofeudalistischen Marktplatz.[19]
Inzwischen besteht ein bedenkliches Ungleichgewicht zwischen wenigen Anbietern einerseits und der Masse der Nutzer*innen andererseits, die zunehmend in die Rolle von mehr oder minder passi-
ven Konsument*innen gepresst werden. Um dies zu ändern und das
Gemeinwohl wieder in den Mittelpunkt zu stellen, sollte das Internets als *Commons* wiederhergestellt werden. Die Nutzer*innen sollten im Mittelpunkt stehen. Ihnen sollte eine aktive Rolle eingeräumt
und eine echte freie Wahl ermöglicht werden, welche Informations-,
Dienstleistungs- und Produktangebote sie beisteuern und wahrnehmen möchten. Soziale und ökologische Präferenzen werden im digitalen Raum nur dann zum Tragen kommen, wenn subtile Verführun-
gen mittels anonymer, kommerzieller *Bots*, personalisierter Werbung,
interessengeleiteten Rankings von Suchergebnissen oder der Anwendung ›suggestiver Algorithmen‹ unterbunden werden. Plattformen
wie *Wikipedia*, eine der wenigen großen *Commons*-Plattformen im
Internet, bieten Anlass zur Hoffnung. Sie müssten jedoch von der
Ausnahme zur Regel werden, um das Internet wieder gemeinwohlorientiert zu gestalten.

(2) **Open Source** zielt darauf ab, dass das Wissen der Menschheit
offen (›quelloffen‹) geteilt wird und alle Menschen davon profitieren
können. Auch *Open Source* ist in der Geschichte der Digitalisierung
und des Internets tief verankert. Wie wir in Kapitel 4 gesehen haben,
sind manche *Open-Source*-Anwendungen nach wie vor erfolgreich –
allerdings selten Marktführer. Bei der Techniksuffizienz haben wir
bereits gezeigt, dass *Open Source* für ökologisches Produktdesign
und die Modularität und damit Reparier- und Nachrüstbarkeit digitaler Geräte ein wichtiger Bestandteil ist. Es hilft auch dabei, die
Gemeinwohlorientierung zu fördern. Denn *Open-Source*-Software
und ›freie Software‹ – wie das Betriebssystem Ubuntu, der *Messenger*-
Dienst Signal oder die *Office*-Software LibreOffice – sind meist gra-
tis zu haben. Auch *Open-Source*-Hardware wie Elektrogeräte von

Adafruit Industries oder SparkFun Electronics sind oft preiswert zu erwerben, sodass fast alle Menschen mit Internetzugang sie nutzen können. *Open Source* ermöglicht es, Reparaturen, Instandhaltungen und anderes in Eigenarbeit (›*Do it yourself*‹) zu erledigen, sodass weniger Dienstleistungen über den Markt zugekauft werden müssen. Außerdem kann *Open Source* eine Grundlage sein, eigene Geschäftsmodelle auf Basis offen zugänglicher Designs zu entwickeln. Damit trägt das Prinzip auch zu einer demokratischen Wirtschaft bei. Eine flächendeckende Anwendung des *Open-Source*-Prinzips in Software und Hardware würde weite Bereiche der mit Digitalisierung verbundenen Geschäftsfelder fundamental verändern und die Gemeinwohlorientierung fördern.

(3) **Kooperative Plattformen** zielen darauf ab, Entscheidungsprozesse wie auch die Gewinnverteilung in der digitalen Wirtschaft fair zu gestalten. Wie wir gezeigt haben, basiert die Monopolbildung im Internet unter anderem auf dem Phänomen der Netzwerkeffekte. Diese führen dazu, dass sich meist nicht viele kleine, lokale Anwendungen (etwa nationale soziale Netzwerke wie das ehemalige ›Studi-VZ‹), sondern eine oder wenige globale Plattformen wie Facebook, Google Plus oder LinkedIn durchsetzen. In einigen digitalen Bereichen liegt somit eine Situation vor, die die Volkswirtschaftslehre als ›natürliche Monopole‹ ansieht. In diesen Fällen ergeben viele kleine verstreute Anbieter wenig Sinn. Jedoch können Einnahmen und Macht der Plattformen auch in natürlichen Monopolbereichen gleichmäßiger in der Gesellschaft verteilt werden. Hier kommen kooperative Plattformen ins Spiel, die unterschiedliche Formen annehmen können:[20] Sie können von Mitgliedern, Gemeinden, Genossenschaften oder Gewerkschaften getragen werden, sind gekennzeichnet durch gemeinschaftlichen Besitz, demokratische Mitbestimmung und faire Verteilung der Einnahmen. Wo immer Internetplattformen entstehen – und die gibt es natürlich auch in vielen Bereichen jenseits natürlicher Monopole – sollte das Motto ›kollaborativ statt kapitalistisch‹ zur Anwendung kommen.

Gesellschaftsutopie:
Alle profitieren von der Digitalisierung

Stellen wir uns eine Welt im Jahr 2030 vor, in der alle von der Digitalisierung profitieren und diese auch mitgestalten können. Anders als zur Jugendzeit der Digitalisierung Anfang des Jahrtausends, wird diese Welt nicht länger nur von einer Handvoll Großkonzerne dominiert, die hohe Gewinne für sich beanspruchen und weitgehend allein entscheiden, wie die digitale Gesellschaft aussieht. Gegen die geballte finanzielle Macht der digitalen Giganten und ihrer ausgefeilten Rechts- und Lobbyabteilungen hat sich die Politik mit einer **Reform des Monopolrechts** zur Wehr gesetzt. Die Monopolisten von damals gibt es in dieser Form nicht mehr, denn zeitgleich hat die Politik **Unterstützungen für kooperative Plattformen** eingeführt, die dazu geführt haben, dass die digitale Ökonomie sich so verändert hat, dass sie nun von demokratischen Strukturen geprägt ist, bei denen viele mitentscheiden dürfen. Auch Nutzer*innen, die inzwischen **kritisch gebildet** und konstruktiv mit den digitalen Möglichkeiten umgehen, nutzen in erster Linie **gute *Sharing*-Angebote** und engagieren sich als *Prosumer*, sodass auch viele Bereiche des Konsums kollaborativ organisiert sind. Die ausufernde Globalisierung wurde abgelöst von einer Phase der **Re-Regionalisierung**, wodurch wieder eine Balance zwischen globaler und lokaler Wertschöpfung hergestellt worden ist. Die ökonomische Wertschöpfung wird nun breit verteilt. Die Produktivitätsfortschritte, die die digitalen Technologien ermöglicht haben, haben nicht wie früher zu Arbeitslosigkeit auf der einen und großem Reichtum auf der anderen Seite geführt. Stattdessen wird die Arbeit nun gerechter verteilt, unter anderem durch eine **kurze Vollzeit** für alle. Außerdem wurden die frei gewordenen Kapazitäten genutzt, um die ***Care*-Ökonomie auszubauen.** So hat letztendlich auch die Digitalisierung dazu beigetragen, die großen Herausforderungen des demografischen Wandels zu meistern und den sozialen Frieden in der Gesellschaft zu sichern.

Commons, Open Source und kooperative Plattformen widersprechen sich nicht, sondern gehen Hand in Hand. Denn wie bei den *Commons* tragen auch zu *Open-Source*-Anwendungen viele Menschen bei, und viele profitieren davon. Und die *Open-Source*-Technologien sind perfekt geeignet, um in einem Internet als *Commons* und auf kooperativen Plattformen zur Anwendung zu kommen.

Die gemeinsame Betrachtung der Leitprinzipien ›Gemeinwohlorientierung‹, ›konsequenter Datenschutz‹ und ›digitale Suffizienz‹ macht deutlich: Sie haben weitreichende Folgen für die Geschäftsmodelle und damit für die Struktur der gesamten digitalen Wirtschaft. Ja, sie widersprechen geradezu fundamental der gegenwärtigen Logik der allermeisten Internet- und IT-Konzerne. Doch nicht nur bei den Anbietern, auch in der Nutzung digitaler Geräte und Anwendungen sind Veränderungen nötig. Langlebige Produkte etwa vereiteln nicht nur schnelle Gewinne, sondern verlangen auch eine Abkehr von kurz getakteten Modezyklen und einer Wegwerfmentalität. Insgesamt ist klar: Eine konsequente Ausrichtung der Digitalisierung an den drei Leitprinzipien wird nicht von alleine kommen, sondern muss gezielt von Politik, Zivilgesellschaft und Nutzer*innen gefordert und systematisch umgesetzt werden. Auch Vorreiterunternehmen müssen an dieser Mammutaufgabe mit intelligenten Kooperationen und gezielter Förderung mitwirken. Welche konkreten Maßnahmen und Initiativen im Einzelnen für die Gestaltung eines nachhaltigen digitalen Wandels sinnvoll erscheinen, zeigen wir im folgenden Kapitel.

Kapitel 6

Agenda für eine vernetzte Gesellschaft

Die vorangehend beschriebenen Leitprinzipien sind keine Selbstläufer. Ihre Verwirklichung wird auf sich warten lassen, wenn sie nicht aktiv vorangetrieben werden: von der Politik durch förderliche Maßnahmen, von Nutzer*innen durch ihr Konsumverhalten und von einer kritischen Zivilgesellschaft, die sich viel stärker als bisher für Belange der Digitalisierung einsetzt und diese mit ihren Zielen verknüpft.

Im Folgenden zeigen wir auf, wie Politik, Nutzer*innen und Zivilgesellschaft zu einer sozialökologischen Digitalisierung beitragen können. Einen Masterplan für die sozialökologische Gestaltung der Digitalisierung gibt es freilich nicht. Deswegen muss die Agenda für eine vernetzte und zugleich zukunftsfähige Gesellschaft Schritt für Schritt entwickelt werden. Die folgende Sammlung von Vorschlägen soll als Ideenpool für weitere Diskussionen dienen und dazu anregen, konkrete erste Schritte zu gehen.

Elemente einer transformativen Digitalpolitik

Wenn man den Worten deutscher Politiker*innen Glauben schenkt, steht die Digitalisierung ganz oben auf ihrer Agenda. Bundeskanzlerin Angela Merkel betonte die Bedeutung der Digitalisierung im Wahlkampf zur Bundestagswahl 2017 immer wieder, die FDP profilierte sich gar damit, die ehemalige Arbeitsministerin Andrea Nahles sprach bereits vom ›Digitalen Kapitalismus‹ und die Grünen sehen in ihr eine große Chance für die Ökologie. Den Worten folgten bisher allerdings kaum Taten. Nachdem das Thema auf europäischer Ebene bereits 2010 durch die *Digital Agenda for Europe*[1] zentral behandelt wurde, legte die Bundesregierung 2013 mit der »Digitalen Agenda 2014–2017« nach.[2] Die Agenda zielt durchaus ambitioniert darauf, die »digitale Transformation von Wirtschaft und Gesellschaft zu gestalten«.[3] Das klingt umfassend – entpuppt sich bei genauerem Hinsehen aber als wesentlich enger. Die europäische Agenda verrät bereits im Titel, was ihr wesentliches Ziel ist. Auch in der deutschen Agenda stehen »Wachstum und Beschäftigung« ganz vorne – immerhin gefolgt von »Zugang und Teilhabe« sowie »Vertrauen und Sicherheit«. Tatsächlich stand die Industrie 4.0 im Mittelpunkt der Bestrebungen. Das Bundeswirtschaftsministerium förderte die *Plattform Industrie 4.0* und legte etliche Förderprogramme in dem Bereich auf. Ein zweites großes Thema, der Breitbandausbau, schwächelt allerdings weiterhin.[4] Auf regulatorischer Ebene hat die Politik alles in allem eine eher reaktive Rolle gespielt. Beispielsweise wurden einige Dienste von Uber in Deutschland verboten, als das Taxigewerbe rebelliert hat. Gegen Google hat die EU-Kommission eine deftige Strafe verhängt, weil das Unternehmen Suchergebnisse manipuliert hat.

Eine proaktive, gestaltende Rolle der Politik bei der Digitalisierung ist bisher kaum abzusehen – mit Ausnahme der Förderung der ›Industrie 4.0‹. Eine transformative politische Vision, die die Digitalisierung und eine global nachhaltige Entwicklung zusammendenkt, fehlt bislang. Politische Einrichtungen – wie nationale Regierungen, aber auch Kommunalverwaltungen, öffentliche Institutionen und Behörden – müssen viel aktiver werden. Und das schnell. Mit jedem Jahr, das ungenutzt verstreicht, wird es schwieriger, Rahmenbedingungen durchzusetzen, um die Digitalisierung in eine sozial und ökologisch zukunftsfähige Richtung zu lenken. Wie kann der Staat (wieder) die Regulierungshoheit gewinnen?

Wir skizzieren im Folgenden einige Elemente einer transformativen Digitalpolitik. Die drei Leitprinzipien der digitalen Suffizienz, des konsequenten Datenschutzes und der Gemeinwohlorientierung weisen dabei stets die Richtung. Die digitalpolitischen Elemente umfassen erstens ökonomische ›Spielregeln‹, die den Rahmen für die digitale Ökonomie setzen. Zweitens zeigen wir, wie der Staat proaktiv eine sozialökologische Digitalisierung durch Fördermaßnahmen unterstützen kann. Drittens sollte die Politik flankierende Maßnahmen ergreifen, die die Digitalisierung in gemeinwohlorientierte und ökologische Rahmenbedingungen einbettet.

Selektive Werbeverbote durchsetzen

Das Internet wird immer mehr zum zentralen Ort ökonomischen Austausches und gesellschaftlicher Aushandlungsprozesse. Daher muss dieser Raum bewusst und klar politisch gestaltet werden. Derzeit ist das Netz voll von personalisierter Werbung und anderen konsumsteigernden und demokratiefeindlichen Maßnahmen (siehe Kapitel 3 und 4). Das muss sich ändern. Wir treten ein für werbefreie Räume im Internet – allen voran Suchmaschinen und soziale Medien. Digitale Suffizienz und das Internet als *Commons* sind mit omnipräsenter Werbung nicht vereinbar. Damit das Internet wieder stärker zu einem Raum für gleichberechtigten gesellschaftlichen Austausch und selbstbestimmten Konsum werden kann, plädieren wir für selektive Werbeverbote im Internet. Es steht außer Frage, dass dies das Kerngeschäft einiger der größten Konzerne der Welt berührt, allen voran von Google und Facebook. Doch sind Sorgen, dass solche Dienste ohne Werbung nicht existieren können, überzogen. Vielmehr müssen wir uns fragen: Wollen wir für die Dienstleistungen von Suchmaschinen, *Messenger*-Diensten und sozialen Medien wirklich statt mit Geld mit unseren persönlichen Informationen bezahlen? Bereits heute gibt es etwa alternative Anbieter zu WhatsApp, zum Beispiel Threema, die den gleichen Service anbieten und bei denen Nutzer*innen die datensichere Kommunikation über einen einmaligen Beitrag bezahlen. Ähnliches ließe sich für Suchmaschinen oder soziale Medien organisieren. Aufgrund der vielen Nutzer*innen wären die Kosten pro Person sehr gering. Dennoch wird sich die werbetreibende Industrie mit Kräften gegen ein teilweises Werbeverbot im

Agenda für eine vernetzte Gesellschaft

Internet wehren. Doch je länger die Politik wartet, desto einflussreicher werden diese Kräfte, desto schwieriger wird es, solche Gesetze einzuführen.

Passivitätsgebot einführen

Als zweite Maßnahme für digitale Suffizienz und Gemeinwohlorientierung fordern wir ein allgemeineres Passivitätsgebot. Alle Akteure, kommerzielle wie nicht kommerzielle, müssen sämtliche Praktiken unterlassen, die auf eine Manipulation von Nutzer*innen abzielen. Wie kann die Politik ein solches Gebot umsetzen? Schauen wir uns einige Beispiele an: Zunehmend werden *Bots* – Computerprogramme, die Aufgaben weitgehend automatisch abarbeiten – eingesetzt, um menschliches Verhalten zu imitieren. *Bots* werden genutzt, um über Posts oder Tweets Meinungen in sozialen Medien zu beeinflussen oder um Produkte oder Dienstleistungen zu bewerten und zu bewerben – stets getarnt als vermeintlich authentische Konsument*innen. Es gibt bereits *Bots*, die darauf spezialisiert sind, besonders viele Daten einer bestimmten Person zu sammeln, um diese dann gezielt beeinflussen zu können.[5] Wenn politisch geregelt wird, dass *Bots* grundsätzlich gekennzeichnet werden müssen, sind Nutzer*innen weniger gefährdet, subtil manipuliert zu werden. Ein weiteres Beispiel der Einflussnahme ist die personalisierte Informationsbereitstellung von Onlineplattformen aufgrund bestimmter Kriterien wie Alter, Wohnort, Nutzungsmuster oder Präferenzen. Das Passivitätsgebot würde vorgeben, dass die Anbieter grundsätzlich transparent machen müssen, auf welchen Daten die Informationsbereitstellung beruht. Alle Nutzer*innen müssten die Möglichkeit haben, diese Kriterien jederzeit ändern zu können. Das Passivitätsgebot geht mit dem selektiven Werbeverbot Hand in Hand: Die Erfassung und Auswertung von Daten, die mit dem Ziel erfolgt, über personalisierte Werbung den Konsum zu steigern, muss weitgehend eingeschränkt werden. Ähnlich wie Werbeverbote würde ein Passivitätsgebot suffiziente Verhaltensweisen erleichtern, das Internet stärker auf das Gemeinwohl ausrichten – und außerdem einen Siebenmeilenschritt in Richtung Datenschutz gehen.

Datensparsamkeit und Kopplungsverbot vollziehen

Noch einen Schritt weiter in der Umsetzung des Leitprinzips konsequenten Datenschutzes würden strenge gesetzliche Regelungen zur Einschränkung der ausufernden Datenerhebung gehen. Bereits heute gilt der datenschutzrechtliche Grundsatz der ›Datensparsamkeit‹, wonach nur solche personenbezogenen Daten erhoben werden dürfen, die für eine konkrete Anwendung tatsächlich nötig sind.[6] In der Praxis gibt es jedoch ein großes Vollzugsdefizit dieser Regel: Geschätzte 63 Prozent der von Apps gesammelten Daten haben keinerlei Nutzen für die Anwendung selbst,[7] sondern dienen primär dazu, die Daten für weitere Zwecke wie Werbung zu nutzen oder sie zu verkaufen. Der wichtigste Schritt ist also, dafür zu sorgen, dass bestehende Bestimmungen eingehalten werden. Wenn Suchmaschinen, soziale Netzwerke, Kartendienste und sonstige Apps viele Daten gar nicht mehr erheben, weil sie es nicht dürfen, dann können sie sie auch nicht missbrauchen.

Ein weiterer Aspekt betrifft die Weitergabe von Daten – heute in der digitalen Ökonomie weit verbreiteter Usus. Die Nutzer*innen haben dadurch kaum eine Chance zu wissen, wer alles über ihre Daten verfügt. In der Theorie ist das zwar durch das sogenannte Kopplungsverbot untersagt, wenn die Nutzer*innen dem nicht freiwillig zugestimmt haben.[8] Doch die Krux ist die ›Freiwilligkeit‹: Nutzer*innen haben häufig nur die Wahl zuzustimmen oder die Anwendung gar nicht nutzen zu können.[9] Eine konsequente Weiterentwicklung des Kopplungsverbots wäre es, den Handel mit beziehungsweise Austausch von persönlichen Nutzerdaten zwischen privaten Unternehmen grundsätzlich zu untersagen.

Ähnlich wie beim Werbeverbot kann ein Vollzug des Grundsatzes der Datensparsamkeit und eine Ausdehnung des Kopplungsverbots dazu führen, dass manchen Unternehmen ein Teil ihrer Einnahmen abhandenkommt. Bestimmte Anwendungen werden dann womöglich teurer oder erstmals kostenpflichtig, während wir bislang dafür mit unseren persönlichen Informationen ›bezahlt‹ haben. Vorstellungen von ›Datensouveränität‹ gehen davon aus, dass Nutzer*innen selbst entscheiden können, ob sie mit Preisgabe ihrer Daten oder anderswie für die Nutzung einer Anwendung aufkommen möchten. Doch wird es Menschen geben, die aus finanziellen Gründen nicht wirklich eine freie Entscheidung haben oder die sich aus sozialen Gründen zur Teilnahme beispielsweise an sozialen Netzwerken verpflichtet fühlen. Noch gravierender aber ist, dass vermutlich Hunderte Millionen Menschen nicht nur ihre eigenen Informationen weitergeben, sondern auch die ihrer Kontakte, etwa, wenn Apps darauf zugreifen. Gerichtsurteile haben bereits entschieden, dass dies eine Rechtsverletzung darstellt.[10] Statt es den Nutzer*innen zu überlassen, wird es daher sozial gerechter und im Sinne eines Datenschutzes auch deutlich konsequenter und durchsetzbarer sein, einheitliche gesetzliche Regelungen zu finden – und diese auch zu vollziehen.

Algorithmus-Gesetz entwickeln

Passivitätsgebot und Werbeverbote zielen darauf ab, subtile Einflussnahme zu vermeiden. Daneben werden jedoch auf Basis von Algorithmen automatisierte Entscheidungssysteme entwickelt, die nicht einflussfrei sein können und sollen. Auch hier bedarf es Regeln, nach welchen Kriterien die Algorithmen Entscheidungen treffen, welche Ziele damit verfolgt werden und welche Werte dahinter abgebildet werden. Der Sachverständigenrat für Verbraucherfragen bringt diese Notwendigkeit in einer umfassenden Analyse auf den Punkt: »Der Einsatz von Algorithmen und die absehbare Weiterentwicklung selbstlernender Algorithmen in einer ständig sich weiter vernetzenden Welt berühren tief verwurzelte ethische Grundsätze unseres gesellschaftlichen Zusammenlebens. Die deutsche Politik steht in der Verantwortung, sich dieser Herausforderung zu stellen. Es ist keine ernsthafte Alternative, die Dinge einfach wie bisher der Wirtschaft zu überlassen.«[11]

Der erste Schritt sollte sein, dass Unternehmen, die automatisierte Entscheidungssysteme entwickeln, grundsätzlich verpflichtet werden, alle Kriterien offenzulegen, die zum Zweck der Entscheidungsfindung in den Algorithmus eingeschrieben werden. Auch hierbei muss das Leitprinzip des konsequenten Datenschutzes gelten. Ein Beispiel: Es kann sinnvoll sein, dass eine App zur optimierten Nutzung öffentlicher Verkehrsträger automatisch individuelle Vorschläge für bestimmte Verkehrsträger anbietet. Denn warum sollte einer gebrechlichen Person ein Fahrrad oder einem Menschen ohne Führerschein ein Leihwagen angeboten werden? Doch zu jeder Zeit müssen diese Kriterien für die Nutzer*innen transparent und änderbar sein, damit diese nicht ohnmächtig der Entscheidungsfindung des Algorithmus ausgesetzt sind.[12]

Auch könnte das Algorithmus-Gesetz dazu beitragen, normative Anliegen in Software zu integrieren, die dem Gemeinwohl dienen – ein Vorschlag, den auch der Sachverständigenrat für Verbraucherfragen unterbreitet.[13] Um beim Beispiel Verkehr zu bleiben: Aus ökologischen Gründen könnte etwa Bikesharing gegenüber Carsharing oder Taxis grundsätzlich präferiert angeboten werden. Ebenfalls wird eine politische Diskussion zur Frage nötig sein, nach welchen normativen Kriterien die Algorithmen selbstfahrender Autos in bestimmten Situationen entscheiden sollen.[14] Neben ethischen Grundsätzen können hier auch sozialökologische Ziele zum Tragen kommen. So könnten die Algorithmen selbstfahrender Kleinbusse zum Beispiel so programmiert werden, dass sie in Städten keine Strecken anfahren, die bereits von Massenverkehrsmitteln wie Bussen, S-Bahnen oder U-Bahnen bedient werden.

Monopolrecht reformieren

Daten seien das Öl des 21. Jahrhunderts, heißt es.[15] Und von dem Umgang mit der Ölindustrie im letzten Jahrhundert kann sich die heutige Politik einiges abschauen: Zu Beginn des 20. Jahrhunderts war die spektakuläre Zerlegung der Standard Oil Company von John D. Rockefeller unter Präsident Theodore Roosevelt ein wichtiger Schritt für die Sicherung von Demokratie und Wettbewerb, dem später weitere kartellrechtliche Verfahren in der Ölindustrie folgten. Nun mehren sich die Stimmen, die eine Zerschlagung auch der großen digitalen Konzerne fordern.[16] Wie wir in Kapitel 4 gezeigt haben, besitzen die heutigen Internetriesen ebenfalls ein riesiges Kapital-vermögen. Und mehr noch als damals die Standard Oil verfügen sie aufgrund ihres Besitzes von Informationen zugleich über eine große gesellschaftliche und politische Macht.

Wenn Digitalisierung nach sowohl demokratischen wie sozial-ökologischen Kriterien gestaltet werden soll, ist der erste Grund für eine monopolrechtliche Regulierung marktbeherrschender Unter-nehmen, die Handlungsfähigkeit der Politik zu erhalten. Je mächti-ger einzelne Konzerne werden, desto schwieriger wird es für die Poli-tik, sie zu regulieren. Zweitens ist die Verhinderung von Oligopolen und Monopolen im Internet aus Perspektive des Verbraucherschut-zes nötig, vor allem zur Durchsetzung des Leitprinzips des konse-quenten Datenschutzes. Nur so können allzu große Machtasymmet-rien zwischen Verbraucher*innen und Anbietern verhindert werden. Ein dritter Grund, monopolrechtlich durchzugreifen, besteht darin, den Wettbewerb, die Innovationskraft und die Fairness in der Inter-netökonomie zu sichern. Denn aus Sicht der unternehmerischen Konkurrenz ist die Konzentration eines enormen Ausmaßes von Daten und Wissen in der Hand einiger weniger Marktführer eine enorme Barriere dafür, dass Start-ups überhaupt noch in Märkte vorstoßen oder sich an der Entwicklung zukünftiger Technologien, etwa von künstlicher Intelligenz, beteiligen können.

Vor dem Hintergrund dieser gewichtigen Bedenken werden For-derungen laut, dass man Plattformen ab einer gewissen Größe ent-weder enteignen oder jedenfalls zu ›öffentlichen Institutionen‹ er-klären müsste.[17] Bei der Marktdurchdringung eines Unternehmens wie Facebook spricht einiges dafür, dieses nicht mehr wie ein priva-tes Unternehmen beziehungsweise eine Aktiengesellschaft zu behan-deln. Der Einfluss des Unternehmens ist so groß, dass bei Ausschluss oder Zensur die Betroffenen kaum eine Chance haben, ihre Meinung anderswo kundzutun oder wahrgenommen zu werden. Bereiche, in denen profitorientierte Unternehmen die öffentliche und private Diskussion von Milliarden von Menschen einfach ›mithören‹ und gegebenenfalls sogar steuern können, sollte es nicht geben. Diese sollten entweder von der öffentlichen Hand oder von gemeinnützig orientierten, demokratisch organisierten Institutionen übernommen werden.

Es scheint daher dringend nötig, das Monopol- und Kartellrecht zu reformieren sowie über neue Organisationsstrukturen der großen IT-Konzerne und zentralen Internetplattformen nachzudenken. Insbesondere eine Konzentration von Daten und Wissen sollte systematisch Grundlage kartellrechtlicher Erwägungen werden. Der Präsident des deutschen Bundeskartellamts hat immerhin bereits konstatiert, der Schutz der Privatsphäre gehöre künftig in den Kriterienkatalog von Kartellbehörden aufgenommen.[18]

Plattform-Kooperativen stärken

Die Politik kann nicht nur vernünftige Spielregeln in Form von Gesetzen oder Ge- beziehungsweise Verboten für das Internet etablieren – sie kann auch gezielt eine sozialökologische Ausrichtung der Digitalisierung fördern. Gut möglich ist dies bei Plattformen, die zum einen monopolrechtlich reguliert, zum anderen aber kooperativ organisiert werden können. Viele der großen Internetkonzerne sind oder betreiben Plattformen – Instagram, Snapchat, LinkedIn, Uber und viele andere. Sie produzieren keine Produkte, sondern agieren als Vermittler und bestimmen dabei die Regeln für alle Nutzer*innen dieser Plattformen. Wie wir gesehen haben, tendieren Plattformen vor allem aufgrund von Netzwerkeffekten und hohen Einstiegsinvestitionen zur Monopolbildung, nach dem Motto ›The winner takes it all‹. Durch ihre Marktmacht können die Konzerne hohe Gewinne einfahren, auch deshalb, weil sie oft geringe Lohnkosten haben und kaum Steuern bezahlen. Seit einigen Jahren entstehen Plattform-Kooperativen als Gegenmodell. Gemeinsam stellen sie eine Alternative zum bestehenden ›Plattform-Kapitalismus‹ dar. Der ›Plattform-Kooperativismus‹ imitiert das Konzept der bestehenden kapitalistischen Plattformen und überführt es in ein solidarisches Organisationsmodell.[19] In diesem neuen System dienen Innovationen nicht mehr der proprietären Profitmaximierung, sondern der Mehrung des Gemeinwohls.

Agenda für eine vernetzte Gesellschaft

Plattform-Kooperativen können unterschiedliche Organisationsformen annehmen. Am stärksten verbreitet sind Genossenschaften. So baut etwa die Verkaufsplattform Fairmondo eine sozialökologische Alternative zu Amazon auf. Sie setzt nicht nur auf ökologische, faire und gebrauchte Produkte, sondern wird darüber hinaus genossenschaftlich von ihren Händler*innen und Kund*innen geführt. Auf Loconomics haben sich Anbieter*innen von Dienstleistungen zusammengeschlossen und stellen eine Alternative zu proprietären Seiten wie Taskrabbit oder MyHammer dar. Die freiberuflichen Arbeitskräfte besitzen Aktien an Loconomics, erhalten außerdem – im Falle von Gewinnen – Dividenden und haben Mitspracherechte. Eine zweite Möglichkeit, sich gemeinschaftlich zu organisieren, sind *Produser*-Plattformen. Sie befinden sich im geteilten Besitz von *producern* und *usern*. Auf Stocksy bieten Fotograf*innen ihre Werke an und erhalten neben einer Provision einen Anteil am Gewinn der Plattform. Auf der Streamingseite Resonate bezahlen Hörer*innen pro Song, und hören sie ein Lied oft genug, dann gehört es ihnen. Außerdem sind die Künstler*innen automatisch genossenschaftliche Mitglieder. Was mit den Gewinnen geschieht, entscheiden alle demokratisch zusammen.[20] Eine dritte Organisationsform ist aus der Zusammenarbeit mit Gewerkschaften erwachsen. Die bekanntesten Beispiele kommen auch hier aus den USA. In Abgrenzung zu Uber haben sich mehrere Taxialternativen gegründet, darunter der *Trans Union Car Service*, *Union Taxi* und die *App-Based Drivers Association*. Schließlich können kooperative Organisationsformen in Zusammenarbeit mit Städten und Kommunen entstehen, beispielsweise kooperative Wohnungsvermittlungsplattformen oder für intermodale Apps zur Organisation und zum Ausbau des öffentlichen Nahverkehrs.

Die Politik kann den Aufbau und die Verbreitung solch kooperativer Plattformen auf vielfältige Weise unterstützen, etwa durch Steuererleichterungen für Start-ups und speziell auf sie ausgerichtete finanzielle Förderinstrumente. Außerdem können kooperative Unternehmen bei der Auftragsvergabe der öffentlichen Hand bevorzugt behandelt werden. Bund und Länder könnten zudem Förderprogramme für die Erforschung erfolgreicher Plattform-Kooperativen auflegen, um Erfolgskriterien zu analysieren und so die weitere Verbreitung solcher Ansätze zu fördern. Eine noch weitreichendere Strategie wäre, ein ›genossenschaftliches Ökosystem‹[21] voranzubringen, das entsteht, wenn kooperative Plattformen sich miteinander verbinden und voneinander profitieren. Von politischer Seite kann dies durch Vernetzungsveranstaltungen und den Aufbau gemeinsamer Strukturen gefördert werden. Ein Beispiel für solche gemeinsamen Strukturen ist die Entwicklung von *Open-Source*-Anwendungen, da die Verfügbarkeit von freier Hard- und Software beim Aufbau von kooperativen Plattformen sehr nützlich sein kann.[22] Durch die Förderung kooperativer Plattformökonomien kann die Politik insbesondere dem Leitprinzip der Gemeinwohlorientierung Rechnung tragen, da Mitsprache und Erträge unter vielen geteilt werden.

Digitalisierung in selektiven Bereichen vorantreiben

Neben kooperativen Plattformökonomien kann die Politik weitere Bereiche fördern, damit die Digitalisierung sich möglichst sozial-ökologisch entwickelt. Hierzu zählen beispielsweise:

- Anwendungen und Infrastrukturen für einen vernetzten öffentlichen und nutzungsgeteilten Personenverkehr (ÖPNV und *Sharing*);

- Anwendungen und Infrastrukturen für smarte dezentrale Stromnetze (zum Beispiel *Micro Grids*) und suffiziente Energiemanagementsysteme zur Steuerung von Heizungsanlagen;

- die Entwicklung grüner Apps, die nachhaltigen Konsum erleichtern;

- die regionale Vernetzung von Produzent*innen und Konsument*innen unterschiedlicher Wirtschaftssektoren;

- die Entwicklung von *Open-Source*-Hard- und Software.

Durch öffentliche Förderung in solchen Bereichen können nachhaltige digitale Anwendungen schneller Marktreife erlangen und es damit besser mit konkurrierenden nicht nachhaltigen Anbietern aufnehmen. Auch kann die Politik mit einer Förderung von Ansätzen, die auf *Privacy by Design* und Datensuffizienz fokussieren, zu einem besseren Datenschutz beitragen. Und schließlich kann die Politik entsprechende Infrastrukturen – beispielsweise für den vernetzten ÖPNV, für dezentrale Energieerzeugung usw. – auf- und ausbauen.

Als Förderinstrument bietet sich zunächst die Vergabe öffentlicher Mittel für Forschung und Entwicklung an. Derzeit werden Forschungsgelder zum Thema Digitalisierung noch relativ unspezifisch vergeben und kaum an sozialökologische Ziele geknüpft.[23] Zur Förderung innovativer Entwicklungen bieten sich auch Inkubatoren-Programme oder *Accelerator-Camps* an, die Start-ups in der Frühphase mit Finanzierung und Beratung unter die Arme greifen. Darüber hinaus kann die Politik Vernetzungsplattformen für Austausch und die Entwicklung von Projekten bieten. So sollte etwa eine Alternative zur *Plattform Industrie 4.0* aufgesetzt werden, die explizit umwelt- oder sozialpolitische Ziele verfolgt. In Anlehnung an das US-amerikanische Office of Social Innovation and Civic Participation könnte ein ›Nationales Büro für soziale Innovationen‹ gegründet werden, um sozialökologische *Sharing*-Angebote und Formen von *Prosuming* zu fördern.[24] Weiterhin kann nachhaltige Digitalisierung durch eine gezielte Vergabe öffentlicher Aufträge vorangetrieben werden. Die öffentliche Hand machte in Deutschland 2013 ein Fünftel des IKT-Marktes aus,[25] weshalb öffentlichen Institutionen bedeutende Gestaltungsmacht obliegt. Staatliche Aufträge können hohe Standards für Datenschutz, ein möglichst ökologisches Produktdesign der digitalen Geräte (*Green IT*) und einen minimalen Energieverbrauch der Geräte im Betrieb setzen und sich damit an den Leitprinzipien des konsequenten Datenschutzes und der digitalen Suffizienz ausrichten.

Re-Regionalisierung der Wirtschaft anstreben

Regionale Wirtschaftsstrukturen sind oftmals ökologisch nachhaltiger als ein kontinentaler oder globaler Markt.[26] Außerdem erleichtern sie Konsument*innen Einblicke in Herstellungsbedingungen und erlauben so eine demokratischere Steuerung der Wirtschaft.[27] Dagegen wird allerdings oft angeführt, dass eine Produktion auf regionaler Ebene zu ineffizient und damit zu teuer sei. Die Digitalisierung bietet neue Möglichkeiten, wirtschaftliche Aktivitäten auf regionaler Ebene zu organisieren und das Problem der geringeren ökonomischen Effizienz – wo es denn tatsächlich existiert – zu lösen. Die Voraussetzung dafür: Die steigende Arbeitsproduktivität, Ressourcen- und Energieeffizienz, die die Digitalisierung ermöglichen werden, wird nicht in ökologisch problematisches Wirtschaftswachstum umgesetzt, sondern für eine Stärkung der regionalen und lokalen Produktion genutzt. Beispielsweise können die digitalen Möglichkeiten in der Landwirtschaft statt für eine noch größer skalierte Massenproduktion durch globale Agrarkonzerne[28] für eine lokale, agrarökologische Produktion genutzt werden – etwa durch *Open-Source*-Landwirtschaftsgeräte,[29] *Open-Source*-Saatgut[30] oder digital unterstützte regionale Märkte.[31]

In vielen Fällen kann die Politik durch Rahmenbedingungen und Anreizinstrumente beeinflussen, ob Digitalisierung der Steigerung der globalwirtschaftlichen Effizienz oder der Regionalisierung dient. Die Einführung einer digital-ökologischen Steuerreform (siehe nächster Abschnitt) würde regionale Produktion stark unterstützen, denn globale Anbieter bauen ihre Geschäfte auf Steuerumgehung und niedrigen Transportkosten auf. Müsste etwa Amazon mehr Steuern entrichten und höhere Transportkosten aufbringen, dann wären regionale Anbieter konkurrenzfähiger. Auch das Passivitätsgebot und das Werbeverbot würden lokale Anbieter unterstützen, da sie im Gegensatz zu den globalen Konzernen weniger auf Werbung im Internet und mehr auf Mund-zu-Mund-Propaganda setzen.

Darüber hinaus können Kommunen aktiv werden, indem sie die digitalen Möglichkeiten nutzen, um ihre Regionen besser zu vernetzen. Beispielsweise fährt im Zuge des Forschungsprojekts *Digitales Dorf* ein mobiler Einkaufsladen kleine Dörfer an, wobei Bestellungen und Reiserouten digital koordiniert werden.[32] Kommunen können zudem regionale Dienstleister aller Art – vom Handwerk über soziale Dienste bis zu freischaffenden Softwareentwickler*innen – mit lokalen Nachfrager*innen zusammenbringen. Viele Angebote können sodann in einer kommunal betriebenen, regionalen Plattform oder App gebündelt werden, wie es *RegioApp*, *frimeo*, *regional. tirol* und etliche weitere Beispiele zeigen.

Eine Re-Regionalisierung erfordert auch, Verkehrsströme und -infrastrukturen klug zu lenken und anzupassen, da eine ungesteuerte Digitalisierung des Verkehrs strukturell zu längeren Wegestrecken und zu mehr Fortbewegung beiträgt.[33] Nutzen wir die Digitalisierung neben der Regionalisierung wirtschaftlicher Kreisläufe auch für regionale Mobilität, dann kann der Verkehr eingeschränkt werden und die Menschen bleiben trotzdem mobil. Und wenn dann lokale Strukturen, etwa fürs Einkaufen und für Freizeitaktivitäten, neu entstehen sowie Arbeiten und Leben räumlich integriert werden, müssen wir weniger Strecken zurücklegen und können trotzdem alle unsere Bedürfnisse befriedigen. Schließlich können so darüber hinaus das Lebenstempo entschleunigt werden und die Lebenszufriedenheit steigen.

Digital-ökologische Steuerreform verabschieden

Neben spezifischen Instrumenten zur Gestaltung der Digitalisierung ist es darüber hinaus auch nötig, den gesamtwirtschaftlichen Rahmen neu zu setzen. Denn wie wir gesehen haben, verändert die Digitalisierung sehr viele Bereiche der Wirtschaft. Eine digital-ökologische Steuerreform, gemeinsam mit einer kurzen Vollzeit und einem Ausbau der *Care*-Ökonomie sind drei wichtige volkswirtschaftliche Antworten auf diese Veränderungen.

Vor 35 Jahren, als noch kaum jemand einen PC hatte, legte der Schweizer Ökonom Hans Christoph Binswanger eine grundlegende Reform des Steuersystems vor, die drei Fliegen mit einer Klappe schlagen sollte. Sein Konzept einer ›ökologischen Steuerreform‹

sieht eine schrittweise Erhöhung der Steuern auf Energie- und Ressourcenverbräuche vor.[34] Damit werden erstens Anreize für Unternehmen und Konsument*innen gesetzt, sparsamer mit natürlichen Ressourcen umzugehen. Zweitens können aus den Einnahmen die bestehenden Abgaben auf den Faktor Arbeit gesenkt werden, etwa die Höhe der Rentenversicherungsbeiträge. Damit werden Unternehmen Anreize gesetzt, neue Arbeitsplätze zu schaffen und die Arbeitslosigkeit zu verringern.[35] Drittens kann durch die Besteuerung von Ressourcenverbrauch die Steuerbasis ausgeweitet werden. Das Konzept ist heute so aktuell wie selten zuvor: Wie wir gezeigt haben, fußt Digitalisierung auf der Ausbeutung knapper und seltener Rohstoffe und geht mit einer drastisch steigenden Stromnachfrage einher. Auch der virtuellen Wirtschaft müssen daher stärkere Anreize gesetzt werden, sparsamer mit Energie und Ressourcen umzugehen. Zudem haben wir gezeigt, dass Digitalisierung zu erheblichen Arbeitsplatzverlusten führen kann. Eine Verteuerung von Energie und Ressourcen gegenüber Arbeitskräften würde es attraktiver machen, die Arbeit vermehrt von Menschen statt von Maschinen und Robotern erledigen zu lassen. Darüber hinaus haben wir gezeigt, dass sich viele globale Konzerne wie digitale Trittbrettfahrer verhalten und systematisch um ihre Beiträge zum allgemeinen Steuerhaushalt drücken. Ein zukunftsfähiges Steuersystem muss auch bei diesem Problem Abhilfe schaffen.

Unsere Empfehlung: Das Konzept der ökologischen Steuerreform sollte an die zunehmend digitale Ökonomie und Gesellschaft angepasst und zu einer ›digital-ökologischen Steuerreform‹ weiterentwickelt werden. Die wesentliche Weiterentwicklung besteht dabei darin, die Steuerbasis nicht nur auf Energie und Ressourcen zu beschränken, sondern auch die Gewinne aus der digitalen Automatisierung miteinzubeziehen, zum einen deshalb, weil die Einnahmen aus der Ökosteuer möglicherweise nicht ausreichen werden, die Abgaben auf den Faktor Arbeit so weit zu senken, dass genügend Anreize für neue Arbeitsplätze entstehen. Zum anderen würde sich damit die Einnahmenbasis verbreitern und auch langfristig verlässlich bleiben, selbst wenn Ressourcen- und Energieverbräuche zu sinken begin-

Agenda für eine vernetzte Gesellschaft

nen. Einige Vertreter*innen der IT-Branche, beispielsweise Bill Gates, haben bereits eine ›Robotersteuer‹ vorgeschlagen.[36] Andere empfehlen eher, die Eigentümer*innen der Maschinen oder die mithilfe von Robotern erzielten Unternehmensgewinne zu versteuern.[37] Auch Markengewinne können besteuert werden: Apple etwa ist vor allem deswegen so finanzstark, weil das Image des Konzerns hoch im Kurs steht.

Dies sind nur einige Ideen für eine digital-ökologische Steuerreform, deren Details sorgfältig konzipiert werden müssen. Aber es ist überdeutlich: Die Gewinne der Digitalisierung müssen besteuert und gemäß des Leitprinzips der Gemeinwohlorientierung so eingesetzt werden, dass die Gesellschaft als Ganzes davon profitiert. Eine digital-ökologische Steuerreform kann wichtige Beiträge leisten, die Digitalisierung in eine grüne Richtung zu lenken und ihre Gewinne gleichmäßiger zu verteilen.

Kurze Vollzeit schaffen

Erwerbsarbeit ist für die meisten Menschen in Deutschland und in anderen Industrieländern eine zentrale Quelle für die Sicherung der materiellen Lebensgrundlagen – aber auch für die eigene Zufriedenheit, den sozialen Status und das Gefühl der gesellschaftlichen Zugehörigkeit. Bereits seit Jahrzehnten ist das Ziel einer gesellschaftsweiten Vollbeschäftigung unrealistisch, denn auch wenn in Deutschland die Arbeitslosigkeit derzeit relativ niedrig ist, sind immer noch zu viele Menschen ohne Job und viele weitere unterbeschäftigt. In anderen Ländern Europas und der Welt ist das Bild bedeutend kritischer. Dieser Zustand wird sich durch die zu erwartenden Rationalisierungseffekte der Digitalisierung noch dramatisieren, und zwar selbst dann, wenn nur jene Szenarien eintreten, die netto von vergleichsweise ›moderaten‹ Arbeitsplatzverlusten ausgehen (siehe Kapitel 4). Das Ziel, dass alle einem 40-Stunden-Job nachgehen können, gehört endgültig ins Reich der historischen Utopien.

Diese Herausforderung wird sich durch eine digital-ökologische Steuerreform nur bedingt entschärfen lassen. In einer sich zunehmend digitalisierenden Gesellschaft sollte die Politik deswegen zugleich eine neue Arbeitspolitik verfolgen, die sich an ausgleichender Gerechtigkeit orientiert und auch in Zukunft sowohl Frauen als auch Männern eine Anteilnahme an der Erwerbsarbeit der Gesellschaft ermöglicht. Eine kurze Vollzeit erklärt eine durchschnittliche Jahresarbeitszeit von 1.000 bis 1.300 Stunden zur Normalarbeitszeit einer Vollzeitstelle. Dies entspricht in etwa einer 24- bis 30-Stunden-Woche.[38] Eine solche Umverteilung der Erwerbsarbeit erhöht die Chancen auf einen Job für all jene, die durch die Digitalisierung (oder aus anderen Gründen) ihren Arbeitsplatz verloren haben oder denen das droht. Freilich verringert sich dadurch für diejenigen, die bis dato 40 Stunden je Woche arbeiten, das Einkommen entsprechend. Dafür gewinnen sie Zeit: Freizeit, Familienzeit oder auch Zeit, um anderen Formen der Arbeit nachzugehen – etwa in der *Care*-Ökonomie, worauf wir im folgenden Abschnitt zu sprechen kommen. In jedem Fall wird durch eine kurze Vollzeit die gesellschaftliche Organisation der Erwerbsarbeit wesentlich solidarischer. Sie wirkt der Einkommenspolarisierung und der Prekarisierung ganzer Bevölkerungsteile entgegen und liefert damit einen wichtigen Beitrag zum Gemeinwohl.

Eine kurze Vollzeit verbessert zudem die Möglichkeiten einer geschlechtsunabhängigen gleichen Teilhabe an allen Bereichen der Arbeit, zum einen deshalb, weil heute nach wie vor mehr Männer Vollzeitstellen wahrnehmen, während viele Frauen in Teilzeit beschäftigt sind. Ferner sind bestimmte Karriereoptionen wie etwa Spitzenpositionen nach wie vor an Vollzeitstellen geknüpft – die auch deshalb häufiger von Männern besetzt werden.[39] Die kurze Vollzeit erleichtert es Frauen somit, Gleichberechtigung über Beschäftigungsfelder und Karrierestufen hinweg zu erzielen. Zum anderen würde die kurze Vollzeit für viele Männer eine Verkürzung der Arbeitszeit bedeuten und ihnen die Möglichkeit geben – und die ›Ausrede‹ nehmen –, sich stärker in *Care*-Arbeit einzubringen.[40] Allen Erwerbstätigen bliebe mehr Zeit für nicht kommerzielle Arbeiten: für ehrenamtliche Tätigkeiten, politisches Engagement und Kultur, aber auch für Eigenarbeiten wie etwa Reparaturen, Instandhaltungspflege, Selbstbau, *Upcycling*, Schrebergärten, *Urban Gardening* etc.[41] Wenn dies dazu

Agenda für eine vernetzte Gesellschaft

führt, vormals über den Markt organisierte Dienstleistungen in die Subsistenzarbeit oder eigenhändige Reparaturarbeit zurückzuverlagern, wird damit auch ein wichtiger Beitrag zur Suffizienz geleistet.

Nicht zuletzt bietet eine Verkürzung der Erwerbsarbeitszeit die Chance, das Lebenstempo zu entschleunigen. Auch deshalb sind Rahmenbedingungen für eine kurze Vollzeit in der digitalen Gesellschaft aktueller denn je. Eine Verringerung der Erwerbsarbeitszeit eröffnet neue zeitliche Spielräume, um die verschiedenen Lebens- und Berufsziele stressfreier vereinbaren zu können und insgesamt die Lebenszufriedenheit zu erhöhen.

Care-*Ökonomie ausbauen*

Bisher wird der soziale Status primär durch Erwerbsarbeit definiert. Demgegenüber fällt die gesellschaftliche Achtung vor den als Sorge- beziehungsweise *Care*-Arbeiten bezeichneten Tätigkeiten wie Erziehung, Altenpflege oder häusliche Arbeiten vergleichsweise gering aus. Dies betrifft sowohl die *Care*-Arbeit, die viele Menschen ehrenamtlich ausführen, indem sie etwa alte oder kranke Familienangehörige pflegen, als auch die Erwerbsarbeit in Krankenhäusern, Pflegeeinrichtungen oder Kindergärten, die oft schlecht bezahlt ist. Und nach wie vor wird der größte Teil dieser Arbeiten – sowohl im unbezahlten als auch im bezahlten Bereich – von Frauen ausgeübt. Diese sind damit oft einer Doppelbelastung ausgesetzt und müssen Beruf und Sorgearbeit gleichzeitig bewältigen.[42]

Trotz Ankündigungen aus der IT-Branche, dass mithilfe von künstlicher Intelligenz bald ›Pflegeroboter‹ entwickelt werden könnten, sind die sozialen und personennahen Dienstleistungen sicherlich jene Bereiche, in denen der Einsatz von Menschen unverzichtbar bleibt. Der Bedarf wird sich aufgrund des demografischen Wandels in den kommenden Jahrzehnten noch verstärken. Sowohl die Einführung einer kurzen Vollzeit als auch die digital-ökologische Steuerreform können dazu beitragen, die Pflegearbeit aufzuwerten. Die Einnahmen aus der Steuerreform – und damit die Produktivitätsgewinne der Digitalisierung – könnten (auch) dafür verwendet werden, die *Care*-Ökonomie personell und finanziell auszustatten. Dadurch ließen sich sowohl die eklatante Unterbesetzung als auch die geringe Bezahlung und damit die Ungerechtigkeiten zwischen den Geschlechtern in diesem gesellschaftlich außerordentlich wichtigen Bereich beheben.[43]

Was können Nutzer*innen tun?

Ob und zu welchem Grad die Digitalisierung die Welt sozialer und ökologischer machen kann, hängt neben politischen Maßnahmen auch vom individuellen Verhalten ab. Ohne Frage eröffnen digitale Technologien unzählige Möglichkeiten, um die eigene Lebensführung ein Stück nachhaltiger zu gestalten. Doch hat bereits der Ökonom John Maynard Keynes gewarnt: »Die Schwierigkeit ist nicht, neue Ideen zu finden, sondern den alten zu entkommen.«[44] Wie können wir Bürgerinnen und Bürger digitale Anwendungen dazu nutzen, um überkommene umweltbelastende Konsumpraktiken und Mobilitätsgewohnheiten durch suffizienz- und gemeinwohlorientierte Praktiken abzulösen? Wie können wir selber Vorsorge für den Schutz unserer Daten treffen? Im Folgenden geben wir ein paar Anregungen, was jede und jeder Einzelne von uns tun kann.

Digital nachhaltig konsumieren

Als Nutzer*innen haben wir zahlreiche Optionen, das Internet und die vielen grünen Websites und Apps für nachhaltigeren Konsum zu nutzen. Viele Möglichkeiten werden bereits geboten: Awaju oder Econitor geben Stromspartipps für den Haushalt. Vanilla Bean ist ein Restaurantführer mit Nachhaltigkeitskriterien; Vebu, VeganMap oder Veg Travel Guide empfehlen vegane und vegetarische Gastronomie. Mobilitäts-Apps sprießen wie Pilze aus dem Boden, Flinc etwa hilft, Mitfahrgelegenheiten zu finden, nextbike bietet Leihfahrräder an. Zahlreiche Einkaufsratgeber, wie der Greenpeace-Fischratgeber oder der Kleidungsratgeber FairFashionFinder, finden nachhaltig erzeugte Produkte und bewerten diese. Apps wie die LabelApp wiederum bringen Licht ins Dunkel verschiedener Nachhaltigkeitslabels. Einen Wegweiser zur nächsten Sammelstelle für Elektroschrott bietet die App eSchrott. Auf Plattformen wie utopia.de werden diese Informationen sogar gebündelt angeboten.[45]

Auch beim Datenschutz können wir Nutzer*innen über bewusste Konsumentscheidungen Einfluss nehmen und Anbieter wählen, die auf einen sicheren Umgang mit Daten und ein Höchstmaß an Privatsphäre setzen. Anstatt eine E-Mail-Adresse bei Gmail zu nutzen, wo die Inhalte des E-Mail-Verkehrs für Werbezwecke analysiert werden, kann jede und jeder Anbieter wie Posteo oder Mailbox wählen, die sorgsam mit den Daten umgehen und zudem ihre Server mit Strom aus erneuerbaren Energien betreiben. Statt zu ›googeln‹, können Suchmaschinen verwendet werden, die Daten nicht für Werbezwecke auswerten und keine personalisierten Ergebnisse liefern, wie etwa Startpage oder DuckDuckGo. Anstelle von WhatsApp können Signal, Threema oder andere datensichere Apps für den Versand von Kurznachrichten verwendet werden.

Sehen wir der Sache ins Auge: Es gibt keine Ausreden mehr. Und für diese über Smartphone, Tablet oder PC niederschwellig verfügbaren Möglichkeiten, nachhaltiger zu konsumieren, müssen wir uns nicht einmal großartig anstrengen. Also: *Let's do it* – und bitte weitersagen!

Nur gute Sharing-Angebote nutzen

Eine weitere Chance digitaler Anwendungen liegt darin, Menschen zur verstärkten Zusammenarbeit zu ermächtigen – zum Leihen, Tauschen, gemeinsamen Produzieren. Eine kollaborative Ökonomie basiert nicht mehr auf Beziehungen von Unternehmen zu Kunden, sondern auf Beziehungen von Menschen zu Menschen – auch als *peer to peer* bezeichnet. Das Tauschen und Teilen *(Sharing)* ermöglicht zudem eine längere beziehungsweise intensivere Nutzungsdauer von Produkten.

Die ›*Sharing-Economy*‹ ist in den letzten Jahren immer kritischer diskutiert worden. Nicht etwa, weil der Gedanke des Teilens schlecht wäre, sondern weil sich einige plattformkapitalistische Anbieter des Modells bemächtigt haben, deren Geschäftsmodelle mit dem *peer-to-peer-Sharing* im Sinne eines Gebens und Nehmens wenig gemein haben. Seien es AirBnB, Uber oder kommerzielle *Carsharing*-Anbieter wie Car2G, sie alle gehen zwar mit der Idee des Teilens hausieren, tatsächlich aber verfolgen sie neue Arten profitorientierten Wirtschaftens, die mit *Sharing* nichts zu tun haben. AirBnB ist zunehmend eine Hotel- beziehungsweise Pensionsvermietung, Uber das neue Taxiunternehmen und Car2Go eine *free-floating*-Autovermietung. Zu einem Wertewandel hin zu suffizienten Verhaltensweisen, der mit der *Sharing*-Ökonomie verbunden wird, werden solche Geschäftsmodelle nichts beitragen.[46] Sie sind zudem eine Art ›Sharing-Extraktivismus‹, der auf Ausbeutung beruht: Uber scheffelt mit der Vermittlung von Fahrten große Gewinne, während die Fahrer*innen wenig verdienen. AirBnB steigt zu einem hoch dotierten Börsenkonzern auf, während die Wohnungsbesitzer die eigentliche Arbeit machen. Dass diese Anbieter sich einen positiven *Sharing*-Anstrich verpassen, ist nicht einzusehen, denn sie laufen dem Leitprinzip der Gemeinwohlorientierung zuwider.

Es gibt jedoch Alternativen: FairBnB zum Beispiel bietet eine kooperative Alternative, um Wohnungen zur Verfügung zu stellen. Die Plattform wird gemeinschaftlich von den Gastgebern und Gästen, örtlichen Unternehmen und lokalen Gemeinschaften betrieben – allerdings können Nutzer*innen über FairBnB derzeit noch nicht direkt Wohnungen anmieten. BlaBlaCar ist eine Mitfahrplattform, deren Nutzer*innen sich gegenseitig mitnehmen und die damit tatsächlich ein Modell des *peer-to-peer-Sharing* verfolgt. Zahlreiche weitere lokale und regionale Alternativen zu Uber entstehen derzeit.[47] Als Nutzer*innen können wir somit einen Unterschied zwischen ›gutem *Sharing*‹ und ›schlechtem *Sharing*‹ machen. Die ›guten‹ *Sharing*-Modelle entsprechen den Prinzipien, die wir beim Leitprinzip Gemeinwohlorientierung und im Abschnitt ›Plattform-Kooperativen stärken‹ ausgeführt haben.

Gute *Sharing*-Angebote leisten zudem einen echten Beitrag zum Leitprinzip der digitalen Suffizienz. Erste Untersuchungen, die vom ifeu Institut im Rahmen eines Forschungsprojekts des Instituts für ökologische Wirtschaftsforschung durchgeführt wurden, zeigen, dass einige *peer-to-peer-Sharing*-Modelle deutlich geringere Umweltwirkungen aufweisen als Neukauf und ungeteilte Nutzung – selbst wenn die ökologischen Fußabdrücke der digitalen Geräte einberechnet werden.[48] Der Tausch von Kleidung via Kleiderkreisel weist gegenüber dem Neukauf nur ungefähr die Hälfte der Eutrophierung und der Treibhausgasemissionen auf. Eine Fahrgemeinschaft über flinc spart gegenüber ungeteilten Fahrten mit dem eigenen Auto deutlich Energie ein und flinc generiert im Vergleich zu Uber oder konventionellen Taxis keine neue Fahrten, sondern es werden, wie beim klassischen Trampen, spontan Mitfahrer*innen auf ohnehin gefahrenen Strecken mitgenommen. Doch es lohnt sich, auch im Fall von *peer-to-peer-Sharing* jeweils genau hinzusehen, um welche Dienste es sich handelt. Eine Studie zum Streaming von Filmen, die *peer-to-peer*-Modelle mit dem kommerziellen Internetfernsehen vergleicht, schreibt dem *Sharing* eine schlechtere Klimabilanz zu. Der Energieverbrauch von Endgeräten pro Übertragungseinheit ist höher als der von Servern und beim *Filesharing* zwischen Nutzer*innen fällt dieser eben doppelt an.[49]

Soziale Innovationen generieren

Unter sozialen Innovationen werden neue Konsum- und Handlungsweisen verstanden, die von bisher praktizierten Selbstverständlichkeiten und Routinen abweichen und auf eine sozialökologische Transformation der Gesellschaft abzielen.[50] Es gibt *Sharing*-Angebote, die besonders stark mit veränderten sozialen Praktiken einhergehen und die teilweise erst dank Digitalisierung möglich werden. Für den Bereich Touristik ist das *Couchsurfing* ein Beispiel. Anstelle der Buchung eines Hotels oder einer Ferienwohnung nutzen insbesondere jüngere Menschen via *Couchsurfing* die digital vermittelte Möglichkeit, bei fremden Leuten unkompliziert als Gast abzusteigen. Diese soziale Innovation beim Reisen bietet nicht nur eine Alternative zum meist großen ökologischen Fußabdruck einer Hotelnacht, sondern führt zu einem gänzlich anderen Reisestil, der obendrein mit neuen sozialen Kontakten und einmaligen Einblicken in fremde Kulturen belohnt wird. Ein weiteres Beispiel sozial besonders innovativer *Sharing*-Modelle ist das *Homeswapping*. Hier bieten verschiedene Plattformen die Möglichkeit, dass Menschen für den Urlaub gegenseitig ihre Wohnungen oder Häuser von privat zu privat tauschen.

Die App Foodsharing zeigt im Bereich Ernährung, wie soziale Innovationen dank Digitalisierung möglich sind. Sie verhindert, dass übrig gebliebene Lebensmittel von Supermärkten weggeworfen werden. Stattdessen werden sie kostenlos unter Foodsharing-Mitgliedern verteilt. Die Idee basiert auf einer alten Analyse: Nachernteverluste entstehen nicht nur in Silos, auf Getreidemärkten oder im Großhandel, es werden auch Unmengen an Lebensmitteln auf den letzten Metern weggeschmissen – in den Geschäften oder zu Hause. In der illegalen Nische betreiben einige Gruppen seit Jahrzehnten so genanntes ›*Containering*‹, indem sie nachts auf Supermarktparkplätzen aussortierte Lebensmittel aus Containern retten. Foodsharing bringt diese Praxis nun in die Legalität und verbreitert zugleich die gesellschaftliche Basis. Mittlerweile leisten in Deutschland, Österreich und der Schweiz über 200.000 registrierte Nutzer*innen und über 3.000 kooperierende Geschäfte einen Beitrag gegen die Verschwendung. Seitdem wurden geschätzte acht Millionen Kilogramm noch verzehrbare Lebensmittel vor dem Wegwerfen bewahrt.[51]

Ein drittes Beispiel ist die Organisation von Veranstaltungen. Weite Reisen, insbesondere das Fliegen, gehen mit einem riesigen ökologischen Fußabdruck einher. Die Organisator*innen einer internationalen Konferenz zum Thema Ressourcenmanagement haben mittels digitaler Technik den Reiseaufwand der Teilnehmer*innen deutlich verringern können. Nach längeren internen Debatten, ob die Konferenz in Japan oder Österreich stattfinden soll, wurde sie letztlich an beiden Orten ausgerichtet und durch verschiedene Videoformate miteinander verbunden, sodass Teilnehmende dem gleichen Programm beiwohnen, sich aber auch untereinander unterhalten konnten. Auch nach Einberechnung aller Strom- und Energiekosten

Agenda für eine vernetzte Gesellschaft

für die Videotechniken – sowie unter der Berücksichtigung, dass die Konferenz aufgrund der beiden Standorte insgesamt mehr Teilnehmer*innen angezogen hat – wurden geschätzte 37 bis 50 Prozent der CO_2-Emissionen eingespart.[52] Diese Beispiele zeigen: Digitale Technologien ermöglichen neue Formen nachhaltigen Handelns. Doch technische Möglichkeiten allein reichen noch nicht. Es bedarf zusätzlich der Kreativität und des Gestaltungswillens vieler Individuen und Gruppen.

Das Lebenstempo entschleunigen

Die Nutzung digitaler Medien in immer mehr Bereichen unseres privaten und beruflichen Lebens beschleunigt unser Lebenstempo. Zunächst sparen wir durch die Nutzung digitaler Technologien Zeit ein: Wir können schneller kommunizieren, bekommen die optimalen Wegstrecken aufgezeigt, können per Mausklick rascher online einkaufen usw. Doch die Rationalisierung der Zeitverwendung wirkt letztlich wie ein Zeit-Rebound-Effekt: Unser Leben wird laufend schneller und komplexer, weil wir immer mehr privaten und beruflichen Aktivitäten in immer kürzeren Zeiträumen oder gar parallel nachgehen. Wir sind überzeugt: Gegen die systemischen Auswirkungen zeitsparender Technik hilft keine Rezeptur vom Typus ›Mehr vom Gleichen‹. Es kann den Teufelskreis nur antreiben, noch mehr Apps oder digitale Assistenten einzusetzen, um noch schneller einkaufen, reisen oder kommunizieren zu können. Vielmehr verspricht kluge Selbstbeschränkung am ehesten Entlastung. Nur indem wir die Technik moderat einsetzen, können wir die wuchernde Dynamik bremsen und neuen Gestaltungsspielraum öffnen. Der Mut, öfter mal offline zu gehen, von vielen als ›*digital detox*‹ bezeichnet, ist das erste Erfolgsrezept zur Entschleunigung des Lebenstempos.

Für alle, die natürlich weiterhin das Smartphone und den PC verwenden wollen, um Beruf und Alltag zu managen, bedeutet dies: Je mehr und je geschickter wir zeitsparende digitale Anwendungen in unserem Privat- oder Berufsleben anwenden, desto länger müssen wir sie auch abschalten, wenn wir tatsächlich Freizeit, zwischenmenschlichen Begegnung oder Muße mehr Raum geben möchten.

War es nicht genau das, was uns zeitsparende Technik eigentlich bescheren sollte? Zeit im Beruf, bei Erledigungen und dem Organisieren von Treffen zu sparen, um anschließend weniger zu arbeiten, weniger Zeit mit Erledigungen zubringen zu müssen und mehr Zeit für Freunde, Familie und uns selbst zu haben? Die Technik wird dieses Versprechen nicht von sich aus einlösen, es liegt an uns selbst. Wir müssen unser Nutzerverhalten transformieren hin zu einem moderaten, abwägenden Umgang mit digitalen *tools*.

Dennoch wird es mitunter schwierig sein, aus dem Beschleunigungszirkel auszubrechen. Schließlich beschleunigen wir unser Leben nicht nur individuell, sondern auch unser Umfeld fordert uns laufend mehr Tempo ab. Daher braucht es eine Arbeits- und Unternehmenskultur, die von zeiteffizientem Arbeiten nicht einen steigenden Output, sondern einen früheren Feierabend erwartet. Aus den neuen Möglichkeiten des örtlich und zeitlich flexiblen Arbeitens sollte nicht die Forderung erwachsen, dass Privat- und Arbeitsleben immer stärker verschmelzen, sondern dass klare arbeitsfreie Zeiten eingehalten werden. Unternehmen können dies unterstützen, indem sie die Zustellung von E-Mails nach einer bestimmten Tageszeit und am Wochenende blockieren. Wer dann früher in den Feierabend geht, weil sie oder er effizient gearbeitet hat, besitzt so beste Chancen, tatsächlich von der Zeiteinsparung zu profitieren. Und ferner sind politische Rahmenbedingungen sowohl für eine Reduktion der Arbeitszeit als auch für eine klar geregelte Trennung von Arbeit und Freizeit eine wichtige Triebkraft für eine nachhaltige Entschleunigung der digitalen Gesellschaft.

Und wer weiß: Vielleicht wächst auch jenseits der Arbeit eines Tages das Verlangen, Regeln für den ›digital detox‹ in öffentlichen Räumen zu finden. Das Rauchverbot in Flugzeugen, auf Bahnhöfen und in Restaurants wurde – sogar von Nichtraucher*innen – jahrzehntelang als Beschneidung individueller Freiheiten verteufelt. Doch heute stellt kaum noch jemand in Zweifel, dass es genau umgekehrt ist, nämlich, dass Rauchverbote an öffentlichen Orten die individuelle Freiheit vergrößern. Auf die Digitalisierung übertragen: Momentan geht der Trend noch dahin, weltweit bis in den letzten Winkel WLAN und Breitbandanschluss verfügbar zu machen. Laptopfreie Cafés, die Besucher*innen mit der Werbung locken, ein ›digitalfreier‹ Raum zu sein, sind hingegen erste Vorreiter für einen maßvollen Umgang mit der Digitalisierung.

Die Rolle der Zivilgesellschaft

Politische Instrumente und Rahmenbedingungen sind – richtig gestaltet – das einflussreichste Mittel, um ökonomische und gesellschaftliche Entwicklungen zu beeinflussen. Und auch ein nachhaltigkeitsorientiertes Verhalten von Nutzer*innen ist unabdingbar, wenn es darum geht, die Digitalisierung zu verändern. Jedoch bedarf es sowohl bei Politiker*innen als auch bei Nutzer*innen oft eines Impulses oder vielmehr eines langen Atems an Impulsen, um entsprechend umzusteuern. Dies ist eine der klassischen Aufgaben der Zivilgesellschaft. Wir sind davon überzeugt, dass Verbände, NGOs, Bewegungen und zivilgesellschaftliche Netzwerke eine tragende Rolle für die nachhaltige Transformation der Gesellschaft spielen und noch aktiver werden können, um die Digitalisierung in eine sozialökologische Richtung zu steuern.

Debatten zur Digitalisierung prägen

Freilich gibt es schon eine rege Zivilgesellschaft rund um digital- und netzpolitische Themen. Akteure wie der Chaos Computer Club (gegründet 1981), das Forum InformatikerInnen für Frieden und gesellschaftliche Verantwortung (1984) oder Digitalcourage (1987) haben sich bereits früh mit der Digitalisierung beschäftigt. Später kamen in Deutschland netzpolitik.org (2002), Wikimedia (2004), die Digitale Gesellschaft (2010) und noch viele andere hinzu. Und auch einige internationale zivilgesellschaftliche Akteure sind in Deutschland aktiv, so zum Beispiel das ›Tactical Technology Collective‹. Viele dieser Organisationen treffen sich in Netzwerken und auf Konferenzen, so etwa bei der Re:publica oder der großen Jahreskonferenz des

Chaos Computer Clubs. Sie beschäftigen sich jeweils mit einem spezifischen Strauß an Themen, aber sie verbindet ein Fokus auf den Umgang mit Daten und Fragen des Datenschutzes. Viele Organisationen sind extrem stark darin, Debatten zur Netzneutralität, Überwachung, Vorratsdatenspeicherung, den Snowden-Enthüllungen, aber auch über Urheberrechte, *Open Source* und andere kritisch zu begleiten und aufgrund ihres großen Fachwissens Vorschläge in die öffentliche Diskussion zu bringen. Doch viele weitere von der Digitalisierung beeinflusste Zukunftsthemen – insbesondere die Umweltthemen, aber auch Arbeit, Ungleichheit, Geschlechtergerechtigkeit oder internationale Gerechtigkeit – stehen (noch) nicht oben auf ihrer politischen Agenda.

Angesichts der Tragweite möglicher Entwicklungen sollten sich viel mehr derjenigen zivilgesellschaftlichen Organisationen, die bei diesen Themen große Kompetenzen aufweisen, in die Debatten um die Gestalt der künftigen digitalen Weltgesellschaft einmischen. Zu den Auswirkungen auf den Arbeitsmarkt gibt es bereits recht viele Aktivitäten und auch Publikationen, vorangetrieben unter anderem von den Gewerkschaften.

Auch beim Verbraucherschutz ist bereits einiges angestoßen worden.[53] Bei anderen Themen sieht es jedoch deutlich schlechter aus, hier sind allenfalls erste gute Anfänge sichtbar. So hat Greenpeace mit einigen Reports zu den Umweltwirkungen des Internets[54] und von Smartphones[55] der älteren Diskussion um *Green IT* neues Leben eingehaucht. Zu Fragen der globalen Gerechtigkeit, insbesondere bei der Beschaffung und Verarbeitung von Rohstoffen für IT-Produkte, hat PowerShift eine Studie vorgelegt.[56] Und Germanwatch hat vielfältiges Informationsmaterial erarbeitet, um auf ökologische und soziale Fairness in den Lieferketten der IT-Industrie zu pochen.[57] Mit dem Thema Digitalisierung und Geschlechtergerechtigkeit haben sich jüngst einige gewerkschaftliche Einrichtungen zu beschäftigen begonnen, darunter die Hans-Böckler-Stiftung.[58] Die Liste vereinzelter Aktivitäten ließe sich noch fortsetzen, und dennoch drängt sich der Schluss auf: Angesichts der Rasanz digitaler Entwicklungen und ihrer möglichen einschneidenden gesellschaftlichen und ökolo-

Agenda für eine vernetzte Gesellschaft

gischen Auswirkungen müsste die Zivilgesellschaft noch bedeutend aktiver werden!

Insbesondere fehlen schlagkräftige zivilgesellschaftliche Akteur-*innen, die auf die ökologischen Dimensionen der Digitalisierung fokussieren. Die Frage, wie die digitale Weltgesellschaft in Zukunft aussehen wird und wie dies den Metabolismus unserer Industrie-gesellschaft verändern könnte, darf nicht allein den Konzernen aus dem Silicon Valley, den Risikokapitalgeber*innen und den Start-ups überlassen werden. Und genauso wenig dürfen die Diskussionen da-rüber, wie die digitale Wirtschaft in Deutschland und in der EU poli-tisch gestaltet und reguliert wird, nur vom Bundesverband für Infor-mationswirtschaft, Telekommunikation und neue Medien (Bitkom) oder dem Bundesverband Digitale Wirtschaft (BVDW) dominiert werden.

Umwelt- und Entwicklungsverbände, Kirchen, Gewerkschaften, Wohlfahrtsverbände, soziale Bewegungen sowie *Thinktanks* der an-gewandten Wissenschaft können, ähnlich wie bei anderen Themen, den Diskurs auf zweifache Weise prägen. Zum einen als kritische Be-gleiter*innen, indem sie neben den Chancen auch die Risiken der digitalen Entwicklungen viel stärker im öffentlichen Diskurs veran-kern, sodass Politik und Nutzer*innen nicht mehr wegsehen kön-nen. Zum anderen als *Agenda Setter*: Sie können den bislang einsei-tig auf Wachstumsversprechen für die deutsche Industrie geführten Diskussionen all die genannten sozialen und ökologischen Themen entgegenstellen. Die Gewerkschaften haben es bereits geschafft, die Frage der Arbeitsplätze zu etablieren. Doch andere Themen fehlen meist, sodass der Blick insgesamt verengt bleibt und eine ganzheit-liche Bewertung und Gestaltung der digitalen Entwicklung von der Politik bisher nicht geleistet wird. Die kritische Zivilgesellschaft kann hier einhaken, Alternativen aufzeigen und damit Mut machen: Eine andere Digitalisierung ist möglich!

Kritische digitale Bildung vermitteln

Eine reflexhafte Antwort auf die Herausforderungen der Digitalisierung lautet oft: mehr Bildung! Schüler*innen sollen mit technischen Geräten und dem Internet vertraut gemacht, Berufsausbildungen um digitale Inhalte erweitert, Umschulungen für IT-Jobs angeboten, digitale Lernangebote auch für ältere Menschen gefördert werden.[59] Bei dem Ruf nach digitaler Bildung geht es oft nicht nur um humboldtsche Ideale, sondern auch um wirtschaftliche Interessen. Angesichts der steigenden Nachfrage nach Absolvent*innen mit Programmierkenntnissen und anderen IT-Fähigkeiten soll der Ausbau der digitalen Bildung dabei helfen, dem bevorstehenden Fachkräftemangel in diesen Bereichen vorzubeugen.[60]

Eine kritische digitale Bildung aber sollte andere Ziele im Blick haben. Ein erster, bereits häufig genannter Aspekt ist die sogenannte ›Medienkompetenz‹. Sie soll dabei helfen, einen aufgeklärten Umgang mit digitalen Diensten und Angeboten zu erwirken, etwa um Lern- und Aufmerksamkeitsdefiziten oder Formen der Internetsucht vorzubeugen.[61] Ferner geht es darum, Verbraucher*innen zu individueller ›digitaler Souveränität‹ zu verhelfen, damit sie mit ihren Daten sorgsam und bewusst umgehen und ihre Rechte bei Verträgen im Internet wahrnehmen können.[62]

Doch eine kritische digitale Bildung kann noch weiter gehen. Sie sollte aufzeigen, welche Chancen in der Digitalisierung für einen sozialökologischen Wandel der Gesellschaft und für ein gutes Leben liegen – vom nachhaltigen Onlinekonsum über regionale Produktanbieter*innen und die Nutzung alternativer, kooperativer Plattformen bis hin zu Möglichkeiten, selber als *Prosumer* aktiv zu werden. Zivilgesellschaftliche Organisationen können dabei Entscheidungshilfen liefern: durch Konsumratgeber aufklären, welche Anwendungen Daten missbrauchen oder welche Anwendungen stark energieintensiv sind; auf Veranstaltungen diskutieren, welche Alternativen zu kapitalistischen Plattformen es gibt und wie man sich datensicher durchs Netz bewegt; oder durch Kampagnen informieren, welche Energie- und Ressourcenverbräuche hinter den Geräten und in den

Agenda für eine vernetzte Gesellschaft

Anwendungen stecken, Alternativen aufzeigen, wie sich diese verringern lassen und auf offene Werkstätten und *Open Source* hinweisen, damit die Menschen die Nutzungsdauer ihrer Geräte selber verlängern können.

Gleichzeitig sollte eine kritische digitale Bildung auch Fragen stellen, die unsere Gesellschaft als Ganzes betreffen: Welche und wie viel Digitalisierung wollen wir? Wer gewinnt, wer verliert bei der digitalen Revolution? Was bedeutet die Digitalisierung des Konsums und der Industrie für die Umwelt? Welche Auswirkungen hat sie auf den globalen Süden? Natürlich wäre es wünschenswert, wenn solche Fragen auch in den staatlichen Bildungseinrichtungen gestellt würden. Die Vergangenheit hat jedoch gezeigt, dass eine wirklich kritische Debatte hierzu einer aktiven Zivilgesellschaft bedarf. Hinzu kommt, dass die mit der Digitalisierung verbundenen Entwicklungen so rasant stattfinden, dass staatliche Bildungsprogramme und -einrichtungen kaum hinterherkommen.

Beim Thema Digitalisierung steht die kritische Bildung vor einer besonderen Herausforderung, denn im Vergleich zu vielen anderen Themen fehlen oft einprägsame Bilder. Was ist das Äquivalent zum Eisbären oder zum Wal, zum Atomreaktor, zum abgeholzten Wald oder – positiv gewendet – zur Ansicht des schützenswerten blauen Planeten aus dem All? Bei den Auswirkungen der Digitalisierung kommt ein Problem zum Tragen, das wir bereits vom Thema Klimawandel kennen: die ›psychologische Distanz‹. Fahren wir selber mit dem Auto zum Buchhändler, um ein Buch zu kaufen, dann nehmen wir wahr, dass es Sprit kostet. Lassen wir das Buch hingegen liefern, dann entzieht sich die unmittelbare Wirkung unserer persönlichen Wahrnehmung und kann nur über eine zusätzliche Ebene der Reflexion in unsere Handlungen einfließen. Auch soziale Kosten geraten aus dem Blickfeld. Hatten wir bei der Schuhverkäuferin vielleicht noch einen Einblick, unter welchen Bedingungen sie arbeiten muss, so bleibt uns dies beim Angestellten in der Zalando-Lagerhalle verborgen. Genauso verhält es sich bei all den Angeboten, die sich aus dem physischen in den virtuellen Raum verlagern. Die steigende psychologische Distanz, die mit der Digitalisierung des Konsums einhergeht, erschwert kritische Bildung und Aktivierung von Nutzer*innen. Eine erfolgreiche Zivilgesellschaft wird erreichen, dass Menschen sich auch für diese verborgenen Effekte der Digitalisierung interessieren und sie als Folgen ihrer Konsumentscheidungen ernst nehmen.

Eine breite Bewegung bilden

Gesellschaftliche Veränderung kann immer dann erfolgreich sein, wenn Organisationen, die auf diskursiver und politischer Ebene ansetzen, mit Akteur*innen zusammenarbeiten, die konkrete Praxislösungen entwickeln. Wenn gezeigt wird, wie die Dinge im Hier und Jetzt auch anders gehen können, treibt das Entwicklungen an. Wie etwa bei der Energiewende, wo Umweltverbände und ökologische Bewegungen zwar enorm wichtig waren, aber ohne all die Tüftler*innen und Erfinder*innen, die in Garagen und im Hinterhof Windkrafträder und Solaranlagen gebaut und im Alleingang ausprobiert haben, und ohne die kleinen progressiven Ingenieurbüros, Unternehmen und ›Stromrebellen‹, die ihre Geschäftsfelder – jedenfalls auch – als Beitrag zum Gemeinwohl und Klimaschutz betreiben, wäre die Energiewende weniger schnell vorangekommen. Nichts ist überzeugender, als die Solaranlage oder das Windkraftrad direkt vor sich zu sehen und zu merken: So geht es auch!

In ähnlicher Art kooperieren derzeit Akteur*innen, die theorctische und konzeptionelle Ansätze für eine alternative Wirtschaftsordnung entwickeln, mit Initiativen, Unternehmen und Projekten, die bereits jetzt ökologisch nachhaltig, solidarisch oder nicht kommerziell arbeiten. So kommen die Diskussionen zur Postwachstumsökonomie, Solidarischen Ökonomie, *Commons, Transition Towns,* Gemeinwohlökonomie oder zum *peer-to-peer-Sharing* mit konkreten Projekten der solidarischen Landwirtschaft, Schenkläden, Genossenschaften, kollektiven Unternehmen oder Tauschringen zusammen. Die einen bewirken gesellschaftliche Aufmerksamkeit, die anderen schaffen Anschauungsobjekte dafür, wie es anders funktionieren kann.[63]

Auch bei der Digitalisierung können Theoretiker*innen und Praktiker*innen stärker zusammenrücken, damit beide profitieren. Von den Akteur*innen auf der Seite der politischen und diskursiven Arbeit haben wir bereits einige benannt: NGOs, Kirchen, Gewerkschaften, Wohlfahrtsverbände, soziale Bewegungen und weitere Organisationen, die sich neben netzpolitischen auch mit den sozialen, ökologischen oder geschlechtergerechten Auswirkungen der Digitalisierung beschäftigen. Auf der anderen Seite gibt es unzählige Projekte, Initiativen und alternativ gesinnte Unternehmen, die konkrete Anwendungen entwickeln, Projekte aufbauen oder kooperative Start-ups aufs Gleis setzen, in denen ein anderer Umgang mit der Digitalisierung praktiziert wird. Da ist die schon erwähnte *Open-Source*-Community, die bereits seit Jahrzehnten zunächst an Software, inzwischen aber auch an Hardware arbeitet. Eng damit verbunden gibt es das ›*Maker-Movement*‹, deren Akteure sich in ›*FabLabs*‹ und offenen Werkstätten (wieder) aneignen, wie man Dinge im *Do-it-yourself*-Modus herstellen und reparieren kann.[64] Hinzu kommen unzählige sozial und ökologisch motivierte Entwickler*innen von Apps und Geschäftsideen, die sich im digitalen Raum bewegen. Sie alle wären die naheliegenden Partner*innen einer zivilgesellschaftlichen Bewegung für eine Richtungsänderung der Digitalisierung.

Wenn unterschiedliche ›Szenen‹ und ›Subkulturen‹ aufeinandertreffen, um an einem Strang zu ziehen, wird oft ein besonders innovatives und kreatives Potenzial entfesselt, das neben technischem Fortschritt auch einen emanzipatorischen Fortschritt der Gesellschaft auslösen kann. Es gibt Tausende Initiativen, Organisationen und Netzwerke der Zivilgesellschaft, die die Digitalisierung nicht für Überwachung oder Kommerz einsetzen wollen, sondern für eine bessere Welt. Wenn sie ihre Energie bündeln, wird das eine gewaltige Kraft entfalten, der auch die reichsten IT-Konzerne der Welt sich nicht verschließen können.

Kapitel 7

Plädoyer
für eine sanfte Digitalisierung

Mit großer Macht und Geschwindigkeit verändern digitale Technologien unsere Lebenswelt, unser Arbeitsumfeld, das soziale Miteinander und die Wirtschaftsstrukturen unserer Gesellschaft. Die daraus resultierenden Herausforderungen ergänzen eine bereits bestehende Bandbreite fundamentaler Probleme, die die nächsten Jahrzehnte prägen werden. Krisen, Kriege und instabile Regionen nehmen weltweit zu und treiben Millionen Menschen aus ihrer Heimat in die Flucht und Unsicherheit. Der globale Klimawandel, das Artensterben, die Erosion fruchtbaren Ackerlandes und die Luftverschmutzung in den Städten türmen sich zu einer Kaskade ökologischer Probleme, die wir unseren Kindern und Enkeln hinterlassen. Die zunehmende Polarisierung der Gesellschaft in jene, die viel besitzen, und andere, die um ihren Arbeitsplatz, ihr verlässliches Einkommen und ihren würdigen Platz in der Gesellschaft bangen müssen, untergräbt das Prinzip einer solidarischen Gesellschaft. All diese Herausforderungen rufen nach grundlegenden Veränderungen in der Art und Weise, wie wir wirtschaften, konsumieren, die Wohlstandsgewinne verteilen und soziale Vorsorge betreiben. Wenn Unternehmen, Politiker*innen und Verbraucher*innen diese weiterhin so zaghaft angehen wie in den letzten Jahrzehnten, werden die Aufgaben mit jedem weiteren vertanen Jahr so unüberschaubar werden, dass ihre Lösung einer Quadratur des Kreises nahekommt.

Wir haben dieses Buch mit der Frage begonnen, ob die Digitalisierung einen Beitrag leisten kann, diese zentralen Herausforderungen unserer Zeit zu meistern. Am Ende angekommen treten wir nun einen Schritt zurück und fragen mit etwas Abstand erneut: Was ist von der Digitalisierung in sozialer und ökologischer Hinsicht zu erwarten? Kann sie helfen, eine Transformation der Gesellschaft in Richtung Nachhaltigkeit ins Werk zu setzen? Eine allgemeine Antwort, das ist deutlich geworden, kann darauf nicht gegeben werden. Zu unterschiedlich sind die einzelnen Technologien und Anwendungen, zu widersprüchlich deren Auswirkungen. Unser Fazit fällt daher eher verhalten aus: Der Megatrend Digitalisierung wird – insbesondere so, wie er sich in den letzten fünf bis zehn Jahren entwickelt hat – keine der großen gesellschaftlichen Herausforderungen von sich aus lösen. Im Gegenteil besteht ungeachtet einiger Chancen die Gefahr, dass eine Digitalisierung unter den bestehenden ökonomischen und politischen Rahmenbedingungen viele gesellschaftliche Probleme eher noch verschärfen dürfte. Die Polarisierung von Einkommen, Unsicherheiten auf dem Arbeitsmarkt, Risiken von Überwachung und Einschüchterung sowie zunehmende Verbräuche von knappen Ressourcen und klimaschädlichen Energieträgern – dies alles kann durch die Digitalisierung noch forciert werden, wenn Politik, Zivilgesellschaft und Nutzer*innen nicht zielgerichtet intervenieren.

Freilich bedeutet dies nicht, dass auf die weitere Nutzung von Smartphones oder des Internets verzichtet werden sollte. Auch eine pauschale Absage an Roboter oder künstliche Intelligenz ist nicht zielführend. Die Strategie sollte stattdessen sein, viel genauer und bedachter als bisher hinzusehen, welche digitalen Anwendungen die Gesellschaft weiterbringen und welche trotz möglicher futuristischer Versprechungen doch eher fragwürdig bleiben. Die Digitalisierung können wir uns hierfür als einen großen und vielfältigen Werkzeugkasten vorstellen. Manche Werkzeuge können bestimmte Probleme lösen. Aber nicht für jedes Problem gibt es ein Werkzeug und manchmal passen die Werkzeuge nicht, auch wenn es zuerst so aussah. Und keinesfalls sollte die Erfindung von Werkzeugen bestimmen, was wir als gesellschaftliches Problem definieren. Vielmehr müssen die digitalen *tools* nach Maßgabe der klügsten Lösungsoptionen hergestellt werden. Um dies zu erreichen, muss die Digitalisierung viel mehr, viel selektiver und viel kritischer von Politik und Gesellschaft gestaltet werden, als es derzeit der Fall ist. Die Fragen »Welche Digitalisierung wollen wir?« und »Wofür wollen wir digitale *tools* nutzen?« sollten jede Diskussion über das Thema bestimmen.

Den von der Politik gesetzten Rahmenbedingungen kommt hierbei eine zentrale Rolle zu. Einige der Lösungsansätze, die wir in diesem Buch aufgezeigt haben, werden zwar schon länger diskutiert, aber wir halten sie aufgrund der digitalen Veränderungen für hochaktuell. So erinnert die digitalökologische Steuerreform an die bekannte ökologische Steuerreform und eine kurze Vollzeit wurde auch schon in früheren Jahren diskutiert – sie müssen lediglich aktualisiert und an die digitale Gesellschaft angepasst werden. Die Ähnlichkeiten zeigen: Die Digitalisierung ist nicht das *eine* neue Phänomen, das alle alten in den Schatten stellt. Vielmehr fügt sie bestehenden Problematiken eine weitere Facette hinzu. Daher ist die zentrale Frage auch nicht, wie wir allein mit der Digitalisierung umgehen, sondern wie bestehende Konzepte der sozialökologischen Transformation so angepasst werden können, dass sie die Digitalisierung und ihre Folgen miteinbeziehen.

Und zu einer weiteren Einsicht sind wir gekommen: Die hohe Geschwindigkeit, die viele der digitalen Entwicklung voraussagen, könnte eher Teil des Problems als Teil der Lösung sein. Wir haben zu Beginn die Frage aufgeworfen, ob nicht gerade das ›disruptive‹ Potenzial der Digitalisierung dazu geeignet wäre, eine zügige und tief greifende Transformation in Richtung Nachhaltigkeit zu ermöglichen. Doch zu Ansätzen digitaler Disruptionen für Ökologie und Gerechtigkeit haben Sie, liebe Leser*innen, nach der Einleitung nicht mehr viel zu lesen bekommen.

Tatsächlich zeigen viele jener Entwicklungen, die mit großer Macht und viel Finanzkapital in erstaunlicher Geschwindigkeit vorangetrieben werden, kaum in eine zukunftsfähige Richtung. Demgegenüber ist deutlich geworden, dass viele der kooperativen, datenschutz- und suffizienzorientierten Lösungen einer beharrlichen Förderung bedürfen, um sich etablieren zu können. Nutzer*innen, Politik und zivilgesellschaftliche Akteur*innen brauchen Zeit, um digitalpolitische Alternativen zu entwickeln und digitale Möglichkeiten für sich zu nutzen. Ganz offensichtlich hinken sie den rasant agierenden IT-Konzernen hinterher.

Die Gefahr ist somit groß, dass digitale Disruptionen zu viele negative gesellschaftliche Effekte hervorbringen werden, um am Ende noch einen emanzipatorischen Wert aufzuweisen. Ähnliche Dynamiken sind auch von anderen Megatrends bekannt, etwa der Globalisierung. Nach Ende des Zweiten Weltkriegs wurde ein freier Welthandel zunächst als Mittel der Völkerverständigung, des Friedens und der wirtschaftlichen Chancen betrachtet. Seit dem Fall des ›Eisernen Vorhangs‹ avancierte der Freihandel jedoch zum Spielfeld transnationaler Konzerne, die ihre Gewinne über Grenzen hinweg maximieren und dafür Menschen und Umwelt ausbeuten. Und heute? Viele der Menschen, die in den USA für Trump und in Großbritannien für den ›Brexit‹ gestimmt hatten, aber auch Millionen Menschen in anderen Ländern des Südens und Nordens haben als gefühlte oder reale Verlierer*innen der Globalisierung eine gewaltige Frustration entwickelt. Das ebnet nun populistischen Parteien mit fremdenfeindlichen und demokratiegefährdenden Absichten den Weg in die Parlamente und spaltet Gesellschaften. Dennoch ist Handel zwischen Ländern natürlich nicht grundsätzlich schlecht. Bloß: Die Gesellschaft hat den Moment verpasst, das Zuviel einer an sich guten Sache zu verhindern. Ein ganz ähnlicher Trend zeichnet sich nun auch für die Digitalisierung ab. Eine disruptive und einseitig kapitalistisch getriebene Digitalisierung könnte viele Menschen abhängen und dazu führen, dass sie keinen Platz mehr in der Gesellschaft finden. Wir müssen versuchen, dies zu verhindern!

Auf die Frage, ob die Gesellschaft noch mitkäme bei dem rasanten Tempo technologischer Entwicklungen, antwortete der Chefstratege Astro Teller von Google X unlängst in einem Interview: »Seit Kurzem ist die Geschwindigkeit des radikalen technologischen Wandels schneller als die Rate, mit der die Gesellschaft noch darüber nachdenken kann. Aber anstatt die Technologien als das Problem zu betrachten, schlage ich vor, dass wir die Fähigkeit unserer Gesellschaft stärken müssen, schneller zu denken, sich schneller zu entwickeln und sich schneller an die technische Welt anzupassen. Ich denke, das ist viel produktiver als den technologischen Wandel zu verlangsamen.«[1] Diese Ansicht steht idealtypisch für viele der Apologeten des Silicon Valleys und der IT-Welt. Sie stammt (oft) von weißen, hochgebildeten, technophilen Männern, die von einer solchen Herangehensweise profitieren. Doch diese scheinen außer Acht zu lassen, dass sich Eigenschaften wie Empathie, gesellschaftliche Vielfalt oder auch das Tempo biologischer Regenerationszyklen einer raschen und radikalen Veränderung schlicht entziehen. Wenn wir außerdem annehmen, dass dies die Sichtweise einer Minderheit ist und die Mehrheit für Werte wie demokratische Mitbestimmung, Gemeinwohlorientierung und ökologische Nachhaltigkeit eintritt, dann ist klar: Wir müssen die Digitalisierung an unsere gesellschaftlichen Vorstellungen anpassen und nicht umgekehrt!

Wir plädieren daher nicht für eine disruptive, sondern für eine sanfte Digitalisierung. Nur eine sanfte und bedachte Digitalisierung, die klar auf einen nachhaltigen Beitrag zur Lösung gesellschaftlicher Herausforderungen sowie auf die Bedürfnisse der Menschen aller Herkünfte, Bildungshintergründe und Einkommensniveaus ausgerichtet ist, wird die Umwelt entlasten, Mut machen und sozialen Zusammenhalt stärken. Wir brauchen keine Gesellschaft aus Nullen und Einsen. Was wir brauchen, ist eine Digitalisierung nach menschlichem und ökologischem Maß.

Literaturverzeichnis

Acemoglu, Daron und Pascual Restrepo (2016): The Race Between Machine and Man: Implications of Technology for Growth, Factor Shares and Employment. Working Paper 16-05. Cambridge: National Bureau of Economic Research.

Acemoglu, Daron und Pascual Restrepo (2017): Robots and Jobs: Evidence from US labor markets. MIT Department of Economics Working Paper 17-04. Boston: MIT, Boston University.

Achachlouei, Mohammad Ahmadi, Åsa Moberg und Elisabeth Hochschorner (2015): Life Cycle Assessment of a Magazine, Part I: Tablet Edition in Emerging and Mature States. *Journal of Industrial Ecology* 19, Nr. 4: 575–589.

Achachlouei, Mohammad Ahmadi und Åsa Moberg (2015): Life Cycle Assessment of a Magazine, Part II: A Comparison of Print and Tablet Editions. *Journal of Industrial Ecology* 19, Nr. 4: 590–606.

Agora Energiewende, Hrsg. (2017): *Energiewende und Dezentralität. Zu den Grundlagen einer politisierten Debatte.* Berlin.

Ahlers, Elke, Christina Klenner, Yvonne Lott, Manuela Maschke, Annekathrin Müller, Christina Schilmann, Dorothea Voss und Anja Weusthoff (2017): Genderaspekte der Digitalisierung der Arbeitswelt. Diskussionspapier für die Kommission »Arbeit der Zukunft«. Berlin: Hans-Böckler-Stiftung.

Aichholzer, Georg, Niklas Gudowsky, Wolfram Rhomberg, Florian Saurwein, Matthias Weber und Beatrix Wepner (2015): Industrie 4.0 – Foresight & Technikfolgenabschätzung zur gesellschaftlichen Dimension der nächsten industriellen Revolution (Zusammenfassender Endbericht). Wien: Institut für Technikfolgen-Abschätzung (ITA) der Österreichischen Akademie der Wissenschaften, AIT Austrian Institute of Technology GmbH.

Akos, Kokai (2014): Whole Earth Catalog (1975) Photo. www.flickr.com/photos/on_earth/15418528738/ (Zugriff: 27. Juli 2017).

Altieri, Miguel (1995): Agroecology: The science of sustainable agriculture. Boulder: Westview Press.

Andrae, Anders und Tomas Edler (2015): On Global Electricity Usage of Communication Technology: Trends to 2030. *Challenges* 6, Nr. 1: 117–157.

Apple (2009): iPhone 3G Environmental Report.

Apple (2015): Environmental Report iPod Touch (6th Generation).

Apple (2016): Annual Report.

Apple (2017): iPhone 7 Environmental Report.

Aretz, Astrid, Marc Bost, Bernd Hirschl, Mariela Tapia, Max Spengler und Stefan Gößling-Reisemann (2017): Fundamentale Resilienzstrategien für die erneuerbare und digitale Stromversorgung erforderlich. *Ökologisches Wirtschaften*, Nr. 4: 22–24.

Asdecker, Björn (2015): Returning Mail-order Goods: Analyzing the Relationship Between the Rate of Returns and the Associated Costs. *Logistics Research* 8, Nr. 1.

Aslam, Salman (2017): Instagram by the Numbers: Stats, Demographics & Fun Facts. *omnicoreagency.com* (21. Juni). www.omnicoreagency.com/instagram-statistics/ (Zugriff: 28. Juni 2017).

Atalanda (2017): Produkte von regionalen Geschäften online kaufen. *atalanta.com*. www.atalanda.com (Zugriff: 8. November 2017).

A. T. Kearney (2015): Wie werden wir morgen leben? Deutschland 2064 – Die Welt unserer Kinder. Düsseldorf.

Auerbach, Marc (2016): IKEA: Flat pack tax avoidance. www.mbl.is/media/28/9628. pdf (Zugriff: 3. August 2017).

Aus Politik und Zeitgeschichte (2015): Big Data 11–12/2015. Bonn: Bundeszentrale für politische Bildung.

Autor, David, David Dorn, Lawrence Katz, Christina Patterson und John Van Reenen (2017): Concentrating on the Fall of the Labor Share. Cambridge: National Bureau of Economic Research.

Bahl, Friederike und Philipp Staab (2015): Die Proletarisierung der Dienstleistungsarbeit. *Soziale Welt* 66, Nr. 4: 371–388.

Balde, C. P., R. Kuehr, K. Blumenthal, S. Fondeur Gill, M. Kern, P. Micheli, E. Magpantay und J. Huisman (2015): E-waste Statistics: Guidelines on Classifications, Reporting and Indicators. Bonn: United Nations University, IAS-SCYCLE.

Barcham, Raphael (2014): Climate and Energy Impacts of Automated Vehicles. Sacramento: California Air Resources Board.

Bartmann, Christoph (2016): Die Rückkehr der Diener. Das neue Bürgertum und sein Personal. München: Hanser.

Bauernhansl, Thomas (2014): Die Vierte Industrielle Revolution – Der Weg in ein wertschaffendes Produktionsparadigma. In: *Industrie 4.0 in Produktion, Automatisierung und Logistik: Anwendung, Technologien, Migration*, hg. v. Thomas Bauernhansl, Michael ten Hompel und Birgit Vogel-Heuser, S. 5–35. Wiesbaden: Springer Fachmedien.

Bayer, Benjamin (2013): Das Potential von Lastmanagement am Beispiel der Kältetechnik. Potsdam: IASS.

Beckedahl, Markus (2017): Digitale Agenda im Bundestag: »Sie müssen für jeden dankbar sein, der da ist!« *netzpolitik.org* (7. Juni). (netzpolitik.org/2017/digitale-agenda-im-bundestag-sie-muessen-fuer-jeden-dankbar-sein-der-da-ist (Zugriff: 29. Juni 2017).

Beier, Grisha, Silke Niehoff, Tilla Ziems und Bing Xue (2017): Sustainability Aspects of a Digitalized Industry. *International Journal for Precision Engineering and Manufacturing-Green Technology* 4, Nr. 2: 227–234.

Bentham, Jeremy, Andreas Leopold Hofbauer und Christian Welzbacher (2013): *Panoptikum oder das Kontrollhaus*. Batterien N.F., 14. Berlin: Matthes & Seitz.

Bentolila, Samuel und Gilles Saint-Paul (2003): Explaining Movements in the Labor Share. *Contributions in Macroeconomics* 3, Nr. 1.

Bentzen, Jan (2004): Estimating the rebound effect in US manufacturing energy consumption. *Energy economics* 26, Nr. 1: 123–134.

Berié, Hermann und Ulf Fink (1997): Die Lohnquote. Berlin: WISO-Institut.

Berners-Lee, Tim (2016): The past, present and future. *Wired* (23. August). www.wired.co.uk/article/tim-berners-lee/ (Zugriff: 8. November 2017).

Bertschek, Irene, Jörg Ohnemus und Steffen Viete (2016): *Befragung zum sozioökonomischen Hintergrund und zu den Motiven von Crowdworkern: Endbericht*. Forschungsbericht / Bundesministerium für Arbeit und Soziales FB462. Mannheim.

Beuermann, Christiane und Tilman Santarius (2006): Ecological Tax Reform in Germany: Handling Two Hot Potatoes at the Same Time. *Energy Policy* 34, Nr. 8: 917–929.

Biermann, Kai (2014): Algorithmen Allmächtig? Freiheit in den Zeiten der Statistik. *netzpolitik.org* (25. Juli). www.netzpolitik.org/2014/algorithmen-allmaechtig-freiheit-in-den-zeiten-der-statistik/ (Zugriff: 29. Juli 2017).

Biesecker, Adelheid (1999): Vorsorgendes Wirtschaften braucht Zeiten. Von einer »Ökonomie der Zeit« zu »Ökonomien in Zeiten«. In: *Zeitlandschaften: Perspektiven für eine öko-soziale Zeitpolitik*, hg. v. Sabine Spitzner und Meike Hofmeister, S. 107–130. Stuttgart, Leipzig: Hirzel.

Biesecker, Adelheid, Christa Wichterich und Uta von Winterfeld (2012): Feministische Perspektiven zum Themenbereich Wachstum, Wohlstand, Lebensqualität. Hintergrundpapier. Bremen, Bonn und Wuppertal.

Bihr, Peter (2017): View Source Shenzhen. Berlin: The Waving Cat GmbH.

Bilke-Hentsch, Oliver und Olaf Reis (2012): Jugendliches Suchtverhalten am Beispiel der Mediennutzung. *Suchtmagazin* 38, Nr. 5: 27–30.

Binswanger, Hans Christoph, Heinz Frisch, Hans G. Nutzinger, Bertram Schefold, Gerhard Scherhorn, Udo E. Simonis und Burkhard Strümpel, Hrsg. (1983): *Arbeit ohne Umweltzerstörung. Strategien für eine neue Wirtschaftspolitik*. Frankfurt am Main: S. Fischer.

Binswanger, Mathias (2001): Technological progress and sustainable development: what about the rebound effect? *Ecological economics* 36, Nr. 1: 119–132.

Bischoff, Joschka und Michal Maciejewski (2016): Simulation of City-wide Replacement of Private Cars with Autonomous Taxis in Berlin. *Procedia Computer Science* 83: 237–244.

Literaturverzeichnis

Bischoff, Jürgen, T. Hegmanns, C. Prasse, M. ten Hompel, M. Henke, D. Wolter, N. Braun und M. Guth (2015): Erschließen der Potenziale der Anwendung von »Industrie 4.0« im Mittelstand. Mülheim an der Ruhr: agiplan GmbH.

Bitkom (2013): Öffentliche Hand gibt über 20 Milliarden Euro für ITK aus. 12. März. www.bitkom.org/Presse/Presseinformation/Oeffentliche-Hand-gibt-ueber-20-Milliarden-Euro-fuer-ITK-aus.html (Zugriff: 8. November 2017).

Blättel-Mink, Birgit und Kai-Uwe Hellmann, Hrsg. (2010): *Prosumer Revisited. Zur Aktualität einer Debatte*. Berlin: Springer.

Boeing, Niels (2017): Reisen: Die Zukunft des Fliegens. *Zeit Online* (26. Oktober). www.zeit.de/2017/41/reisen-fliegen-zukunft/ (Zugriff: 8. November 2017).

Bögeholz, Harald (2017): Künstliche Intelligenz: AlphaGo Zero übertrumpft Alpha-Go ohne menschliches Vorwissen. *heise Online* (19. Oktober). https://www.heise.de/newsticker/meldung/Kuenstliche-Intelligenz-AlphaGo-Zero-uebertrumpft-AlphaGo-ohne-menschliches-Vorwissen-3865120.html (Zugriff: 9. November 2017).

Bollier, David (2014): Will Bitcoin and Other Insurgent Currencies Reinvent Commerce? www.bollier.org/blog/will-bitcoin-and-other-insurgent-currencies-reinvent-commerce/ (Zugriff: 2. November 2017).

Bonin, Holger, Terry Gregory und Ulrich Zierahn (2015): Übertragung der Studie von Frey/Osborne (2013) auf Deutschland. ZEW Kurzexpertise.

Borenstein, Severin (2013): A microeconomic framework for evaluating energy efficiency rebound and some implications. E2e Working Paper Series.

Bowers, Simon (2016): Google pays €47m in tax in Ireland on €22bn sales revenue. *The Guardian Online* (4. November). www.theguardian.com/business/2016/nov/04/google-pays-47m-euros-tax-ireland-22bn-euros-revenue/ (Zugriff: 24. August 2017).

von Brackel, Benjamin (2013): Wohin mit den erneuerbaren Energien? Neue Stromspeicher braucht das Land. *Bundeszentrale für politische Bildung* (1. März). www.bpb.de/politik/wirtschaft/energiepolitik/148604/energiespeicher/ (Zugriff: 10. Juni 2017).

Brand, Ulrich (2014): Sozial-ökologische Transformation als gesellschafts-politisches Projekt. *Kurswechsel* 2: 7–18.

Brand, Ulrich und Markus Wissen (2012): Global Environmental Politics and the Imperial Mode of Living: Articulations of State–Capital Relations in the Multiple Crisis. *Globalizations* 9, Nr. 4: 547–560.

Brand, Ulrich und Markus Wissen (2017): Imperiale Lebensweise. Zur Ausbeutung von Mensch und Natur in Zeiten des globalen Kapitalismus. München: oekom verlag.

Brauer, Benjamin, Carolin Ebermann, Björn Hildebrandt, Gerrit Remané und Lutz M. Kolbe (2016): Green By App: The Contribution of Mobile Applications To Environmental Sustainability. *ECIS 2016 Proceedings*: 1–16.

Brown, Jay R. und Alfred L. Guiffrida (2014): Carbon Emissions Comparison of Last Mile Delivery Versus Customer Pickup. *International Journal of Logistics Research and Applications* 17, Nr. 6: 503–521.

Brynjolfsson, Erik und Andrew McAfee (2012): Race Against the Machine: How the Digital Revolution is Accelerating Innovation, Driving Productivity, and Irreversibly Transforming Employment and the Economy. Lexington: Digital Frontier Press.

Brynjolfsson, Erik und Andrew McAfee (2014): The Second Machine Age: Wie die nächste digitale Revolution unser aller Leben verändern wird. Kulmbach: Plassen-Verlag.

Bubeck, Stefan (2016): Ein selbstfahrendes Auto erzeugt 4.000 Gigabyte Daten am Tag. *giga.de* (8. Dezember). www.giga.de/unternehmen/intel/news/ein-selbstfah rendes-auto-erzeugt-4.000-gigabyte-daten-am-tag/ (Zugriff: 1. August 2017).

Buhl, Johannes (2016): Rebound-Effekte im Steigerungsspiel. Zeit- und Einkommenseffekte in Deutschland. Baden-Baden: Nomos.

Bull, Justin G. und Robert A. Kozak (2014): Comparative Life Cycle Assessments: The Case of Paper and Digital Media. *Environmental Impact Assessment Review* 45: 10–18.

Bundesinstitut für Bau-, Stadt- und Raumforschung (2017): Online-Handel – Mögliche räumliche Auswirkungen auf Innenstädte, Stadtteil- und Ortszentren. BBSR-Online-Publikation 08/2017. Bonn: Bundesamt für Bauwesen und Raumordnung.

Bundesministerium für Bildung und Forschung (2013): Zukunftsbild Industrie 4.0. Bonn.

Bundesministerium für Bildung und Forschung (2014): Die neue Hightech-Strategie der Bundesregierung: Innovationen für Deutschland. Berlin.

Bundesministerium für Bildung und Forschung (2017a): Digitale Innovationen. Neue Dimensionen von Bildung und Wissenschaft erschließen. Berlin.

Bundesministerium für Bildung und Forschung (2017b): Vernetzen. Fördern. Gestalten: Aufgaben für Bildung und Forschung im digitalen Wandel. Berlin.

Bundesministerium für Verkehr und digitale Infrastruktur (2016a): Aktionsplan Güterverkehr und Logistik – nachhaltig und effizient in die Zukunft. Berlin.

Bundesministerium für Verkehr und digitale Infrastruktur (2016b): Verkehrsprognose 2030. Berlin.

Bundesministerium für Verkehr und digitale Infrastruktur (2017a): Ethik-Kommission. Automatisiertes und vernetztes Fahren. Berlin.

Bundesministerium für Verkehr und digitale Infrastruktur (2017b): »Eigentumsordnung« für Mobilitätsdaten? Eine Studie aus technischer, ökonomischer und rechtlicher Perspektive. Berlin.

Bundesministerium für Wirtschaft und Energie (2015): Industrie 4.0 und Digitale Wirtschaft: Impulse für Wachstum, Beschäftigung und Innovation. Berlin.

Bundesministerium für Wirtschaft und Energie (2016): Digitale Strategie 2025. Berlin.

Literaturverzeichnis

Bundesministerium für Wirtschaft und Energie (2017a): Strom 2030. Langfristige Trends – Aufgaben für die kommenden Jahre. Berlin.

Bundesministerium für Wirtschaft und Energie (2017b): Digitale Transformation in der Industrie. www.bmwi.de/Redaktion/DE/Dossier/industrie-40.html (Zugriff: 19. Mai 2017).

Bundesministerium für Wirtschaft und Energie (2017c): Weißbuch Digitale Plattformen. Digitale Ordnungspolitik für Wachstum, Innovation, Wettbewerb und Teilhabe. Berlin.

Bundesministerium für Wirtschaft und Technologie (2010): Energiekonzept für eine umweltschonende, zuverlässige und bezahlbare Energieversorgung. Berlin.

Bundesregierung (2003): *Bundesdatenschutzgesetz. Gesetz dient der Umsetzung der Richtlinie 95/46/EG des Europäischen Parlaments und des Rates vom 24. Oktober 1995.*

Bundesregierung (2016): *Gesetz zur Digitalisierung der Energiewende.*

Bundesregierung (2017): *Gesetz zur Umsetzung der Richtlinie (EU) 2016/681.*

Bundesverband der deutschen Versandbuchhändler (2015): Infografik: Amazon dominiert den Onlinebuchhandel. *Statista* (20. Mai). de.statista.com/infografik/ 2271/umsatz-des-versandhandels-mit-buechern-in-deutschland/ (Zugriff: 11. Oktober 2017).

Bundesverband Paket und Expresslogistik (2017): Anzahl der Sendungen von Kurier-, Express- und Paketdiensten (KEP) in Deutschland in den Jahren 2000 bis 2016 (in Millionen). KEP-Studie 2017 – Analyse des Marktes in Deutschland. Eine Untersuchung im Auftrag des Bundesverbandes Paket und Expresslogistik e.V. *Statista*, de.statista.com/statistik/daten/studie/154829/umfrage/sendungsmenge-von-paket-und-kurierdiensten-in-deutschland/ (Zugriff: 12. November 2017).

Cairns, Sally (2005): Delivering Supermarket Shopping: More or Less Traffic? *Transport Reviews* 25, Nr. 1: 51–84.

Canaccord Genuity (2015) Apple Claims 92% of Global Smartphone Profits. *Statista* (18. November). www.statista.com/chart/4029/smartphone-profit-share/ (Zugriff: 8. Oktober 2017).

Canzler, Weert und Andreas Knie (2009): *Grüne Wege aus der Autokrise: Vom Autobauer zum Mobilitätsdienstleister.* Schriften zur Ökologie 4. Berlin: Heinrich-Böll-Stiftung.

Canzler, Weert und Andreas Knie (2013): Schlaue Netze. Wie die Energie- und Verkehrswende gelingt. München: oekom verlag.

Canzler, Weert und Andreas Knie (2016): Die digitale Mobilitätsrevolution: Vom Ende des Verkehrs, wie wir ihn kannten. München: oekom verlag.

Carey, Scott (2017): Alternatives to Uber: The Best Alternative Ride-hailing Apps. *techworld.com* (22. September). www.techworld.com/startups/alternatives-uber-best-alternative-ride-hailing-apps-3656813/ (Zugriff: 16. Oktober 2017).

Carli, James (2016): Oceantop Living in a Seastead – Realistic, Sustainable, and Coming Soon. *Huffington Post* (10. Dezember). www.huffingtonpost.com/entry/

oceantop-living-in-a-seastead-realistic-sustainable_us_584c595ae4b0016e50430 490 (Zugriff: 12. Oktober 2017).

Castells, Manuel (2001): The Internet galaxy: reflections on the Internet, business, and society. Oxford, New York: Oxford University Press.

Castells, Manuel (2017): Der Aufstieg der Netzwerkgesellschaft. Wiesbaden: Springer Fachmedien.

Chaffey, Dave (2017): Global Social Media Statistics Summary 2017. *Smart Insights* (27. April). www.smartinsights.com/social-media-marketing/social-media-strategy/new-global-social-media-research/ (Zugriff: 18. September 2017).

Chan, Edwin (2017): Tencent Just Became the World's 10th Biggest Company. *bloomberg.com* (6. April). www.bloomberg.com/news/articles/2017-04-05/tencent-passes-wells-fargo-to-become-10th-biggest-company-chart (Zugriff: 12. November 2017).

Chan, Jason, Pikki Fung und Pauline Overeem (2016a): The Poisonous Pearl. Occupational chemical poisoning in the electronics industry in the Pearl River Delta, People's Republic of China. Amsterdam: Good Electronics.

Chan, Jenny, Ngai Pun und Mark Selden (2016b): Dying for an iPhone: The Lives of Chinese Workers. *chinadialogue.net* (15. April). www.chinadialogue.net/article/show/single/en/8826-Dying-for-an-iPhone-the-lives-of-Chinese-workers (Zugriff: 26. Juli 2017).

Chancerel, Perrine, Max Marwede, Nils F. Nissen und Klaus-Dieter Lang (2015): Estimating the Quantities of Critical Metals Embedded in ICT and Consumer Equipment. *Resources, Conservation and Recycling* 98: 9–18.

Charlot, Christophe (2016): Uberize Me. Brüssel: Editions Racine.

Charniak, Eugene und Drew McDermott (1985): Introduction to Artificial Intelligence. Boston: Addison-Wesley Longman Publishing.

China Labor Watch (2016): Apple making big profits but Chinese workers' wage on the slide. *China Labor Watch* (24. August). www.chinalaborwatch.org/upfile/2016_08_23/Pegatron-report%20FlAug.pdf (Zugriff: 12. Juli 2017).

Christensen, Gayle, Andrew Steinmetz, Brandon Alcorn, Amy Bennett, Deirdre Woods und Ezekiel J. Emanuel (2013): The MOOC Phenomenon: Who Takes Massive Open Online Courses and Why? SSRN Scholarly Paper. Rochester: Social Science Research Network.

Cisco (2016): The Zettabyte Era: Trends and Analysis. White Paper. San Jose, Singapur, Amsterdam.

Cohen, Robert und Reginald E. Zelnik (2002): The Free Speech Movement: Reflections on Berkeley in the 1960s. Berkeley: University of California Press.

Coroama, Vlad C., Lorenz M. Hilty und Martin Birtel (2012): Effects of Internet-based Multiple-site Conferences on Greenhouse Gas Emissions. *Telematics and Informatics* 29, Nr. 4: 362–374.

Cross, Gary S. (2000): An all-consuming century: Why commercialism won in modern America. New York: Columbia University Press.

Literaturverzeichnis

Csikszentmihályi, Christopher (2017): Making A Fresh Start. Veranstaltung: Die transformative Kraft der Maker, 3. Januar, Berlin. www.cowerk.org/veranstal tungen/die-transformative-kraft-der-maker.html (Zugriff: 23. November 2017).

Dahm, Daniel und Gerhard Scherhorn (2008): Urbane Subsistenz: Die zweite Quelle des Wohlstands. München: oekom verlag.

D'Alisa, Giacomo, Federico Demaria und Giorgos Kallis (2014): Degrowth: A vocabulary for a new era. New York, London: Routledge.

van Dam, S. S., C. A. Bakker und J. C. Buiter (2013): Do Home Energy Management Systems Make Sense? Assessing Their Overall Lifecycle Impact. *Energy Policy* 63: 398–407.

Dämon, Kerstin (2015): Studie Digitalisierung und Arbeitsplätze: Computer kön-nen Jobs von 4,4 Millionen Deutschen übernehmen. *Wirtschaftswoche Online* (16. Dezember). www.wiwo.de/erfolg/beruf/studie-digitalisierung-und-arbeits plaetze-computer-koennen-jobs-von-4-4-millionen-deutschen-uebernehmen/ 12724850.html (Zugriff: 28. Juni 2017).

Daten-Speicherung.de (2017): Minimum Data, Maximum Privacy. www.daten-speicherung.de/index.php/ueberwachungsgesetze/ (Zugriff: 8. November 2017).

Daum, Timo (2017): Das Kapital sind wir: Zur Kritik der digitalen Ökonomie. Ham-burg: Nautilus.

de Decker, Kris (2015): Why We Need a Speed Limit for the Internet. *Low-Tech Magazine* (19. Oktober). www.lowtechmagazine.com/2015/10/can-the-internet-run-on-renewable-energy.html (Zugriff: 7. Juli 2016).

Dengler, Katharina und Britta Matthes (2015a): Folgen der Digitalisierung für die Arbeitswelt: Substituierbarkeitspotenziale von Berufen in Deutschland. For-schungsbericht. Nürnberg: Institut für Arbeitsmarkt- und Berufsforschung.

Dengler, Katharina und Britta Matthes (2015b): In kaum einem Beruf ist der Mensch vollständig ersetzbar. IAB Kurzbericht 24. Nürnberg: Institut für Arbeits-markt- und Berufsforschung.

Deutsche Akademie der Technikwissenschaften, Deutsche Akademie der Natur-forscher Leopoldina und Union der deutschen Akademien der Wissenschaften, Hrsg. (2017): *Das Energiesystem resilient gestalten: Maßnahmen für eine gesicherte Versorgung.* Berlin.

Deutsches CleanTech Institut (2015): Klimafreundlich einkaufen. Eine vergleichen-de Betrachtung von Onlinehandel und stationärem Einzelhandel. Bonn.

Deutsches Spionagemuseum Berlin (2017): Deutsches Spionagemuseum Berlin – German Spy Museum Berlin. www.deutsches-spionagemuseum.de (Zugriff: 1. November 2017).

Die Bundesregierung (2014): Digitale Agenda 2014–2017. Hg. v. Bundesministerium für Wirtschaft und Energie, Bundesministerium des Inneren und Bundesministe-rium für Verkehr und digitale Infrastruktur. Berlin.

Die Bundesregierung (2017): Legislaturbericht Digitale Agenda 2014–2017. Hg. v. Bundesministerium für Wirtschaft und Energie, Bundesministerium des Inneren, und Bundesministerium für Verkehr und digitale Infrastruktur. Berlin.

Die Welt (2014): Einzelhandel: Innenstädte veröden wegen Online-Handels. *Welt Online* (17. Februar). www.welt.de/wirtschaft/article124921314/Innenstaedte-veroeden-wegen-Online-Handels.html (Zugriff: 27. März 2017).

Dienel, Hans-Liudger (2017): Carsharing steht für eine neue Unverbindlichkeit – wie die Entscheidung gegen das eigene Haus oder eigene Kinder. *Zeozwei* 01, Nr. 2017: 50–52.

Digiconomics (2017): Bitcoin Energy Consumption. www.digiconomist.net/bitcoin-energy-consumption (Zugriff: 2. November 2017).

Dolan, P., T. Peasgood und M. White (2008): Do We Really Know What Makes Us Happy? A Review of the Economic Literature on the Factors Associated With Subjective Well-being. *Journal of Economic Psychology* 29, Nr. 1: 94–122.

Donath, Andreas (2016a): Paketkopter: DHL testet selbstladende Drohne erfolgreich in Bayern. *golem.de* (5. Oktober). www.golem.de/news/paketkopter-dhl-testet-selbstladende-drohne-erfolgreich-in-bayern-1605-120793.html (Zugriff: 9. November 2017).

Donath, Andreas (2016b): Belieferung aus der Luft: Amazon liefert Pakete mit Drohnen aus. *golem.de* (15. Dezember). www.golem.de/news/belieferung-aus-der-luft-amazon-liefert-pakete-mit-drohnen-aus-1612-125078.html (Zugriff: 9. November 2017).

Dr. Grieger & Cie. Marktforschung (2016): Smart Home Monitor Deutschland 2016. Hamburg.

Dräger, Jörg und Ralph Müller-Eiselt (2017): Die digitale Bildungsrevolution: der radikale Wandel des Lernens und wie wir ihn gestalten können. München: Deutsche Verlags-Anstalt.

Duhigg, Charles und David Kocieniewski (2012): Apple's Tax Strategy Aims at Low-Tax States and Nations. *New York Times Online* (28. April). www.nytimes.com/2012/04/29/business/apples-tax-strategy-aims-at-low-tax-states-and-nations.html (Zugriff: 25. September 2017).

Duong, Thuy Chinh, Lukas Foljanty, Carsten Kudella, Diana Runge, Paula Ruoff, Maike Gossen und Gerd Scholl (2016): Mobilität der Zukunft. Ergebnisbericht Projekt »ShareWay – Wege zur Weiterentwicklung von Shared Mobility zur dritten Generation«. Berlin: KCW, Institut für Ökologische Wirtschaftsforschung.

Easterlin, Richard A. (1974): Does Economic Growth Improve the Human Lot? Some Empirical Evidence. *Nations and households in economic growth* 89: 89–125.

Easterlin, Richard A. und Laura A. McVey (2010): The Happiness-income Paradox Revisited. *Proceedings of the National Academy of Sciences* 107, Nr. 52: 22463–22468.

Egger, Nina (2017): Ein neuer Weg: Dezentrale Energieversorgung. *TEC21*, Nr. 7–8: 26–28.

Literaturverzeichnis   **213**

EHI Retail Institute GmbH (2017): Amazon – Marktanteil am gesamten Online-Handelsumsatz in Deutschland. *handelsdaten.de.* www.handelsdaten.de/deutsch sprachiger-einzelhandel/marktanteil-von-amazon-am-gesamten-online-handels umsatz-deutschland (Zugriff: 21. September 2017).

Elsberg, Marc (2012): Blackout – Morgen ist es zu spät. München: Blanvalet Verlag.

EMC (2014): The Digital Universe of Opportunities. Rich Data and the Increasing Value of the Internet of Things. Hopkinton.

Ericsson AB (2017): Mobility Report: Traffic Exploration. Juni. www.ericsson.com/ TET/trafficView/loadBasicEditor.ericsson (Zugriff: 9. Oktober 2017).

Ethereum (2017): Ethereum. Blockchain App Plattform. www.ethereum.org (Zugriff: 2. November 2017).

Europäische Kommission (2012): The Digital Agenda for Europe – Driving European Growth Digitally. COM(2012) 784 final. Brüssel: Europäische Kommission.

Europäische Kommission (2016): *Verordnung des Europäischen Parlaments und des Rates zum Schutz natürlicher Personen bei der Verarbeitung personenbezogener Daten und zum freien Datenverkehr (Datenschutz-Grundverordnung).*

Evans, Benedict (2017): Cars And Second Order Consequences. www.ben-evans. com/benedictevans/2017/3/20/cars-and-second-order-consequences (Zugriff: 1. August 2017).

Evers-Wölk, Michaela und Michael Opielka (2016): Neue elektronische Medien und Suchtverhalten. TAB Bericht. Berlin: Büro für Technikfolgen-Abschätzung beim Deutschen Bundestag.

Facebook (2017): *Allgemeine Geschäftsbedingungen.* San Mateo.

Fagnant, Daniel J. und Kara Kockelman (2015): Preparing a Nation for Autonomous Vehicles: Opportunities, Barriers and Policy Recommendations. *Transportation Research Part A: Policy and Practice* 77: 167–181.

Feenstra, Robert C., Robert Inklaar und Marcel P. Timmer (2015): The Next Generation of the Penn World Table. *The American Economic Review* 105, Nr. 10: 3150–3182.

Ferdinand, Jan-Peter, Ulrich Petschow und Sascha Dickel, Hrsg. (2016): *The Decentralized and Networked Future of Value Creation.* Cham: Springer International Publishing.

Fichter, K., R. Hintemann, S. Beucker und S. Behrendt (2012): Gutachten zum Thema »Green IT – Nachhaltigkeit« für die Enquete-Kommission Internet und digitale Gesellschaft des Deutschen Bundestages.

von Finck, Zoé und Andreas Manhart (2016): Das Geschäft mit dem Schrott. *Internationale Politik November/ Dezember, Nr. 6:* 108–115.

Finger, Tobias (2014): Lösung im Kampf gegen Plastikmüll? 3D-Druck geht jetzt auch mit Abfall. *Wirtschaftswoche* (17. Juli). www.wiwo.de/technologie/green/biz/ loesung-im-kampf-gegen-plastikmuell-3d-druck-geht-jetzt-auch-mit-abfall/ 13549690.html.

Forschungsunion Wirtschaft–Wissenschaft (2013): Umsetzungsempfehlungen für das Zukunftsprojekt Industrie 4.0. *Abschlussbericht des Arbeitskreises Industrie 4.0.* Essen.

Foucault, Michel (1977): *Überwachen und Strafen:* Die Geburt des Gefängnisses. Frankfurt am Main: Suhrkamp.

Fraunhofer IESE (2017): Digitale Dörfer. www.digitale-doerfer.de/ (Zugriff: 17. Oktober 2017).

Fraunhofer IWES (2013): Erstellung innovativer Wetter- und Leistungsprognose-modelle für die Netzintegration wetterabhängiger Energieträger. www.projekt-eweline.de/projekt.html (Zugriff: 27. Oktober 2017).

Frey, Carl B. und Michael A. Osborne (2013): The Future of Employment: How Susceptible are Jobs to Computerisation? Working Paper. Oxford: University of Oxford.

Friedrich, Markus und Maximilian Hartl (2017): Wirkungen autonomer Fahrzeuge auf den städtischen Verkehr. Tagungsbericht Heureka 17. Köln: FGSV Verlag.

Fritz, Stefan (2016): Wie wir mit echter Digitaler Landwirtschaft unseren Planeten retten können. www.stefanfritz.de/wie_wir_mit_echter_digitaler_landwirtschaft_unseren_planeten_retten_koennen (Zugriff: 24. September 2017).

Gährs, Swantje, Astrid Aretz, Markus Flaute, Christian A. Oberst, Anett Groß-mann, Christian Lutz, Daniel Bargende, Bernd Hirschl und Reinhard Madlener (2016): Prosumer-Haushalte: Handlungsempfehlungen für eine sozial-ökologi-sche und systemdienliche Förderpolitik. Aachen, Berlin, Osnabrück.

Galbraith, John Kenneth (1958): The Affluent Society. Boston: Houghton Mifflin.

Garhammer, Manfred (1999): Wie Europäer ihre Zeit nutzen. Zeitstrukturen und Zeitkulturen im Zeichen der Globalisierung. Berlin: edition sigma.

Gassmann, Michael und Erich Reimann (2015): Wann Sie im Internet am billigs-ten einkaufen. *Welt Online* (11. März). www.welt.de/wirtschaft/article138271393/ Wann-Sie-im-Internet-am-billigsten-einkaufen.html (Zugriff: 7. März 2017).

Gates, Bill (1976): An Open Letter to Hobbyists. *Homebrew Computer Club Newsletter* 2, Nr. 1: 2.

Germanwatch (2017): Make-IT-Fair. www.germanwatch.org/stichwort/makeitfair (Zugriff: 28. November 2017).

Gershenfeld, Neil (2012): How to Make Almost Anything: The Digital Fabrication Revolution. *Foreign Affairs* 91: 43.

GeSI und Accenture (2015): Smarter 2030. ICT Solutions for 21st Century Challen-ges. Brüssel.

Gibb, Alicia (2014): *Building open source hardware: DIY manufacturing for hackers and makers.* London: Pearson Education.

Giesecke, Dana, Saskia Hebert und Harald Welzer, Hrsg. (2016): *Futurzwei Zu-kunftsalmanach 2017/18: Schwerpunkt Stadt.* Frankfurt am Main: S. Fischer.

Gleick, James (1999): *Faster.* The Acceleration of Just About Everything. New York: Vintage Books.

Literaturverzeichnis

Goldman Sachs (2016): Virtual and Augmented Reality: Understanding the Race for the Next Computing Platform (13. Januar). www.goldmansachs.com/our-thinking/pages/technology-driving-innovation-folder/virtual-and-augmented-reality/report.pdf (Zugriff: 27. September 2017).

Goleman, Daniel und Gergory Norris (2010): How Green Is My iPad? *New York Times* (4. April).

Görres, Anselm, Henner Ehringhaus und Ernst Ulrich von Weizsäcker (1994): Der Weg zur ökologischen Steuerreform. Weniger Umweltbelastung und mehr Beschäftigung. Das Memorandum des Fördervereins ökologische Steuerreform. München: Förderverein Ökologische Steuerreform.

Gossen, Maike, Sabrina Ludmann und Gerd Scholl (2017): Sharing Is Caring – for the Environment. Results of Life Cycle Assessments for Peer-to-peer Sharing. Veranstaltung: 4. IWSE, Lund.

Gößling-Reisemann, Stefan (2016): Resilience – Preparing Energy Systems for the Unexpected. *IRGC Resource Guide on Resilience, EPFL.* Lausanne: International Risk Governance Council.

Greenfield, Adam (2017): Radical Technologies: The Design of Everyday Life. London, New York: Verso.

Greenpeace (2014): Clicking Clean: How Companies are Creating the Green Internet. Washington.

Greenpeace (2017a): 10 Jahre Smartphone. Die globalen Umweltfolgen von 7 Milliarden Mobiltelefonen. Hamburg.

Greenpeace (2017b): Clicking Green. Who Is Winning the Race to Build a Green Internet? Washington.

Greenpeace (2017c): From Smart To Senseless: The Global Impact of 10 Years of Smartphone. Washington.

Greveler, Ulrich, B. J. und Dirk Löhr (2017): Hintergrund und experimentelle Ergebnisse zum Thema »Smart Meter und Datenschutz«. Münster: Labor für IT-Sicherheit der FH Münster.

Groß, Michael (2015): Mobile Shopping: A Classification Framework and Literature Review. *International Journal of Retail & Distribution Management* 43, Nr. 3: 221–241.

Gruel, Wolfgang und Joseph M. Stanford (2016): Assessing the Long-term Effects of Autonomous Vehicles: A Speculative Approach. *Transportation Research Procedia* 13: 18–29.

Grundlehner, Werner (2017): Internetdienste in China: Wo Google eine kleine Nummer ist. *Neue Zürcher Zeitung* (28. August). www.nzz.ch/finanzen/internet dienste-in-china-wo-google-eine-kleine-nummer-ist-ld.1312971 (Zugriff: 28. November 2017).

Habermann, Friederike (2009*): Halbinseln gegen den Strom: Anders leben und wirtschaften im Alltag.* Königstein i. Taunus: Ulrike Helber Verlag.

Habermas, Jürgen (2014): *Ach, Europa*. Kleine politische Schriften 11. Frankfurt am Main: Suhrkamp.

Hagelüken, Alexander (2017): Bill Gates will Roboter besteuern. *Süddeutsche Zeitung Online* (21. Februar). www.sueddeutsche.de/wirtschaft/digitalisierung-bill-gates-fordert-robotersteuer-1.3386861 (Zugriff: 10. Oktober 2017).

Handelsblatt (2016): Amazon-Rivale aus China: Alibaba steigert Umsatz kräftig. *Handelsblatt Online* (28. Januar). www.handelsblatt.com/unternehmen/handel-konsum gueter/amazon-rivale-aus-china-alibaba-steigert-umsatz-kraeftig/12892686.html (Zugriff: 7. November 2017).

Handelsverband Deutschland (2016): Handel digital: Online-Monitor 2016. Berlin.

Handelsverband Deutschland (2017): Umsatz durch E-Commerce (B2C) in Deutschland in den Jahren 1999 bis 2016 sowie eine Prognose für 2017 (in Milliarden Euro). *Statista*. de.statista.com/statistik/daten/studie/3979/umfrage/e-commerce-umsatz-in-deutschland-seit-1999/ (Zugriff: 11. November 2017).

Handley, Lucy (2017): Facebook and Google Predicted to Make $106 Billion from Advertising in 2017. *CNBC* (21. März). www.cnbc.com/2017/03/21/facebook-and-google-ad-youtube-make-advertising-in-2017.html (Zugriff: 1. November 2017).

Haug, Frigga (2008): Die Vier-in-einem-Perspektive: Politik von Frauen für eine neue Linke. Hamburg: Argument.

Hazas, Mike, Janine Morley, Oliver Bates und Adrian Friday (2016): Are There Limits to Growth in Data Traffic? On Time Use, Data Generation and Speed. In: *Proceedings of the Second Workshop on Computing Within Limits*, S. 14:1–14:5. New York: Limits 2016.

Helbing, Dirk, Bruno S. Frey, Gerd Gigerenzer, Ernst Hafen, Michael Hagner, Yvonne Hofstetter, Jeroen van den Hoven, Roberto V. Zicari und Andrej Zwitter (2015): Wie Algorithmen und Big Data unsere Zukunft bestimmen. *spektrum.de* (17. Dezember). www.spektrum.de/news/wie-algorithmen-und-big-data-unsere-zukunft-bestimmen/1375933 (Zugriff: 23. November 2017).

Helfrich, Silke und David Bollier, Hrsg. (2012): *Commons. Für eine neue Politik jenseits von Markt und Staat*. Bielefeld: Transcript.

Hellmann, Kai-Uwe (2009): Prosumismus im Zeitalter der Internetökonomie. *SWS-Rundschau* 49, Nr. 1: 67–73.

Henseling, Christine, Birgit Blättl-Mink, Jens Clausen und Siegfried Behrendt (2009): Wiederverkaufskultur im Internet: Chancen für nachhaltigen Konsum. *Aus Politik und Zeitgeschichte*, Nr. 32–33: 32–38.

Hermann, Christoph, Christopher Schmidt, Dennis Kurle, Stefan Blume und Sebastian Thiede (2014): Sustainability in Manufacturing and Factories of the Future. *International Journal of Precision Engineering and Manufacturing-Green Technology* 1, Nr. 4: 283–292.

Hilty, Lorenz M. (2008): Information technology and sustainability: essays on the relationship between ICT and sustainable development. Norderstedt: Books on Demand.

Literaturverzeichnis   **217**

Hilty, Lorenz M. (2012): Why Energy Efficiency is Not Sufficient. Some Remarks on »Green by IT«. In: *EnviroInfo 2012*, hg. v. H. K. Arndt, S. 13–20.

Hilty, Lorenz M. und Bernard Aebischer, Hrsg. (2015a): *ICT Innovations for Sustainability*. Bd. 310. Advances in Intelligent Systems and Computing. Cham: Springer International Publishing.

Hilty, Lorenz M. und Bernard Aebischer (2015b): ICT for Sustainability: An Emerging Research Field. In: *ICT Innovations for Sustainability*, hg. v. Lorenz M. Hilty und Bernard Aebischer, Bd. 310: S. 3–36. Cham: Springer International Publishing.

Hilty, Lorenz M., Wolfgang Lohmann, Siegfried Behrendt, Michaela Evers-Wölk, Klaus Fichter und Ralph Hintemann (2015): Grüne Software: Ermittlung und Erschließung von Umweltschutzpotenzialen der Informations- und Kommunikationstechnik (Green IT). Dessau-Roßlau: Umweltbundesamt.

Hines, Colin (2000): Localization: A Global Manifesto. London: Routledge.

Hintemann, Ralph und Jens Clausen (2016): Green Cloud? The Current and Future Development of Energy Consumption by Data Centers, Networks and End-user Devices: In: *Proceedings of ICT for Sustainability*, hg. v. Grosso, P., P. Lago und A. Osseyran, S. 109–115. Amsterdam: Atlantis Press.

Hirsch, Fred (1995): Social limits to growth. London: Routledge.

Höfner, Anja und Tilman Santarius (2017): Wertschätzungs- statt Wegwerfgesellschaft. Soziale Innovation dank Digitalisierung. *Politische Ökologie* 150: 139–144.

Hofstetter, Yvonne (2016): Das Ende der Demokratie. München: C. Bertelsmann.

Hogg, Nick und Tim Jackson (2009): Digital Media and Dematerialization: An Exploration of the Potential for Reduced Material Intensity in Music Delivery. *Journal of Industrial Ecology* 13, Nr. 1: 127–146.

Hörhan, Gerald B. (2017): Der stille Raub: Wie das Internet die Mittelschicht zerstört und was Gewinner der digitalen Revolution anders machen. Wien: edition a.

Horner, Nathaniel C., Arman Shehabi und Inês L. Azevedo (2016): Known Unknowns: Indirect Energy Effects of Information and Communication Technology. *Environmental Research Letters* 11, Nr. 10: 103001.

Horowitz Research (2016): State of Cable & Digital Media. New York: Horowitz Research.

Huber, Anton S. (2013): Das Ziel Digital Enterprise: Die professionelle digitale Abbildung von Produktentwicklung und Produktion. In: *Industrie 4.0*, hg. v. Ulrich Sendler, S. 111–124. Berlin, Heidelberg: Springer.

Huber, Walter (2016): Industrie 4.0 in der Automobilproduktion. Wiesbaden: Springer Fachmedien.

Huhn, Philipp (2016): Smart Home – Energy Management Outlook. Hamburg: statista GmbH.

Huws, Ursula, Neil H. Spencer und Simon Joyce (2016): Crowd Work in Europe: Preliminary results from a survey in the UK, Sweden, Germany, Austria and the Netherlands. Brüssel: Foundation for European Progressive Studies.

I. L. A. Kollektiv, Hrsg. (2017): *Auf Kosten Anderer? Wie die imperiale Lebensweise ein gutes Leben für alle verhindert*. München: oekom verlag.

Illich, Ivan (1998): Selbstbegrenzung. Eine politische Kritik der Technik [1975]. München: C. H. Beck.

Initiative D21 e.V. und Kantar TNS (2016): Sonderstudie »Schule Digital«. Lehrwelt, Lernwelt, Lebenswelt: Digitale Bildung im Dreieck SchülerInnen–Eltern–Lehrkräfte. Berlin.

International Energy Agency, Hrsg. (2016): *World energy outlook 2016*. Paris: OECD.

International Labour Organization, Hrsg. (2013): *Wages and equitable growth*. Global wage report [3.]2012/13.Genf.

IPCC, Hrsg. (2014): *Climate Change 2014: Synthesis Report*. Genf.

Jackson, Tim (2011): Prosperity without growth: Economics for a Finite Planet. London: Earthscan.

Jackson, Tim (2016): Prosperity without Growth: Economics for a Finite Planet. Revised Edition. London: Taylor & Francis.

Jacob, Daniel und Manuel Thomas (2014): Das Internet als Heilsbringer der Demokratie? *Aus Politik und Zeitgeschichte*, Nr. 22–23: 35–39.

Jaeger-Erben, Melanie, Jana Rückert-John und Martina Schäfer, Hrsg. (2017): *Soziale Innovationen für nachhaltigen Konsum*. Innovation und Gesellschaft. Wiesbaden: Springer Fachmedien.

Jäger, Moritz (2016): Blockchain: Eine Technik zwischen Hype und Wirklichkeit. *golem.de*. www.golem.de/news/blockchain-eine-technik-zwischen-hype-und-wirklichkeit-1510-116573.html (Zugriff: 27. Juli 2016).

Jenkins, Jesse, Ted Nordhaus und Michael Shellenberger (2011): Energy Emergence: Rebound and Backfire as Emergent Phenomena. Oakland: Breakthrough Institute.

Jenny, Annette, Max Grütter und Walter Ott (2014): Suffizienz – Ein handlungsleitendes Prinzip zur Erreichung der 2000-Watt-Gesellschaft. Projektbericht. Zürich.

Jentzsch, Nicole (2017): Wohlfahrts- und Verteilungseffekte personalisierter Preise und Produkte. WISO-Diskurs. Berlin: Friedrich-Ebert-Stiftung.

Jeswani, Harish K. und Adisa Azapagic (2015): Is E-Reading Environmentally More Sustainable Than Conventional Reading? *Clean Technologies and Environmental Policy* 17, Nr. 3: 803–809.

Jewell, Catherine (2016): Digital Pioneer, Jaron Lanier, on the Dangers of »Free« Online Culture. *wipo.int* (April 2016). www.wipo.int/wipo_magazine/en/2016/02/article_0001.html (Zugriff: 11. Juli 2017).

Joumaa, Chibli und Seifedine Kadry (2012): Green IT: Case Studies. *Energy Procedia* 16: 1052–1058.

Kaldor, Nicholas (1957): A Model of Economic Growth. *The Economic Journal* 67, Nr. 268: 591–624.

Karabarbounis, L. und B. Neiman (2014): The Global Decline of the Labor Share. *The Quarterly Journal of Economics* 129, Nr. 1: 61–103.

Keeley, Brian (2015): Income Inequality: The Gap between Rich and Poor. Paris: OECD.

Kelly, Kevin (2016): The Untold Story of magic Leap, the World's Most Secretive Startup. *wired.com* (26. April). www.wired.com/2016/04/magic-leap-vr/ (Zugriff: 29. Juli 2017).

Keutel, Klara (2015): Elektronikartikel: Wochentage mit den besten Preisen. *Frankfurter Allgemeine Zeitung Online* (18. Februar). www.faz.net/aktuell/finanzen/ meine-finanzen/geld-ausgeben/elektronikartikel-wochentage-mit-den-besten-preisen-13430224.html (Zugriff: 29. Juli 2017).

Kittner, Noah, Felix Lill und Daniel M. Kammen (2017): Energy Storage Deployment and Innovation for the Clean Energy Transition. *Nature Energy* 2, Nr. 9: 17125.

Kleber, Claus und Angela Andersen (2016): ZDF-Reportage: Silicon Valley – Zu Besuch bei den Herren der Welt. www.youtube.com/watch?v=Bmxk0D2EsJI (Zugriff: 11. November 2017).

Klemm, Thomas (2016): Stressiger Beruf: Paketbote für einen Tag. *Frankfurter Allgemeine Zeitung Online* (6. Dezember). www.faz.net/aktuell/beruf-chance/ arbeitswelt/stressiger-beruf-paketbote-fuer-einen-tag-14557795.html (Zugriff: 28. Juni 2017).

Klinkow, Sven (2017): Umweltaspekte Industrie 4.0. Persönliche Kommunikation per E-Mail.

Koepp, Robert, Franziska Schunke, Christoph Köhler, Steffen Liebig und Stefan Schröder (2015): Arbeit in der Postwachstumsgesellschaft. Diagnosen, Prognosen und Gegenentwürfe. Eine kommentierte Literaturübersicht. Working Paper der DFG-KollegforscherInnengruppe Postwachstumsgesellschaften. Jena.

Kommune21 (2016): Digitale Dörfer: Große Bereitschaft zur Vernetzung. 28. November. *Kommune 21* (28. November). www.kommune21.de/meldung_25176_Gro% C3%9Fe+Bereitschaft+zur+Vernetzung.pdf.

Konzeptwerk Neue Ökonomie, DFG-Kolleg Postwachstumsgesellschaften, Hrsg. (2017): *Degrowth in Bewegung(en)*. München: oekom verlag.

Koomey, Jonathan, Stephen Berard, Marla Sanchez und Henry Wong (2011): Implications of Historical Trends in the Electrical Efficiency of Computing. *IEEE Annals of the History of Computing* 33, Nr. 3: 46–54.

Kozak, Greg L. und G. A. Keolelan (2003): Printed Scholarly Books and E-book Reading Devices: A Comparative Life Cycle Assessment of Two Book Options. In: *Symposium on Electronics and the Environment*, hg. v. IEEE International, S. 291–296.

Krieger, Regina (2016): Wirtschaftsbuchpreis 2016: Das zehnte Mal. *Handelsblatt Online* (29. April). www.handelsblatt.com/panorama/kultur-kunstmarkt/wirtschafts buchpreis/wirtschaftsbuchpreis-2016-das-zehnte-mal/13522568.html (Zugriff: 2. November 2017).

Kurz, Constanze und Frank Rieger (2015): Arbeitsfrei: Eine Entdeckungsreise zu den Maschinen, die uns ersetzen. München: Goldmann Verlag.

Kuzyakov, Evgeny und David Pio (2016): Next-generation Video Encoding Techniques for 360 Video and VR. *facebook.com* (21. Januar). code.facebook.com/posts/1126354007399553/next-generation-video-encoding-techniques-for-360-video-and-vr/ (Zugriff: 23. Juni 2016).

Lange, Steffen (2018): Macroeconomics Without Growth: Sustainable Economies in Neoclassical, Keynesian and Marxian Theories. Marburg: Metropolis.

Lange, Steffen, Peter Pütz und Thomas Kopp (im Erscheinen): Do Mature Economies Grow Exponentially? Ecological Economics.

Latouche, Serge (2009): Farewell to growth. Cambridge: Polity Press.

Laudenbach, Peter (2014): Dienstleistungsproletariat: Philipp Staab im Interview – Die Unsichtbaren. *Brand Eins*, Nr. 09/14: 88–92.

Lehmann, Hendrick (2017): Die Streaming-Genossenschaft. *Digital Present*. digital present.tagesspiegel.de/das-streaming-kollektiv (Zugriff: 16. Oktober 2017).

Leimeister, Jan Marco, David Durward und Shkodran Zogaj (2016): Crowd Worker in Deutschland: Eine empirische Studie zum Arbeitsumfeld auf externen Crowdsourcing-Plattformen. Düsseldorf: Hans-Böckler-Stiftung.

Lembke, Gerald und Ingo Leipner (2016): Die Lüge der digitalen Bildung: warum unsere Kinder das Lernen verlernen. München: Redline.

Leslie, Stuart W. (1993): The Cold War and American Science: The Military-industrial-academic Complex at MIT and Stanford. New York: Columbia University Press.

Levy, Steven (2010): Hackers: Heroes of the Computer Revolution. Sebastopol: O'Reilly Media.

Levy, Steven (2012): Can an Algorithm Write a Better News Story Than a Human Reporter? *Wired* (24. April). www.wired.com/2012/04/can-an-algorithm-write-a-better-news-story-than-a-human-reporter/ (Zugriff: 28. Juni 2017).

Lewis, Dyani (2016): Will the Internet of Things Sacrifice or Save the Environment? *The Guardian Online* (11. Dezember). www.theguardian.com/sustainable-business/2016/dec/12/will-the-internet-of-things-sacrifice-or-save-the-environment (Zugriff: 31. Oktober 2017).

Lindhoff, Henning (2013): Freiheitskeime 2013: Ein libertäres Lesebuch. Norderstedt: Books on Demand.

Linz, Manfred (2015): Suffizienz als politische Praxis: Ein Katalog. Wuppertal Spezial. Wuppertal: Wuppertal Institut.

Linz, Manfred, Peter Bartelmus, Peter Hennicke, Renate Jungkeit, Wolfgang Sachs, Gerhard Scherhorn, Georg Wilke und Uta von Winterfeld (2002): Von nichts zu viel – Suffizienz gehört zur Zukunftsfähigkeit. Wuppertal Papers. Wuppertal: Wuppertal Institut.

Lobe, Adrian (2017): Smart Homes erinnern immer mehr an Strafvollzug. *Süddeutsche Zeitung Online* (1. Juni). www.sueddeutsche.de/kultur/it-sicherheit-smart-homes-erinnern-immer-mehr-an-strafvollzug-1.3525902.

Literaturverzeichnis

Lobo, Sascha (2014): Abschied von der Utopie: Die digitale Kränkung des Menschen. *Frankfurter Allgemeine Zeitung Online* (11. Januar). www.faz.net/aktuell/feuilleton/debatten/abschied-von-der-utopie-die-digitale-kraenkung-des-menschen-12747258.html.

van Loon, Patricia, Lieven Deketele, Joost Dewaele, Alan McKinnon und Christine Rutherford (2015): A Comparative Analysis of Carbon Emissions from Online Retailing of Fast Moving Consumer Goods. *Journal of Cleaner Production* 106: 478–486.

Loske, Reinhard (2015): Sharing Economy: Gutes Teilen, schlechtes Teilen? *Blätter für deutsche und internationale Politik* 2015, Nr. 11: 89–98.

Louis, Jean-Nicolas, Antonio Calo, Kauko Leiviskä und Eva Pongrácz (2015): Environmental Impacts and Benefits of Smart Home Automation: Life Cycle Assessment of Home Energy Management System. *IFAC-PapersOnLine* 48, Nr. 1: 880–885.

Lucas, Henry C. (2012): The Search for Survival. Santa Barbara: Praeger.

Lutter, Stephan, Stefan Giljum, Mirko Lieber und Christopher Manstein (2016): Die Nutzung natürlicher Ressourcen. Bericht für Deutschland 2016. Dessau-Roßlau: Umweltbundesamt.

Malmo, Christopher (2017): A Single Bitcoin Transaction Takes Thousands of Times More Energy Than a Credit Card Swipe. *Vice* (7. März) motherboard.vice.com/en_us/article/ypkp3y/bitcoin-is-still-unsustainable (Zugriff: 2. November 2017).

Malmodin, Jens und Vlad Coroama (2016): Assessing ICT's Enabling Effect Through Case Study Extrapolation – The Example of Smart Metering. Veranstaltung: 2016 Electronics Goes Green 2016+ (EGG), September, Berlin.

Malmodin, Jens, Åsa Moberg, Dag Lundén, Göran Finnveden und Nina Lövehagen (2010): Greenhouse Gas Emissions and Operational Electricity Use in the ICT and Entertainment & Media Sectors. *Journal of Industrial Ecology* 14, Nr. 5: 770–790.

Mangiaracina, Riccardo, Gino Marchet, Sara Perotti und Angela Tumino (2015): A Review of the Environmental Implications of B2C E-commerce: A Logistics Perspective. *International Journal of Physical Distribution & Logistics Management* 45, Nr. 6: 565–591.

Manhart, Andreas, Markus Blepp, Corinna Fischer, Kathrin Graulich, Siddharth Prakash, Rasmus Priess, Tobias Schleicher und Maria Tür (2016): Resource Efficiency in the ICT Sector. Final Report. Hamburg: Greenpeace.

Marktschwärmer (2017): *Marktschwärmer*. www.marktschwaermer.de/de (Zugriff: 8. November 2017).

Marscheider-Weidemann, Frank, Sabine Langkau, Torsten Hummen, Lorenz Erdmann, Luis Alberto Tercero Espinoza, Gerhard Angerer, Max Marwede und Stephan Benecke (2016): *Rohstoffe für Zukunftstechnologien 2016: Auftragsstudie*. DERA Rohstoffinformationen 28. Berlin: Fraunhofer Institut für System- und Innovationsforschung.

Marshall, Aarian (2017): Google Maps Adds Location Sharing, Quietly Drools Over Your Data. *Wired* (22. März). www.wired.com/2017/03/google-maps-share-location (Zugriff: 24. März 2017).

Marx, Karl (1969): Die deutsche Ideologie. In: *Marx-Engels-Werke 3. 1845–1846*, hg. v. Institut für Marxismus-Leninismus beim ZK der SED, S. 5–530. Berlin: Dietz.

Mason, Paul (2015): PostCapitalism: A Guide to our Future. New York: Farrar, Strauss and Giroux.

Matsuda, Michiko und Fumihiko Kimura (2015): Usage of a Digital Eco-factory for Sustainable Manufacturing. *Cirp Journal of Manufacturing Science and Technology* 9: 97–106.

Matzler, Kurt, Franz Bailom, Stephan Friedrich von den Eichen und Markus Anschober (2016): Digital Disruption: Wie Sie Ihr Unternehmen auf das digitale Zeitalter vorbereiten. München: Vahlen.

Maurer, Markus J., Christian Gerdes, Barbara Lenz und Hermann Winner, Hrsg. (2015): *Autonomes Fahren*. Berlin, Heidelberg: Springer.

McKibben, Bill (2007): Deep Economy: The Wealth of Communities and the Durable Future. New York: Times Books.

McKinsey (2015): The Internet of Things: Mapping the Value Beyond the Hype. New York: McKinsey Global Institute.

Meadows, Donella H., Dennis L. Meadows, Erich K. O. Zahn und Peter Milling (1972): Limits to Growth: A Report for the Club of Rome's Project on the Predicament of Mankind. New York: New American Library.

Meadows, Donella H., Jørgen Randers und Dennis L. Meadows (2004): The Limits to Growth: The 30-year Update. White River Junction: Chelsea Green Publishing.

Meck, Georg und Bettina Weiguny (2015): Das Wirtschaftswort des Jahres: Disruption, Baby, Disruption! *Frankfurter Allgemeine Zeitung Online* (27. Dezember). www.faz.net/aktuell/wirtschaft/wirtschaftswissen/das-wirtschaftswort-des-jahres-disruption-baby-disruption-13985491.html (Zugriff: 30. Juli 2017).

Mediakix (2017): The Top 10 WhatsApp Statistics Prove Its Global Power. *Mediakix*. www.mediakix.com/2017/08/whatsapp-statistics-users-chat/#gs.yZ3WniM (Zugriff: 19. September 2017).

Merchant, Brian (2015): Fully Automated Luxury Communism. *The Guardian Online* (18. März). www.theguardian.com/sustainable-business/2015/mar/18/fully-automated-luxury-communism-robots-employment (Zugriff: 25. September 2017).

Milakis, Dimitris, Bart van Arem und Bert van Wee (2017): Policy and Society Related Implications of Automated Driving: A Review of Literature and Directions for Future Research. *Journal of Intelligent Transportation Systems* 21, Nr. 4: 324–348.

Milakis, Dimitris, Maaike Snelder, Bart Van Arem, Bert Van Wee und Goncalo Homem de Almeida Correia (2015): Development of Automated Vehicles in the Netherlands: Scenarios for 2030 and 2050. Delft: University of Technology.

Literaturverzeichnis

Mills, Mark P. (2013): The Cloud Begins With Coal. Big Data, Big Networks, Big Infrastructures, and Big Power. An Overview of the Electricity Used by the Global Digital Ecosystem. National Mining Association. American Coalition for Clean Coal Electricity.

Mitchell, Stacey (2017): Amazon Is Trying to Control the Underlying Infrastructure of Our Economy. *Vice* (25. Juni). motherboard.vice.com/en_us/article/7xpgvx/ amazons-is-trying-to-control-the-underlying-infrastructure-of-our-economy (Zugriff: 14. Juli 2017).

Moberg, Åsa, Martin Johansson, Göran Finnveden und Alex Jonsson (2010): Printed and Tablet E-paper Newspaper from an Environmental Perspective – A Screening Life Cycle Assessment. *Environmental Impact Assessment Review* 30, Nr. 3: 177–191.

Morozov, Evgeny (2011): The Net Delusion: The Dark Side of Internet Freedom. New York: Public Affairs.

Morozov, Evgeny (2013): To Save Everything, Click Here: The Folly of Technological Solutionism. New York: Public Affairs.

Mühle, Eva (2016): Schrott im Netz: Wie Social Bots das Internet gefährden. *Wirtschaftswoche Online* (19. Juli). www.wiwo.de/technologie/digitale-welt/schrott-im-netz-wie-social-bots-das-internet-gefaehrden/13863266.html.

Müller, Eva (2017): Blockchain: Wie Tui Monopole wie Booking.com oder AirBnB brechen will. *Manager magazin Online* (29. Mai). www.manager-magazin.de/ unternehmen/artikel/blockchain-monopole-wie-booking-oder-airbnb-brechen-a-1140811.html (Zugriff: 8. August 2017).

Müller, Kai (2013): Spielwiese Internet. Berlin, Heidelberg: Springer.

Muraca, Barbara (2014): Gut leben: Eine Gesellschaft jenseits des Wachstums. Berlin: Klaus Wagenbach.

Nachtwey, Oliver (2016): Die Abstiegsgesellschaft: Über das Aufbegehren in der regressiven Moderne. Berlin: Suhrkamp.

Neckel, Sighard (2010): Refeudalisierung der Ökonomie: Zum Strukturwandel kapitalistischer Wirtschaft. MPIfG working paper. Köln: MPIfG.

NetMarketShare (2017a): Market Share for Mobile, Browsers, Operating Systems and Search Engines. www.netmarketshare.com (Zugriff: 11. Oktober 2017).

NetMarketShare (2017b): Search Engine Market Share. www.netmarketshare.com/ search-engine-market-share.aspx?qprid=4&qpct=3&qpstick=1&qpsp=2016&qp np=1&qptimeframe=Y&qpcustomd=0 (Zugriff: 1. November 2017).

Netzpolitik.org (2017): Thema Netzneutralität. netzpolitik.org/tag/netzneutralitaet (Zugriff: 8. November 2017).

New Economics Foundation (2009): The Great Transition. A Tale of How It Turned Out Right. London.

n-tv (2017): Firefox trudelt in die Bedeutungslosigkeit. *n-tv.de* (25. Juli). www.n-tv. de/technik/Firefox-trudelt-in-die-Bedeutungslosigkeit-article19952994.html (Zugriff: 7. November 2017).

Nübold, Wolfgang (2017): »Virtuelle Batterie«. Der TRIMET wird Teil der Klima-Expo.NRW. *Trimet* (13. Januar). www.trimet.eu/de/presse/pressemitteilungen/2017/2017-01-13-virtuelle-batterie-der-trimet-wird-teil-der-klimaexpo.nrw.

Nürnberger, Christian (2011): Sofort abschalten! *Süddeutsche Zeitung Magazin Online.* sz-magazin.sueddeutsche.de/texte/anzeigen/36729/1/1 (Zugriff: 12. November 2017).

Nyborg, Sophie und Inge Røpke (2011): Energy Impacts of the Smart Home – Conflicting Visions. In: *Energy Efficiency First: The Foundation of a low-carbon Society,* hg. v. ECEEE, S. 1849–1860.

OECD, Hrsg. (2013): *Gleichstellung der Geschlechter: Zeit zu handeln.* Paris: OECD.

OECD, Hrsg. (2015): *In It Together: Why Less Inequality Benefits All.* Paris: OECD.

Open Source Ecology (2017): *Open Source Ecology.* www.opensourceecology.org (Zugriff: 8. November 2017).

OpenSourceSeeds (2017): OpenSourceSeeds. www.opensourceseeds.org/ (Zugriff: 8. November 2017).

O'Regan, Gerard (2012): A Brief History of Computing. London: Springer London.

Orlowski, Andrew (2016): Jaron Lanier: Big Tech is Worse Than Big Oil. *The Register* (22. April). www.theregister.co.uk/2016/04/22/jaron_lanier_on_ip/ (Zugriff: 11. Juli 2017).

Ostrom, Elinor (1990): Governing the Commons: The Evolution of Institutions for Collective Action. Cambridge: Cambridge University Press.

Ottmann, Henning (2006): Liberale, republikanische, deliberative Demokratie. *Synthesis philosophica* 21, Nr. 2: 315–325.

Paech, Niko (2012): Befreiung vom Überfluss. München: oekom verlag.

Palfrey, John und Urs Gasser (2008): Born Digital: Understanding the First Generation of Digital Natives. New York: Basic Books.

Pariser, Eli (2011): *The Filter Bubble: What the Internet is Hiding from You.* New York: Penguin.

Paritätischer Gesamtverband (2017): Menschenwürde ist Menschenrecht. Bericht zur Armutsentwicklung in Deutschland 2017. Berlin: Der Paritätische Gesamtverband.

Patrizio, Andy (2017): 35 Blockchain Startups to Watch. *Datamation* (24. August). www.datamation.com/data-center/35-blockchain-startups-to-watch.html (Zugriff: 2. November 2017).

Petilliot, René (2017): Zufriedenheitsforschung. www.fiwi1.uni-freiburg.de/fzg/forschung/zufriedenheitsforschung.html (Zugriff: 11. Oktober 2017).

Petschow, Ulrich, Jan-Peter Ferdinand, Sascha Dickel, Heike Flämig und Michael Steinfeldt, Hrsg. (2014): *Dezentrale Produktion, 3D-Druck und Nachhaltigkeit: Trajektorien und Potenziale innovativer Wertschöpfungsmuster zwischen Maker-Bewegung und Industrie 4.0.* Schriftenreihe des IÖW 206. Berlin: Institut für ökologische Wirtschaftsforschung.

Piketty, Thomas (2016): Das Kapital im 21. Jahrhundert. München: C. H. Beck.

Literaturverzeichnis

Piketty, Thomas und Emmanuel Saez (2007): How Progressive is the US Federal Tax System? A Historical and International Perspective. *The Journal of Economic Perspectives* 21, Nr. 1: 3–24.

Pilgrim, Hannah, Merle Groneweg und Michael Reckordt (2017): Ressourcenfluch 4.0: Die sozialen und ökologischen Auswirkungen von Industrie 4.0 auf den Rohstoffsektor. Berlin: PowerShift.

Plaß, Claudia (2016): Online-Shoppen: Viel zu viel Verpackungsmüll? *ndr.de* (7. November). www.ndr.de/ratgeber/Online-Shoppen-Viel-zu-viel-Verpackungsmuell, zerowaste130.html (Zugriff: 20. März 2017).

Pluta, Werner (2017): ÖPNV: Der Volocopter fliegt autonom in Dubai. *golem.de* (27. September). www.golem.de/news/oepnv-der-volocopter-fliegt-autonom-in-dubai-1709-130297.html (Zugriff: 9. November 2017).

Pohle, Jörg (2015): Das Scheitern von Datenschutz by Design: Eine kurze Geschichte des Versagens. *FIfF-Kommunikation* 2, Nr. 15: 41–44.

Prakash, Siddharth, Günther Dehoust, Kathrin Graulich, Martin Gsell, Andreas Köhler, Tobias Schleicher und Rainer Stamminger (2016): Einfluss der Nutzungsdauer von Produkten auf ihre Umweltwirkung: Schaffung einer Informationsgrundlage und Entwicklung von Strategien gegen »Obsoleszenz«. Dessau-Roßlau: Umweltbundesamt.

Radicati Group (2016): Email-Statistics-Report 2015–2019. www.radicati.com/?page_id=54 (Zugriff: 12. November 2017).

Rand Europe, RWTH Aachen und P3 Ingenieursgesellschaft (2012): Smart Trash: Study on RFID tags and the recycling industry. Studie für die Europäische Kommission. Cambridge: Rand Europe.

Rauschnabel, Philipp A., Alexander Brem und Young K. Ro (2015): Augmented Reality Smart Glasses: Definition, Conceptual Insights, and Managerial Importance. Unpublished Working Paper. Dearborn: University of Michigan.

Raworth, Kate (2012): A Safe and Just Space for Humanity: Can We Live Within the Doughnut. *Oxfam Policy and Practice: Climate Change and Resilience* 8, Nr. 1: 1–26.

Rehbein, Florian und Eva-Maria Zenses (2013): Exzessive Bildschirmmediennutzung und Mediensucht. *SUCHT* 59, Nr. 3: 125–127.

Reiche, Daniel und Karsten Krebs (1999): Der Einstieg in die ökologische Steuerreform. Aufstieg, Restriktionen und Durchsetzung eines umweltpolitischen Themas. Frankfurt am Main: Peter Lang.

Reink, Michael (2016): »E-Commerce« und seine Auswirkungen auf die Stadtentwicklung. *Forum Wohnen und Stadtentwicklung* 8, Nr. 1: 2–6.

Reisch, Lucia, Daniela Büchel, Gesche Joost und Helga Zander-Hayat (2016): Digitale Welt und Handel. Verbraucher im personalisierten Online-Handel. Berlin: Sachverständigenrat für Verbraucherfragen.

Reißig, Rolf (2011): Die neue »Große Transformation«: Der Übergang zu einem sozialökologischen und solidarischen Entwicklungspfad. *Vorgänge* 3: 15–22.

Reuter, Markus (2017): Markt- und meinungsdominante Unternehmen mit Monopolstellung sollten wie öffentliche Institutionen behandelt werden. Interview. 10. Oktober.

Reuter, Norbert (2010): Der Arbeitsmarkt im Spannungsfeld von Wachstum, Ökologie und Verteilung. In: *Postwachstumsgesellschaft. Konzepte für die Zukunft*, hg. v. Irmi Seidl und Angelika Zahrnt: S. 85–102. Marburg: Metropolis Verlag.

Reuter, Norbert und Karl Georg Zinn (2011): Moderne Gesellschaften brauchen eine aktive Dienstleistungspolitik. *WSI-Mitteilungen* 64, Nr. 9: 462–469.

Rifkin, Jeremy (2014a): Die Null-Grenzkosten-Gesellschaft: Das Internet der Dinge, kollaboratives Gemeingut und der Rückzug des Kapitalismus. Frankfurt am Main: Campus.

Rifkin, Jeremy (2014b): The Zero Marginal Cost Society: The Internet of Things, the Collaborative Commons, and the Eclipse of Capitalism. New York: Macmillan.

Rinderspacher, Jürgen P. (2015): Beschleunigung und Geschwindigkeit. Zeitliche Rahmenbedingungen der Freizeitgesellschaft. In: *Handbuch Freizeitsoziologie*, hg. v. Renate Freericks und Dieter Brinkmann, S. 55–83. Wiesbaden: Springer Fachmedien.

Ritch, Emma (2009): The Environmental Impact of Amazon's Kindle. San Francisco: Cleantech Group LLC.

Rogelj, Joeri, Gunnar Luderer, Robert Pietzcker und Keywan Riahi (2015): Energy System Transformations for Limiting End-of-century Warming to Below 1.5 °C. *Nature Climate Change* 5: 519–527.

Roland Berger Strategy Consultants (2015): Die digitale Transformation der Industrie. Was sie bedeutet. Wer gewinnt. Was jetzt zu tun ist. Berlin, München: Bundesverband der Deutschen Industrie e.V.

Ronzheimer, Manfred (2016): Digitalisierung der Landwirtschaft: Der automatisierte Acker. *tageszeitung Online* (16. Januar): www.taz.de/!5265776/ (Zugriff: 16. Oktober 2017).

Rosa, Hartmut (2005): Beschleunigung. Die Veränderung der Zeitstrukturen in der Moderne. Frankfurt am Main: Suhrkamp.

Rosa, Hartmut (2012): Resonanz statt Entfremdung – Zehn Thesen wider die Steigerungslogik der Moderne. Vortrag auf der Tagung des SFB 580 »Gesellschaftliche Entwicklungen nach dem Systemumbruch« und des Kollegs »Postwachstumsgesellschaften«, Jena.

Rosa, Hartmut (2016): Resonanz. Eine Soziologie der Weltbeziehung. Berlin: Suhrkamp.

Roser, Max und Hannah Ritchie (2017): Technological Progress. *Our World in Data*. Published online. www.ourworldindata.org/technological-progress.

Rothstein, Edward (2006): A Crunchy-Granola Path From Macramé and LSD to Wikipedia and Google. *New York Times Online* (25. September). www.nytimes.com/2006/09/25/arts/25conn.html?_r=0 (Zugriff: 24. Oktober 2010).

Literaturverzeichnis

Rötzer, Florian (2017): Abheben aus der Stadt: Urbane Mobilität mit autonomen Flugzeugen. *heise Online* (2. Juli). www.heise.de/tp/features/Abheben-aus-der-Stadt-Urbane-Mobilitaet-mit-autonomen-Flugzeugen-3620304.html (Zugriff: 9. November 2017).

Rubin, Julia, Michael I. Gordon, Nguyen Nguyen und Martin Rinard (2015): Covert Communication in Mobile Applications. *MIT web domain* (November). dspace.mit.edu/handle/1721.1/99941 (Zugriff: 12. November 2017).

Rückert-John, Jana, Melanie Jaeger-Erben und Martina Schäfer (2014): Soziale Innovationen im Aufwind – Ein Leitfaden zur Förderung sozialer Innovationen für nachhaltigen Konsum. Dessau-Roßlau: Umweltbundesamt.

Rückert-John, Jana, Melanie Jaeger-Erben, Martina Schäfer und René John (2013): Soziale Innovationen für nachhaltigen Konsum – Kriterien zur Analyse und Systematisierung. Beiträge zur Sozialinnovation. Berlin: Institut für Sozialinnovation.

Rushkoff, Douglas (2016): Throwing Rocks at the Google Bus: How Growth Became the Enemy of Prosperity. New York: Portfolio Trade.

Rüßmann, Michael, Markus Lorenz, Philipp Gerbert, Manuela Waldner, Jan Justus, Pascal Engel und Michael Harnisch (2015): Industry 4.0: The Future of Productivity and Growth in Manufacturing Industries. Boston: Boston Consulting Group.

Sachs, Jeffrey D., Vijay Modi, Hernan Figueroa, Mariela Machado Fantacchiotti, Kayhan Sanyal, Fahmida Khatun und Aditi Shah (2015): ICT & SDGs. How Information and Communications Technology Can Achieve The Sustainable Development Goals. New York: Columbia University.

Sachs, Wolfgang und Tilman Santarius (2007): Slow Trade – Sound Farming Handelsregeln für eine global zukunftsfähige Landwirtschaft. Berlin, Aachen: Heinrich-Böll-Stiftung, Misereor.

Sachs, Wolfgang (1984): Die Liebe zum Automobil. Ein Rückblick in die Geschichte unserer Wünsche. Reinbek: Rowohlt.

Sachs, Wolfgang (1993): Die vier E's: Merkposten für einen maß-vollen Wirtschaftsstil. *Politische Ökologie* 11, Nr. 33: 69–72.

Sachs, Wolfgang (2002): Nach uns die Zukunft. Der globale Konflikt um Gerechtigkeit und Ökologie. Frankfurt am Main: Brandes & Apsel.

Sachs, Wolfgang (2015): Suffizienz. Umrisse einer Ökonomie des Genug. *uwf UmweltWirtschaftsForum* 23, Nr. 1–2: 3–9.

Sachs, Wolfgang und Tilman Santarius, Hrsg. (2005): *Fair Future: Begrenzte Ressourcen und globale Gerechtigkeit.* München: C. H.Beck.

Sachverständigenrat für Verbraucherfragen (2016): Verbraucherrecht 2.0: Verbraucher in der digitalen Welt. Berlin.

Sachverständigenrat für Verbraucherfragen (2017): Digitale Souveränität. Berlin.

Sacom (2010): Workers as Machines: Military Management in Foxconn. Hongkong: Students and Scholars Against Corporate Misbehaviour.

Salahuddin, Mohammad und Khorshed Alam (2016): Information and Communication Technology, Electricity Consumption and Economic Growth in OECD countries: A Panel Data Analysis. *International Journal of Electrical Power & Energy Systems* 76: 185–193.

Santarius, Tilman (2014): Der Rebound-Effekt: Ein blinder Fleck der sozial-ökologischen Gesellschaftstransformation. *GAIA – Ecological Perspectives for Science and Society* 23, Nr. 2: 109–117.

Santarius, Tilman (2015): *Der Rebound-Effekt: ökonomische, psychische und soziale Herausforderungen für die Entkopplung von Wirtschaftswachstum und Energieverbrauch.* Wirtschaftswissenschaftliche Nachhaltigkeitsforschung Band 18. Marburg: Metropolis.

Santarius, Tilman (2016): Investigating Meso-economic Rebound Effects: Production-side Effects and Feedback Loops Between the Micro and Macro Level. *Journal of Cleaner Production* 134: 406–413.

Santarius, Tilman, Hans Jakob Walnum und Carlo Aall (2016): Rethinking Climate and Energy Policies: New Perspectives on the Rebound Phenomenon. Cham: Springer.

Saunders, Harry D. (2013): Historical Evidence for Energy Efficiency Rebound in 30 US Sectors and a Toolkit for Rebound Analysts. *Technological Forecasting and Social Change* 80, Nr. 7: 1317–1330.

Sawall, Achim (2016): Marktplatz: Ebay Deutschland verkauft 80 Prozent Neuwaren. *golem.de* (9. Oktober). www.golem.de/news/marktplatz-ebay-deutschland-verkauft-80-prozent-neuwaren-1610-123679.html (Zugriff: 30. Oktober 2017).

Schieder, Christian und Konrad Lorenz (2012): Pricing-Intelligence-Studie 2012. State-of-the-Art der dynamischen Preisbildung im E-Commerce. Chemnitz: Technische Universität Chemnitz.

Schien, Daniel, Paul Shabajee, Mike Yearworth und Chris Preist (2013): Modeling and Assessing Variability in Energy Consumption During the Use Stage of Online Multimedia Services: Energy Consumption During Use of Online Multimedia Services. *Journal of Industrial Ecology* 17, Nr. 6: 800–813.

Schiller, Dan (2000): Digital Capitalism: Networking the Global Market System. Cambridge, London: MIT Press.

Schmidt-Bleek, Friedrich, Hrsg. (2000): *Das MIPS-Konzept: Weniger Naturverbrauch – mehr Lebensqualität durch Faktor 10.* München: Droemer Knaur.

Scholl, Gerd, Siegfried Behrendt, Christian Flick, Maike Gossen, Christine Henseling und Lydia Richter (2015): Peer-to-Peer Sharing: Definition und Bestandsaufnahme. PeerSharing Arbeitsbericht. Berlin: Institut für ökologische Wirtschaftsforschung.

Scholl, Gerd, Maike Gossen und Brigitte Holzhauer (2017): Praxisbroschüre: Teilen digital – Verbreitung, Zielgruppen und Potenziale des Peer-to-Peer Sharing in Deutschland. Berlin: Peersharing.

Scholz, Trebor (2016a): Platform Cooperativism. Challenging the Corporate Sharing Economy. New York: Rosa Luxemburg Stiftung.

Literaturverzeichnis

Scholz, Trebor (2016b): Uberworked and Underpaid: How Workers Are Disrupting the Digital Economy. Hoboken: John Wiley & Sons.

Scholz, Trebor (2016c): Plattform-Kooperativismus: Wie wir uns die Sharing Economy zurückholen können. In: *Digitalisierung der Arbeit*, hg. v. Patrick Stary. Reihe Manuskripte Neue Folge 18. Berlin: Rosa-Luxemburg-Stiftung.

Schor, Juliet B. (1998): The Overspent American. Why We Want What We Don't Need. New York: Basic Books.

Schüler, Kurt (2014): Aufkommen und Verwertung von Verpackungsabfällen in Deutschland im Jahr 2012. Gesellschaft für Verpackungsmarktforschung.

Schulz, T. (2016): Ab in die Wolke. In: *Der Spiegel* 42, 15. Oktober, S. 62–64.

Schumacher, E. F. (1973): Small is Beautiful. A Study of Economics as if People Mattered. London: Blond & Briggs.

Schumpeter, Joseph Alois (1942): Capitalism, Socialism and Democracy. New York, London: Harper.

Schwan, Ben (2017): Steuerstreit mit Apple: EU-Kommission drängt Irland zum Vollzug. *heise Online* (22. Mai). www.heise.de/mac-and-i/meldung/Steuerstreit-mit-Apple-EU-Kommission-draengt-Irland-zum-Vollzug-3719285.html.

Schwarz, Hunter (2012): How Many Photos Have Been Taken Ever? *Buzzfeed* (24. September). www.buzzfeed.com/hunterschwarz/how-many-photos-have-been-taken-ever-6zgv?utm_term=.irrDP884o#.aeWW9OOGR (Zugriff: 28. Juni 2017).

Seetharam, Anand, Manikandan Somasundaram, Don Towsley, Jim Kurose und Prashant Shenoy (2010): Shipping to Streaming: Is This Shift Green? In: *Proceedings of the first ACM SIGCOMM workshop on Green networking*, hg. v. Paul Barford et al., S. 61–68.

Sekulova, Filka und Francois Schneider (2014): Open Localism. Veranstaltung: Degrowth Conference Leipzig 2014, Leipzig.

Shah, Dhawal (2016): By The Numbers: MOOCS in 2016. *Class Central's MOOC Report* (25. Dezember). www.class-central.com/report/mooc-stats-2016/ (Zugriff: 28. Juni 2017).

Shapiro, Naomi K. (2014): Does Amazon Eye Its Own Marketplace Vendors' Best Sellers? *Upstream Commerce* (28. Oktober). www.upstreamcommerce.com/blog/2014/10/28/amazon-muscles-marketplace-vendors-sellers (Zugriff: 14. Juli 2017).

Shehabi, Arman, Ben Walker und Eric Masanet (2014): The Energy and Greenhouse-gas Implications of Internet Video Streaming in the United States. *Environmental Research Letters* 9, Nr. 5: 054007.

Siikavirta, Hanne, Mikko Punakivi, Mikko Kärkkäinen und Lassi Linnanen (2002): Effects of E-Commerce on Greenhouse Gas Emissions: A Case Study of Grocery Home Delivery in Finland. *Journal of Industrial Ecology* 6, Nr. 2: 83–97.

Silver, David, Julian Schrittwieser, Karen Simonyan, Ioannis Antonoglou, Aja Huang, Arthur Guez, Thomas Hubert, Lucas Baker, Matthew Lai, Adrian Bolton, et al. (2017): Mastering the Game of Go Without Human Knowledge. *Nature* 550, Nr. 7676: 354–359.

Simons, Arno, Ulrich Petschow und Jan Peuckert (2016): *Offene Werkstätten – nachhaltig innovativ?* Schriftenreihe des IÖW 212. Berlin: IÖW.

Sivaraman, Deepak, Sergio Pacca, Kimberly Mueller und Jessica Lin (2007): Comparative Energy, Environmental, and Economic Analysis of Traditional and E-commerce DVD Rental Networks. *Journal of Industrial Ecology* 11, Nr. 3: 77–91.

Skerrett, Ian (2017): IoT Developer Survey 2017. *slideshare.net* (18. April). www. slideshare.net/IanSkerrett/iot-developer-survey-2017 (Zugriff: 24. November 2017).

Smidfelt Rosqvist, Lena und Lena Winslott Hiselius (2016): Online Shopping Habits and the Potential for Reductions in Carbon Dioxide Emissions from Passenger Transport. *Journal of Cleaner Production* 131: 163–169.

Smith, Kit (2016a): 37 Instagram-Statistiken für 2016. *Brandwatch* (18. Mai). www. brandwatch.com/de/2016/05/37-instagram-statistiken-fuer-2016/ (Zugriff: 28. Juni 2017).

Smith, Kit (2016b): 47 Facebook-Statistiken für 2016. *Brandwatch* (25. Mai). www. brandwatch.com/de/2016/05/47-facebook-statistiken-fuer-2016/ (Zugriff: 28. Juni 2017).

Sokolov, Daniel A. J. (2016): Forscher: Selbstfahrende Autos bringen Verkehrslawine. *heise Online* (14. Januar). www.heise.de/newsticker/meldung/Forscher-Selbstfahrende-Autos-bringen-Verkehrslawine-3070571.html (Zugriff: 1. August 2017).

Solon, Olivia (2017): Is Lyft Really the »Woke« Alternative to Uber? *The Guardian Online* (29. März). www.theguardian.com/technology/2017/mar/29/is-lyft-really-the-woke-alternative-to-uber (Zugriff: 16. Oktober 2017).

Sorge, Nils-Viktor (2016): In zehn Jahren werden keine LKW-Fahrer mehr benötigt. *Spiegel Online* (19. September). www.spiegel.de/wirtschaft/unternehmen/autonome-lkw-in-zehn-jahren-werden-keine-fahrer-mehr-benoetigt-a-1112566.html (Zugriff: 10. Oktober 2017).

Sorrell, Steve (2009): Jevons' Paradox Revisited: The Evidence for Backfire from Improved Energy Efficiency. *Energy Policy* 37, Nr. 4: 1456–1469.

Spehr, Michael (2000): Maschinensturm: Protest und Widerstand gegen technische Neuerungen am Anfang der Industrialisierung. Bielefeld: Universität Bielefeld.

Spiegel-Online (2011): Suchmaschinenriese: Google verbraucht so viel Strom wie eine Großstadt. *Spiegel Online* (8. September). www.spiegel.de/wirtschaft/unternehmen/suchmaschinenriese-google-verbraucht-so-viel-strom-wie-eine-grossstadt-a-785217.html (Zugriff: 22. September 2017).

Spitz, Malte (2017): Daten – das Öl des 21. Jahrhunderts? Nachhaltigkeit im digitalen Zeitalter. Hamburg: Hoffmann und Campe.

Staab, Philipp (2016): Falsche Versprechen: Wachstum im digitalen Kapitalismus. Hamburg: Hamburger Edition.

Stahmer, Carsten (2006): Halbtagsgesellschaft. Anregungen für ein sozial nachhaltiges Deutschland. Bielefeld: Zentrum für interdisziplinäre Forschung, Universität Bielefeld.

Stallman, Richard (1985): *The GNU manifesto*.

StatCounter (2017): Marktanteile von Social-Media-Portalen in Deutschland. *Statista*. de.statista.com/statistik/daten/studie/559470/umfrage/marktanteile-von-social-media-seiten-in-deutschland/ (Zugriff: 11. Oktober 2017).

Statistisches Bundesamt (2013): Broschüre Verkehr auf einen Blick. Wiesbaden.

Statistisches Bundesamt (2015): Zeitverwendungserhebung: Aktivitäten in Stunden und Minuten für ausgewählte Personengruppen 2012/2013. Wiesbaden.

Statistisches Bundesamt (2017): Verkehr aktuell. Fachserie 8 Reihe 1.1. Wiesbaden.

Steffen, Will, Katherine Richardson, Johan Rockström, Sarah E. Cornell, Ingo Fetzer, Elena M. Bennett, Reinette Biggs, Stephen R. Carpenter, Wim de Vries, Cynthia A. de Wit, et al. (2015): Planetary Boundaries: Guiding Human Development on a Changing Planet. *Science* 347, Nr. 6223.

Steinberg, Philip E., Elizabeth Nyman und Mauro J. Caraccioli (2012): Atlas Swam: Freedom, Capital, and Floating Sovereignties in the Seasteading Vision. *Antipode* 44, Nr. 4: 1532–1550.

Stengel, Oliver (2011): *Suffizienz: Die Konsumgesellschaft in der ökologischen Krise*. Wuppertaler Schriften zur Forschung für eine nachhaltige Entwicklung, Band 1. München: oekom verlag.

Sternberg, André und André Bardow (2015): Power-to-What? Environmental Assessment of Energy Storage Systems. *Energy & Environmental Science* 2, 2015: 389–400.

Stern.de (2008): Wie viel Energie kostet eine Google-Suche? *Stern Online* (8. August). www.stern.de/digital/online/stromverbrauch-wie-viel-energie-kostet-eine-google-suche-634098.html (Zugriff: 22. September 2017).

Stobbe, Lutz, Marina Proske, Hannes Zedel, Ralph Hintemann, Jens Clausen und Severin Beucker (2015): Entwicklung des IKT-bedingten Strombedarfs in Deutschland. Abschlussbericht. Berlin: Fraunhofer-Institut für Zuverlässigkeit und Mikrointegration.

Stockhammer, Engelbert (2017): Determinants of the Wage Share: A Panel Analysis of Advanced and Developing Economies: Determinants of the *Wage Share*. *British Journal of Industrial Relations* 55, Nr. 1: 3–33.

Strathcom Media (2016): Entwicklung der Ausgaben für Online-Werbung weltweit in den Jahren 2013 bis 2015 sowie eine Prognose bis 2020 (in Milliarden US-Dollar). de.statista.com/statistik/daten/studie/185637/umfrage/prognose-der-entwicklung-der-ausgaben-fuer-online-werbung-weltweit (Zugriff: 10. September 2017).

Strathmann, Marvin (2016): Malware führte zum Blackout. *Zeit Online* (5. Januar). www.zeit.de/digital/internet/2016-01/stromausfall-hacker-ukraine-blackenergy. (Zugriff: 2. Oktober 2017).

Straubhaar, Thomas (2016): Robotersteuer: Nicht Maschinen, sondern Eigentümer besteuern. *Welt Online* (3. November). www.welt.de/wirtschaft/article159228215/

Wenn-der-Mensch-Briefe-sortiert-laeuft-etwas-falsch.html (Zugriff: 10. Oktober 2017).

Süddeutsche Zeitung (2017): EU verhängt 110-Millionen-Euro-Strafe gegen Facebook. *Süddeutsche Zeitung Online* (18. Mai). www.sueddeutsche.de/digital/social-media-eu-verhaengt-millionen-euro-strafe-gegen-facebook-1.3511009. (Zugriff: 1. November 2017).

Sullivan, Danny (2015): How Machine Learning Works, As Explained By Google. *MarTech Today* (4. November). www.martechtoday.com/how-machine-learning-works-150366 (Zugriff: 9. November 2017).

Summers, Larry (2013): Larry Summers at IMF Economic Forum. Vortrag auf der 14th Annual IMF Research Conference: Crises Yesterday and Today, 8. November. www.youtube.com/watch?v=KYpVzBbQIX0 (Zugriff: 16. November 2017).

Szarek, Danuta (2014): Stress nach Feierabend: Permanente Erreichbarkeit: E-Mail, Anrufe, SMS – so weit darf Ihr Chef gehen. *Focus Online* (26. August). www.focus. de/finanzen/recht/von-der-leyen-fordert-funkstille-in-der-freizeit-permanente-erreichbarkeit-e-mail-anrufe-sms-so-weit-darf-ihr-chef-gehen_aid_766105.html (Zugriff: 21. September 2017).

Tanriverdi, Hakan (2016): Bundesamt geht von Hackerangriff auf ukrainisches Stromnetz aus. *Süddeutsche Online* (22. Januar: www.sueddeutsche.de/digital/ ukraine-bundesamt-geht-von-hackerangriff-auf-ukrainisches-stromnetz-aus-1.2830197 (Zugriff: 27. Oktober 2017).

Tapscott, Don und Alex Tapscott (2016): Die Blockchain Revolution. Wie die Technologie hinter Bitcoin nicht nur das Finanzsystem, sondern die ganze Welt verändert. Kulmbach: Plassen-Verlag.

Tauber, Andre (2015): So prellt Starbucks die Steuern in Europa. *Welt Online* (21. Oktober). www.welt.de/wirtschaft/article147877086/So-prellt-Starbucks-die-Steuern-in-Europa.html (Zugriff: 9. Oktober 2017).

Ternes, Anabel, Ian Towers und Marc Jerusel (2015): Konsumentenverhalten im Zeitalter der Digitalisierung. Wiesbaden: Springer Fachmedien.

Teulings, Coen und Richard Baldwin, Hrsg. (2014): *Secular Stagnation: Facts, Causes and Cures.* London: CEPR Press.

The Economist (2012): The last Kodak moment? *The Economist Online* (14. Januar). www.economist.com/node/21542796 (Zugriff: 27. Oktober 2017).

The Economist (2016): Android attack. *The Economist Online* (23. April). www. economist.com/news/business/21697193-european-commission-going-after-google-againthis-time-better-chance (Zugriff: 28. Oktober 2017).

The Economist Data Team (2014): »Secular stagnation« in Graphics – Doom and Gloom. *The Economist Online* (20. November). www.economist.com/blogs/graphic detail/2014/11/secular-stagnation-graphics (Zugriff: 14. Oktober 2017).

The Green Press Initiative (2011): Environmental Impacts of E-Books. www.green pressinitiative.org/documents/ebooks.pdf (Zugriff: 22. November 2017).

Literaturverzeichnis

The New Climate Institute (2016): Was bedeutet das Pariser Klimaschutzabkommen für Deutschland? Berlin: Greenpeace.

The New York Times (2012): Double Irish With a Dutch Sandwich. *New York Times Online* (28. April). www.nytimes.com/interactive/2012/04/28/business/Double-Irish-With-A-Dutch-Sandwich.html?_r=0 (Zugriff: 25. September 2017).

ThingsCon (2017): The State of Responsible IoT. Berlin.

Tiku, Nitasha (2017): Digital Privacy: The Next Frontier In Antitrust Law. *Wired* (4. Juni). www.wired.com/2017/06/ntitrust-watchdogs-eye-big-techs-monopoly-data/ (Zugriff: 11. Juli 2017).

Toffler, Alvin (1980): The Third Wave. New York: Penguin.

Trapp, Katharina (2015): Measuring the Labour Income Share of Developing Countries. WIDER Working Paper 2015/041. Helsinki: UNU-WIDER.

Treu, Nina, Christopher Laumanns, Lena Kirschenmann und Kai Kuhnhenn (2013): Wirtschaftswende. Mit einer sozial-ökologischen Transformation aus der Eurokrise. Hintergrundpapier zum Appell vom Mai 2013. Leipzig: Konzeptwerk Neue Ökonomie.

Trommer, Stefan, Viktoriya Kolarova, Eva Fraedrich, Lars Kröger, Benjamin Kickhöfer, Tobias Kuhnimhof, Barbara Lenz und Peter Phleps (2016): Autonomous Driving: The Impact of Vehicle Automation on Mobility Behaviour. Berlin: DLR, ifmo.

Tulodziecki, Gerhard (1997): Medien in Erziehung und Bildung: Grundlagen und Beispiele einer handlungs- und entwicklungsorientierten Medienpädagogik. Bad Heilbrunn: Klinkhardt.

Türk, Volker, Vidhja Alakeson, Michael Kuhndt und Michael Ritthoff (2003): The Environmental and Social Impacts of Digital Music. A Case Study With EMI. Wuppertal.

Turner, Fred (2005): Where the counterculture met the new economy: The WELL and the origins of virtual community. *Technology and Culture* 46, Nr. 3: 485–512.

Turner, Fred (2010): From Counterculture to Cyberculture: Stewart Brand, the Whole Earth Network, and the Rise of Digital Utopianism. Chicago, London: The University Of Chicago Press.

Turner, Karen (2009): Negative Rebound and Disinvestment Effects in Response to an Improvement in Energy Efficiency in the UK Economy. *Energy Economics* 31, Nr. 5: 648–666.

Uchatius, Wolfgang (2016): Algorithmen: Warum glaubt Google, mein Kaninchen frisst Hundefutter? *Zeit Online* (6. Dezember). www.zeit.de/2016/47/algorithmen-google-daten-personalisierte-werbung/komplettansicht (Zugriff: 29. Juli 2017).

UNFCCC (2015): *Paris Agreement.* www.unfccc.int (Zugriff: 24. November 2017).

United Nations (1966): *International Covenant on Civil and Political Rights.*

United Nations (2015): *Transforming Our World: The 2030 Agenda for Sustainable Development.*

Vardi, Moshe (2017): Humans, Machines, and Work: The Future is Now. Vortrag. Veranstaltung: Technology, Cognition and Culture Lecture Series, 27. März, Ken Kennedy Institute for Information Technology, Houston. www.youtube.com/watch?v=5ThiClGEBes (Zugriff: 23. November 2017).

Verband der Elektrotechnik Elektronik und Informationstechnik (2015): Der Zellulare Ansatz: Grundlage einer erfolgreichen, regionenübergreifenden Energiewende. Frankfurt: VDE-Verlag.

Verband privater Rundfunk und Telemedien (2016): Grafiken zur Mediennutzungsanalyse 2016. www.vprt.de/verband/presse/pressebilder/content/grafiken-zur-mediennutzungsanalyse-2016?c=1 (Zugriff: 27. Oktober 2017).

Vereinigung der Bayerischen Wirtschaft e. V. (2015): Arbeitslandschaft 2040. München.

Vermesan, Ovidiu und Peter Friess (2016): *Digitising the Industry: Internet of Things Connecting the Physical, Digital and Virtual Words*. River Publishers Series in Communications 49. Aalborg: River Publishers.

Vieweg, Christof (2015): Gesucht: der Superrechner fürs Auto. *Zeit Online* (5. August). www.zeit.de/mobilitaet/2015-08/autonomes-fahren-sensoren-datenmenge (Zugriff: 1. August 2017).

Virilio, Paul (1993): Revolutionen der Geschwindigkeit. Berlin: Merve.

Virilio, Paul (1998): Rasender Stillstand. Frankfurt am Main: S. Fischer.

Voshmgir, Shermin (2016): Blockchains, Smart Contracts und das Dezentrale Web. Berlin: Technologiestiftung Berlin.

Wachs, Audrey (2017): Seasteaders to Bring a Libertarian Floating Community to the South Pacific. *archpaper.com* (27. Oktober). www.archpaper.com/2017/10/seasteading-institute-floating-libertarian-ocean-cities/ (Zugriff: 2. November 2017).

Wahnbaeck, Carolin und Lu Yen Roloff (2017): After the Binge, the Hangover. Insights into the Minds of Clothing Consumers. Hamburg: Greenpeace.

Walker, Alissa (2014): A Map of Every Device in the World That's Connected to the Internet. *gizmodo.com* (28. August). www.gizmodo.com/a-map-of-every-device-in-the-world-thats-connected-to-t-1628171291 (Zugriff: 12. Oktober 2017).

Wang, Rebecca Jen-Hui, Edward C. Malthouse und Lakshman Krishnamurthi (2015): On the Go: How Mobile Shopping Affects Customer Purchase Behavior. *RETAIL. Journal of Retailing* 91, Nr. 2: 217–234.

Weber, Christopher L., Jonathan G. Koomey und H. Scott Matthews (2010): The Energy and Climate Change Implications of Different Music Delivery Methods. *Journal of Industrial Ecology* 14, Nr. 5: 754–769.

Weizsäcker, Ernst Ulrich, Karlson Hargroves, Michael Smith, Cheryl Desha und Peter Stasinopoulos (2010): Faktor Fünf: Die Formel für nachhaltiges Wachstum. München: Droemer Knaur.

Welzer, Harald (2016a): Die smarte Diktatur: Der Angriff auf unsere Freiheit. Frankfurt am Main: S. Fischer.

Literaturverzeichnis

Welzer, Harald (2016b): Die höchste Stufe der Zensur: Das Leben in der Ich-Blase. *Blätter für deutsche und internationale Politik*, Nr. 7: 62–72.

Wibe, Sören und Ola Carlén (2006): Is Post-War Economic Growth Exponential? *Australian Economic Review* 39, Nr. 2: 147–156.

Wiese, Anne, Waldemar Toporowski und Stephan Zielke (2012): Transport-related CO_2 Effects of Online and Brick-and-mortar Shopping: A Comparison and Sensitivity Analysis of Clothing Retailing. *Transportation Research Part D: Transport and Environment* 17, Nr. 6: 473–477.

Wikipedia.org, Hrsg. (2017a): Wikipedia. *Wikipedia* (23. Juni). de.wikipedia.org/w/index.php?title=Wikipedia&oldid=166640826 (Zugriff: 24. Juli 2017).

Wikipedia.org, Hrsg. (2017b): Distributed Economy. *Wikipedia* (11. September). en.wikipedia.org/w/index.php?title=Distributed_economy&oldid=800083010 (Zugriff: 29. September 2017).

Wilkinson, Richard G. und Kate Pickett (2010): The Spirit Level: Why Equality is better for Everyone. London: Penguin.

Wilkinson, Richard G. und Kate Pickett (2010): The Spirit Level. New York: Bloomsbury Press.

Wilson, Mark (2017): The Web Is Basically One Giant Targeted Ad Now. *Co.Design* (1. Juni). www.fastcodesign.com/90127650/the-web-is-basically-one-giant-targeted-ad-now (Zugriff: 28. Juni 2017).

Winkel, Olaf (2015): Demokratie und Digitalisierung. *dms – Der moderne Staat. Zeitschrift für Public Policy, Recht und Management* 8, Nr. 2: 409–434.

Wissenschaftlicher Beirat Globale Umweltveränderungen, Hrsg. (2011): *Welt im Wandel: Gesellschaftsvertrag für eine Große Transformation*. Berlin: Wiss. Beirat der Bundesregierung Globale Umweltveränderungen.

Wittbrodt, B. T., A. G. Glover, J. Laureto, G. C. Anzalone, D. Oppliger, J. L. Irwin und J. M. Pearce (2013): Life-cycle Economic Analysis of Distributed Manufacturing with Open-source 3-D Printers. *Mechatronics* 23, Nr. 6: 713–726.

Wolfie, Christl (2014): Kommerzielle digitale Überwachung im Alltag Erfassung, Verknüpfung und Verwertung persönlicher Daten im Zeitalter von Big Data: Internationale Trends, Risiken und Herausforderungen anhand ausgewählter Problemfelder und Beispiele. Wien: Österreichische Bundesarbeitskammer.

Wolter, Marc Ingo, Anke Mönnig, Markus Hummel, Christian Schneemann, Enzo Weber, Gerd Zika, Robert Helmrich, Tobias Maier und Caroline Neuber-Pohl (2015): Industrie 4.0 und die Folgen für Arbeitsmarkt und Wirtschaft: Szenario-Rechnungen im Rahmen der BIBB-IAB-Qualifikations-und Berufsfeldprojektionen. Nürnberg: IAB-Forschungsbericht.

Wolter, Marc Ingo, Anke Mönnig, Markus Hummel, Enzo Weber, Gerd Zika, Robert Helmrich, Tobias Maier und Caroline Neuber-Pohl (2016): Wirtschaft 4.0 und die Folgen für Arbeitsmarkt und Ökonomie: Szenario-Rechnungen im Rahmen der BIBB-IAB-Qualifikations- und Berufsfeldprojektionen. Nürnberg: IAB-Forschungsbericht.

Wong, Julia Carrie (2017): Seasteading: Tech Leaders' Plans for Floating City Trouble French Polynesians. *The Guardian Online* (2. Januar). www.theguardian. com/technology/2017/jan/02/seasteading-peter-thiel-french-polynesia (Zugriff: 3. September 2017).

World Energy Council (2016): The Road to Resilience: Managing Cyber Risks. *Worldenergy.org* (September). www.worldenergy.org/publications/2016/the-road-to-resilience-managing-cyber-risks/ (Zugriff: 29. September 2017).

Wu, Tim (2002): A Proposal for Network Neutrality. Charlottesville.

Wuppertal Institut (1997): Zukunftsfähiges Deutschland. Basel: Birkhäuser.

Wuppertal Institut (2008): Zukunftsfähiges Deutschland in einer globalisierten Welt. Ein Anstoß zu einer gesellschaftlichen Debatte. Frankfurt am Main: S. Fischer.

Zahrnt, Angelika und Uwe Schneidewind (2013): Damit gutes Leben einfacher wird: Perspektiven einer Suffizienzpolitik. München: oekom verlag.

Zander-Hayat, Helga, Irina Domurath und Christian Groß (2016): Personalisierte Preise. Working Paper. Berlin: Sachverständigenrat für Verbraucherfragen.

Zarnekow, Rüdiger und Lutz Kolbe (2013): Green IT. Berlin, Heidelberg: Springer.

Zeit Online (2017a): Telekommunikation: Weitergabe von Kontaktdaten an Whats-App unzulässig. *Zeit Online* (27. Juni). www.zeit.de/news/2017-06/27/telekom munikation-weitergabe-von-kontaktdaten-an-whatsapp-unzulaessig-27151603 (Zugriff: 9. November 2017).

Zeit Online (2017b): Europäische Union: Sondersteuer für Internetfirmen stößt auf Kritik. *Zeit Online* (16. September). www.zeit.de/wirtschaft/2017-09/eu-besteuerung-apple-amazon-facebook-google (Zugriff: 25. September 2017).

Zimmermann, Hendrik und Verena Wolf (2016): Sechs Thesen zur Digitalisierung der Energiewende: Chancen, Risiken und Entwicklungen. Bonn, Berlin: German-watch.

Zinn, Karl Georg (2015): Vom Kapitalismus ohne Wachstum zur Marktwirtschaft ohne Kapitalismus. Hamburg: VSA Verlag.

Zuo, Ying, Fei Tao und A. Y. C. Nee (2017): An Internet of Things and Cloud-based Approach for Energy Consumption Evaluation and Analysis for a Product. *International Journal of Computer Integrated Manufacturing*: 1–12.

Abbildungsverzeichnis

Abbildung 1: Energieverbrauch pro Rechenleistung und Prozessorkapazität.
Die Energieintensität pro Rechenleistung halbiert sich etwa alle anderthalb Jahre
(»Koomey's Law«). Etwa im selben Zeitraum verdoppelt sich die Rechenkapazität der Prozessoren (»Moore's Law«). Im Ergebnis kommt es zu einem Rebound-
Effekt: Die technischen Effizienzfortschritte werden durch schnellere und leis-
tungsfähigere Prozessoren aufgefressen. *Quelle: Eigene Darstellung, in Anlehnung
an Koomey et al. (2011) und Roser und Ritchie (2017).*

Abbildung 2: CO_2-Fußabdruck von Smartphones.
Die Energieeffizienz pro Rechnerleistung und Bildschirmauflösung sind bei Apple
iPhones über die Jahre stark gestiegen. Aber die Emissionen über den gesamten
Lebenszyklus blieben mit rund 55 Kilogramm CO_2 pro Gerät nahezu gleich. Beim
iPhone 3G (2008) entfielen 50 Prozent auf die Produktion und 50 Prozent auf
die Nutzungsphase; beim iPhone 7 (2016) rund 80 Prozent auf die Produktion und
nur noch 20 Prozent auf die Nutzungsphase. *Quellen: Apple (2009) und Apple
(2017).*

**Abbildung 3: Globaler Stromverbrauch von Informations- und Kommunikations-
technologien.**
Heute entfallen rund zehn Prozent des weltweiten Stromverbrauchs auf Infor-
mations- und Kommunikationstechnologien. In den nächsten Jahren wird eine
Verringerung der Verbräuche von Endgeräten prognostiziert, aber ein starker
Anstieg der Verbräuche der ›Cloud‹, also von Rechenzentren, sowie bei der Übertragung von Daten. *Quelle: Andrae und Edler (2015).*

Abbildung 4: Zentrales versus dezentrales Energiesystem.
In einem System zentraler Energieversorgung passen Großkraftwerke ihr Stromangebot an die Nachfrage der Haushalte und Unternehmen an. In einem System
dezentraler Energieversorgung produzieren viele Haushalte, Kommunen und
Unternehmen ihren eigenen Strom, verkaufen ihre Überschüsse und kaufen bei
Bedarf Strom zu. Die Nachfrage muss mithilfe von IKT flexibilisiert werden, um
sich zeitlich flexibel dem Angebot anzupassen. *Quelle: Darstellung in Anlehnung
an Egger (2017).*

Abbildung 5: **Wachstum des Onlinehandels in Deutschland.**
Der Onlinehandel in Deutschland wächst rasant an. Das Wachstum betrug um Durchschnitt der letzten zehn Jahre 17 Prozent jährlich. Bei dem Wert für das mit * markierte Jahr handelt es sich um eine Prognose. *Quelle: Handelsverband Deutschland (2017).*

Abbildung 6: **Weltweite Ausgaben für Onlinewerbung.**
Die Ausgaben für Onlinewerbung steigen jährlich stark an. Im Jahr 2015 wurden weltweit 160 Milliarden US-Dollar dafür aufgewendet. Im Jahr 2017 waren es bereits weit über 200 Milliarden US-Dollar. Auf der Einnahmenseite teilten im Jahr 2017 die beiden Firmen Alphabet und Facebook gut 100 Milliarden US-Dollar dieser Werbegelder unter sich auf. Bei den Werten für die mit * markierten Jahre handelt es sich um eine Prognose. *Quelle: Strathcom Media (2016); Handley (2017).*

Abbildung 7: **Datenintensität selbstfahrender Autos.**
Selbstfahrende Autos generieren eine enorme Datenmenge, insbesondere mit ihren Kameras und Lasern. Zudem benötigen sie einen hohen Zufluss an Daten für Kartenmaterial in 3-D-Qualität. Gemäß groben Schätzungen könnte sich die Gesamtmenge des Datenvolumens auf rund 4000 Gigabyte pro Auto und Tag belaufen. *Quelle: Bubeck (2016); Vieweg (2015).*

Abbildung 8: **Top 10 der gefährdeten und ungefährdeten Berufe.**
Die Digitalisierung gefährdet verschiedene Berufe unterschiedlich stark. Viele Bürojobs, aber auch gering qualifizierte körperliche Tätigkeiten sind besonders anfällig dafür, rationalisiert zu werden. Wenig betroffen sind hingegen soziale Dienstleistungen, beispielsweise in Erziehung und Pflege, sowie technische Berufe. *Quelle: A. T. Kearney (2015).*

Abbildung 9: **›Digital Divide‹: Die weltweite Verteilung vernetzter Geräte.**
Die mit Abstand größte Anzahl und Dichte von Geräten, die mit dem Internet vernetzt sind, befindet sich im ›alten‹ industriellen Norden: Europa, Nordamerika, Japan, Australien/Neuseeland. Einige Regionen des globalen Südens haben stark aufgeschlossen, so zum Beispiel Regionen in Brasilien, China, Indien und Mexiko. Große Teile der ländlichen Regionen Lateinamerikas, Asiens und vor allem Afrikas sind von der virtuellen Welt nahezu ausgeschlossen. *Quelle: eigene Darstellung nach Walker (2014), auf Basis von www.shodan.io.*

Abbildung 10: **Arbeitsplatzverluste nach Einkommen.**
Mit steigendem Einkommen (abgetragen auf der horizontalen Achse) sinkt die Wahrscheinlichkeit, dass der Job durch Digitalisierung rationalisiert werden kann (abgetragen auf der vertikalen Achse). *Quelle: Frey und Osborne (2013).*

Abbildung 11: **Zentrale, dezentrale und dezentral-vernetzte Ökonomie.**
In einer zentralisierten Ökonomie wandern Produkte von den Anbietern an eine zentrale Stelle und werden von dort an die Konsument*innen verteilt. In einer dezentralen Ökonomie findet dies über mehrere Stellen statt. In einer dezentral-vernetzten Ökonomie werden Produkte auf unterschiedlichen Kanälen zwischen vielen Akteuren gehandelt. *Quelle: Wikipedia (2017).*

Abbildungsverzeichnis

Abbildung 12: **Marktmacht von IT-Unternehmen.**
Die großen Internetkonzerne verfügen über monopolistische Marktmacht in ihren jeweiligen Geschäftsfeldern. Apple bezieht den Großteil der Profite auf dem Markt für Smartphones, Alphabet dominiert die Betriebssysteme für Smartphones und Microsoft die für Desktopcomputer. Amazon ist besonders mächtig beim Onlineverkauf von Büchern und Facebook und Tencent dominieren Social-Media. *Quellen: Canaccord Genuity (2017); Bundesverband der deutschen Versandbuchhändler (2015); Grundlehner (2017); StatCounter (2017); NetMarket-Share (2017); The Economist (2016).*

Abbildung 13: **Entwicklung der Lohnquote.**
In dieser Grafik sieht man die Entwicklung der Lohnquote in den USA, Japan, China und Deutschland im Vergleich und den negativen linearen Trend ab 1975. Die Lohnquote ist der Anteil des Gesamteinkommens, der auf Löhne entfällt – und nicht auf Zinsen, Dividenden, Aktiengewinne etc. *Quelle: Karabarbounis and Neiman (2014).*

Abbildung 14: **Entwicklung der Einkommensungleichheit.**
Die Einkommensungleichheit hat sich in der OECD zwischen 1985 bis 2013 stark erhöht. In 16 Ländern sowie im OECD-Durchschnitt ist sie signifikant angestiegen. In vier Ländern hat sich die Ungleichheit nur wenig verändert. Nur in einem Land, der Türkei, ist die Ungleichheit gesunken. Der Gini-Koeffizient beschreibt Einkommensungleichheit auf einer Skala von 1 bis 100. Bei einem Gini-Koeffizienten von 1 hätten alle Menschen das gleiche Einkommen, ein Gini von 100 beschreit die Situation, dass eine Person das gesamte Einkommen eines Landes allein einnimmt. *Quelle: Keeley (2015).*

Abbildung 15: **Wirtschaftswachstum, Digitalisierung und Lebenszufriedenheit.**
Trotz Wirtschaftswachstum und der Verbreitung mehrerer IK-Technologien ist die durchschnittliche Lebenszufriedenheit in Deutschland nicht gestiegen. Die Lebenszufriedenheit wurde als Selbsteinschätzung auf einer Skala von 0 (»ganz und gar unzufrieden«) bis 10 (»ganz und gar zufrieden«) abgefragt, sie ist im Zeitraum 1991 bis 2013 ungefähr konstant geblieben. Das Einkommen pro Kopf ist hingegen stark angewachsen. Im gleichen Zeitraum fand ebenfalls die Verbreitung wichtiger digitaler Technologien statt. *Quelle: Petilliot (2017).*

Abbildung 16: **Prinzipien einer zukunftsfähigen Digitalisierung.**
Wenn Suffizienz, Datenschutz und Gemeinwohl zusammengedacht werden, wird Digitalisierung einen positiven Beitrag zu einer sozialökologischen Transformation der Gesellschaft leisten. *Quelle: Eigene Darstellung.*

Anmerkungen

Kapitel 1
Disruptionen für Nachhaltigkeit?

1 Siehe z. B. MATZLER u. a., Digital Disruption, 2016; siehe auch MECK/
WEIGUNY, Das Wirtschaftswort des Jahres: Disruption, Baby, Disruption!,
2015; SCHULZ, Ab in die Wolke, 2016.

2 So z. B. HIRSCH, Social limits to growth, 1995; JACKSON, Prosperity without
growth, 2011; ganz früh schon MEADOWS u. a., Limits to growth, 1972; u. v. a.

3 IPCC, Climate change 2014, 2014; STEFFEN u. a., Planetary boundaries, 2015.

4 Siehe z. B. OECD, In It Together: Why Less Inequality Benefits All, 2015; PARI-
TÄTISCHER GESAMTVERBAND, Menschenwürde ist Menschenrecht. Bericht
zur Armutsentwicklung in Deutschland 2017, 2017; RAWORTH, A safe and just
space for humanity, 2012.

5 Siehe z. B. BRAND, Sozial-ökologische Transformation als gesellschafts-poli-
tisches Projekt, 2014; BRAND/WISSEN, Global Environmental Politics and the
Imperial Mode of Living, 2012; NEW ECONOMICS FOUNDATION, The Great
Transition. A tale of how it turned out right, 2009; REISSIG, Die neue »Große
Transformation«: Der Übergang zu einem sozialökologischen und solidari-
schen Entwicklungspfad, 2011; WISSENSCHAFTLICHER BEIRAT GLOBALE UM-
WELTVERÄNDERUNGEN, Welt im Wandel, 2011.

6 SACHS, Nach uns die Zukunft. Der globale Konflikt um Gerechtigkeit und
Ökologie, 2002.

7 THE NEW CLIMATE INSTITUTE, Was bedeutet das Pariser Klimaschutzabkommen für Deutschland?, 2016; UNFCCC, Paris Agreement, 2015.

8 MEADOWS u. a., The limits to growth, 2004; SACHS/SANTARIUS, Fair future,
2005; SCHMIDT-BLEEK, Das MIPS-Konzept, 2000; WEIZSÄCKER u. a., Faktor
Fünf, 2010.

9 PIKETTY, Das Kapital im 21. Jahrhundert, 2016; WILKINSON/PICKETT, The
spirit level, 2010.

10 JACKSON, Prosperity without growth, 2011; LANGE, Macroeconomics Without
Growth: Sustainable Economies in Neoclassical, Keynesian and Marxian
Theories, 2018; PAECH, Befreiung vom Überfluss, 2012; SANTARIUS, Der Re-
bound-Effekt, 2014.

11 Siehe auch MOROZOV, To save everything, click here, 2013.

Kapitel 2
Triebkräfte der Digitalisierung

1   CASTELLS, Der Aufstieg der Netzwerkgesellschaft, 2017.

2   CASTELLS, The Internet galaxy, 2001, S. 18.

3   Siehe auch LESLIE, The Cold War and American science: The military-industrial-academic complex at MIT and Stanford, 1993.

4   SCHILLER, Digital capitalism, 2000.

5   O'REGAN, A Brief History of Computing, 2012.

6   SCHILLER, Digital capitalism, 2000, S. 13.

7   Siehe z.B. DAUM, Das Kapital sind wir: Zur Kritik der digitalen Ökonomie, 2017; MASON, PostCapitalism: A Guide to our Future, 2015; RUSHKOFF, Throwing rocks at the Google bus: how growth became the enemy of prosperity, 2016.

8   TURNER, From counterculture to cyberculture: Stewart Brand, the Whole Earth Network, and the rise of digital utopianism, 2010.

9   COHEN/ZELNIK, The Free Speech Movement: Reflections on Berkeley in the 1960s, 2002.

10 ILLICH, Selbstbegrenzung. Eine politische Kritik der Technik [1975], 1998.

11 TURNER, Where the counterculture met the new economy, 2005; AKOS KOKAI, Whole Earth Catalog (1975), 2014.

12 LEVY, Hackers: Heroes of the Computer Revolution, 2010; ROTHSTEIN, A Crunchy-Granola Path From Macramé and LSD to Wikipedia and Google, 2006.

13 RIFKIN, Die Null-Grenzkosten-Gesellschaft: Das Internet der Dinge, kollaboratives Gemeingut und der Rückzug des Kapitalismus, 2014.

14 Siehe z.B. TAPSCOTT/TAPSCOTT, Die Blockchain Revolution. Wie die Technologie hinter Bitcoin nicht nur das Finanzsystem, sondern die ganze Welt verändert, 2016; VOSHMGIR, Blockchains, Smart Contracts und das Dezentrale Web, 2016.

15 Siehe in WINKEL, Demokratie und Digitalisierung, 2015.

16 So z.B. HOFSTETTER, Das Ende der Demokratie., 2016; WELZER, Die smarte Diktatur: der Angriff auf unsere Freiheit, 2016.

17 So z.B. BUNDESMINISTERIUM FÜR BILDUNG UND FORSCHUNG, Die neue Hightech-Strategie der Bundesregierung. Innovationen für Deutschland, 2014; BUNDESMINISTERIUM FÜR WIRTSCHAFT UND ENERGIE, Industrie 4.0 und Digitale Wirtschaft: Impulse für Wachstum, Beschäftigung und Innovation, 2015; ROLAND BERGER STRATEGY CONSULTANTS, Die digitale Transformation der Industrie. Was sie bedeutet. Wer gewinnt. Was jetzt zu tun ist., 2015.

18 Siehe z.B. BARTMANN, Die Rückkehr der Diener, 2016; DÄMON, Studie Digitalisierung und Arbeitsplätze, 2015; FREY/OSBORNE, The future of employment: How susceptible are Jobs to Computerisation?, 2013.

19 So z. B. GeSI/Accenture, Smarter 2030. ICT Solutions for 21st Century Challenges, 2015; Rifkin, Die Null-Grenzkosten-Gesellschaft: Das Internet der Dinge, kollaboratives Gemeingut und der Rückzug des Kapitalismus, 2014; Sachs u. a., ICT & SDGs. How Information and Communications Technology Can Achieve The Sustainable Development Goals, 2015.

20 So z. B. Kopp u. a., Auf Kosten der Anderen?, 2017; Pilgrim u. a., Ressourcenfluch 4.0: Die sozialen und ökologischen Auswirkungen von Industrie 4.0 auf den Rohstoffsektor, 2017.

21 Siehe z. B. Helbing u. a., Wie Algorithmen und Big Data unsere Zukunft bestimmen – Spektrum der Wissenschaft, 2015.

Kapitel 3
Mit Nullen und Einsen die Umwelt retten?

1 Bundesministerium für Wirtschaft und Energie, Industrie 4.0 und Digitale Wirtschaft: Impulse für Wachstum, Beschäftigung und Innovation, 2015, S. 5.

2 So z. B. Aichholzer u. a., Industrie 4.0 – Foresight & Technikfolgenabschätzung zur gesellschaftlichen Dimension der nächsten industriellen Revolution (Zusammenfassender Endbericht), 2015; Bauernhansl, Die Vierte Industrielle Revolution – Der Weg in ein wertschaffendes Produktionsparadigma, 2014; Bischoff u. a., Erschließen der Potenziale der Anwendung von »Industrie 4.0« im Mittelstand, 2015; Huber, Das Ziel Digital Enterprise, 2013; Huber, Industrie 4.0 in der Automobilproduktion, 2016; Matsuda/Kimura, Usage of a digital eco-factory for sustainable manufacturing, 2015 u. a.

3 GeSI/Accenture, Smarter 2030. ICT Solutions for 21st Century Challenges, 2015.

4 Stern.de, Wie viel Energie kostet eine Google-Suche?, 2008; Spiegel-Online, Suchmaschinenriese, 2011; für etwas andere, aber belastbarere Berechnungen, siehe z. B. Schien u. a., Modeling and Assessing Variability in Energy Consumption During the Use Stage of Online Multimedia Services, 2013.

5 Für umfassende Einführungen in die Thematik, siehe z. B. Hilty, Information technology and sustainability, 2008; Hilty/Aebischer, ICT Innovations for Sustainability, 2015; Hilty/Aebischer, ICT for Sustainability, 2015; Horner u. a., Known unknowns, 2016.

6 Manhart u. a., Resource Efficiency in the ICT Sector, 2016.

7 Chan u. a., Dying for an iPhone, 2016; Chancerel u. a., Estimating the quantities of critical metals embedded in ICT and consumer equipment, 2015; Pilgrim u. a., Ressourcenfluch 4.0: Die sozialen und ökologischen Auswirkungen von Industrie 4.0 auf den Rohstoffsektor, 2017.

8 Balde u. a., E-waste statistics: Guidelines on classifications, reporting and indicators, 2015; von Finck/Manhart, Das Geschäft mit dem Schrott, 2016.

9 Greenpeace, 10 Jahre Smartphone. Die globalen Umweltfolgen von 7 Milliarden Mobiltelefonen, 2017.

10 Koomey u. a., Implications of historical trends in the electrical efficiency of computing, 2011.

Anmerkungen

11 ROSER/RITCHIE, Technological Progress, 2017.

12 SANTARIUS, Der Rebound-Effekt, 2015; SANTARIUS u. a., Rethinking Climate and Energy Policies: New Perspectives on the Rebound Phenomenon, 2016.

13 HILTY, Why energy efficiency is not sufficient – some remarks on »Green by IT«, 2012; SANTARIUS, Der Rebound-Effekt, 2015, Kapitel 9.

14 APPLE, iPhone 7 Environmental Report, 2017; APPLE, iPhone 3G Environmental Report, 2009.

15 ANDRAE/EDLER, On Global Electricity Usage of Communication Technology, 2015; SALAHUDDIN/ALAM, Information and Communication Technology, electricity consumption and economic growth in OECD countries, 2016; Zahlen für Deutschland, siehe FICHTER u. a., Gutachten zum Thema »Green IT-Nachhaltigkeit« für die Enquete-Kommission Internet und digitale Gesellschaft des Deutschen Bundestages, 2012; STOBBE u. a., Entwicklung des IKT-bedingten Strombedarfs in Deutschland. Abschlussbericht, 2015.

16 DE DECKER, Why We Need a Speed Limit for the Internet, 2015.

17 INTERNATIONAL ENERGY AGENCY, World energy outlook 2016, 2016; MILLS, The Cloud Begins With Coal. Big Data, Big Networks, Big Infrastructures, and Big Power. An Overview of the Electricity Used by the Global Digital Ecosystem, 2013.

18 GREENPEACE, Clicking Green. Who Is Winning the Race to Build a Green Internet?, 2017; siehe auch HINTEMANN/CLAUSEN, Green Cloud? The current and future development of energy consumption by data centers, networks and end-user devices, 2016.

19 Zur Obsoleszenz siehe z. B. PRAKASH u. a., Einfluss der Nutzungsdauer von Produkten auf ihre Umweltwirkung: Schaffung einer Informationsgrundlage und Entwicklung von Strategien gegen »Obsoleszenz«, 2016.

20 GOLEMAN/NORRIS, How Green Is My iPad?, 2010; RITCH, The Environmental Impact of Amazon's Kindle, 2009.

21 Siehe auch BULL/KOZAK, Comparative life cycle assessments, 2014; MOBERG u. a., Printed and tablet e-paper newspaper from an environmental perspective – A screening life cycle assessment, 2010.

22 CHAN u. a., The Poisonous Pearl. Occupational chemical poisoning in the electronics industry in the Pearl River Delta, People's Republic of China, 2016; VON FINCK/MANHART, Das Geschäft mit dem Schrott, 2016; MANHART u. a., Resource Efficiency in the ICT Sector, 2016.

23 Für einen Überblick siehe BULL/KOZAK, Comparative life cycle assessments, 2014.

24 THE GREEN PRESS INITIATIVE, Environmental Impacts of E-Books, 2011.

25 KOZAK/KEOLELAN, Printed scholarly books and e-book reading devices, 2003.

26 So schlussfolgern auch JESWANI/AZAPAGIC, Is e-reading environmentally more sustainable than conventional reading?, 2015.

27 Z. B. ACHACHLOUEI/MOBERG, Life Cycle Assessment of a Magazine, Part II, 2015; AHMADI ACHACHLOUEI u. a., Life Cycle Assessment of a Magazine, Part I, 2015.

28 Siehe VERBAND PRIVATER RUNDFUNK UND TELEMEDIEN, Grafiken zur Mediennutzungsanalyse 2016, 2016.

29 TÜRK u. a., The environmental and social impacts of digital music. A case study with EMI, 2003.

30 WEBER u. a., The Energy and Climate Change Implications of Different Music Delivery Methods, 2010.

31 APPLE, Environmental Report iPod Touch (6th Generation), 2015.

32 HOGG/JACKSON, Digital Media and Dematerialization, 2009; siehe auch MALMODIN u. a., Greenhouse Gas Emissions and Operational Electricity Use in the ICT and Entertainment & Media Sectors, 2010.

33 CISCO, The Zettabyte Era: Trends and Analysis, 2016.

34 SHEHABI u. a., The energy and greenhouse-gas implications of internet video streaming in the United States, 2014.

35 SEETHARAM u. a., Shipping to Streaming, 2010; SIVARAMAN u. a., Comparative energy, environmental, and economic analysis of traditional and e-commerce DVD rental networks, 2007; siehe allgemein STOBBE u. a., Entwicklung des IKT-bedingten Strombedarfs in Deutschland. Abschlussbericht, 2015.

36 CISCO, The Zettabyte Era: Trends and Analysis, 2016; ERICSSON AB, Mobility Report: Traffic Exploration, 2017.

37 HOROWITZ RESEARCH, State of Cable & Digital Media, 2016.

38 CISCO, The Zettabyte Era: Trends and Analysis, 2016.

39 ROGELJ u. a., Energy system transformations for limiting end-of-century warming to below 1.5 °C, 2015.

40 THE NEW CLIMATE INSTITUTE, Was bedeutet das Pariser Klimaschutzabkommen für Deutschland?, 2016; UNFCCC, Paris Agreement, 2015.

41 Siehe das Gesetz zur Digitalisierung der Energiewende in BUNDESREGIERUNG, Gesetz zur Digitalisierung der Energiewende, 2016; siehe auch ZIMMERMANN/ WOLF, Sechs Thesen zur Digitalisierung der Energiewende: Chancen, Risiken und Entwicklungen, 2016.

42 EGGER, Ein neuer Weg: Dezentrale Energieversorgung, 2017.

43 BAYER, Das Potential von Lastmanagement am Beispiel der Kältetechnik, 2013.

44 NÜBOLD, »Virtuelle Batterie« der TRIMET wird Teil der KlimaExpo.NRW, 2017.

45 Siehe hierzu GÄHRS u. a., Prosumer-Haushalte, 2016.

46 Siehe z. B. FRAUNHOFER IWES, Erstellung innovativer Wetter- und Leistungsprognosemodelle für die Netzintegration wetterabhängiger Energieträger, 2013.

47 Siehe ausführlich z. B. AGORA ENERGIEWENDE, Energiewende und Dezentralität. Zu den Grundlagen einer politisierten Debatte, 2017.

48 VON BRACKEL, Wohin mit den erneuerbaren Energien? Neue Stromspeicher braucht das Land, 2013.

Anmerkungen

49 Siehe z. B. BUNDESMINISTERIUM FÜR WIRTSCHAFT UND ENERGIE, Strom 2030. Langfristige Trends – Aufgaben für die kommenden Jahre, 2017; STERNBERG/ BARDOW, Power-to-What? – Environmental assessment of energy storage systems, 2015.

50 Siehe auch KITTNER u. a., Energy storage deployment and innovation for the clean energy transition, 2017.

51 VAN DAM u. a., Do home energy management systems make sense?, 2013.

52 MALMODIN/COROAMA, Assessing ICT's enabling effect through case study extrapolation – The example of smart metering, 2016.

53 LOUIS u. a., Environmental Impacts and Benefits of Smart Home Automation, 2015; NYBORG/RØPKE, Energy impacts of the smart home-conflicting visions, 2011; VAN DAM u. a., Do home energy management systems make sense?, 2013.

54 Für zweifelhafte Beispiele siehe z. B. DR. GRIEGER & CIE. MARKTFORSCHUNG, Smart Home Monitor Deutschland 2016, 2016; HUHN, Smart Home – Energy Management Outlook, 2016.

55 BUNDESMINISTERIUM FÜR WIRTSCHAFT UND TECHNOLOGIE, Energiekonzept für eine umweltschonende, zuverlässige und bezahlbare Energieversorgung, 2010.

56 ELSBERG, BLACKOUT – Morgen ist es zu spät, 2012.

57 Siehe z. B. ARETZ u. a., Fundamentale Resilienzstrategien für die erneuerbare und digitale Stromversorgung erforderlich, 2017; DEUTSCHE AKADEMIE DER TECHNIKWISSENSCHAFTEN u. a., Das Energiesystem resilient gestalten: Maßnahmen für eine gesicherte Versorgung, 2017; GÖSSLING-REISEMANN, Resilience – Preparing Energy Systems for the Unexpected, 2016.

58 STRATHMANN, Malware führte zum Blackout, 2016; YORK, Bundesamt geht von Hackerangriff auf ukrainisches Stromnetz aus, 2016.

59 WORLD ENERGY COUNCIL, The road to resilience: Managing cyber risks, 2016.

60 GREVELER u. a., Hintergrund und experimentelle Ergebnisse zum Thema »Smart Meter und Datenschutz«. Entwurf eines Manuskripts, 2017.

61 LOBE, Smart Homes erinnern immer mehr an Strafvollzug, 2017.

62 FOUCAULT, Überwachen und Strafen, 1977.

63 Zu dieser Horrorvision siehe BENTHAM u. a., Panoptikum oder das Kontrollhaus, 2013.

64 Siehe z. B. AGORA ENERGIEWENDE, Energiewende und Dezentralität. Zu den Grundlagen einer politisierten Debatte, 2017; CANZLER/KNIE, Schlaue Netze. Wie die Energie- und Verkehrswende gelingt, 2013; VERBAND DER ELEKTROTECHNIK ELEKTRONIK UND INFORMATIONSTECHNIK, Der Zellulare Ansatz: Grundlage einer erfolgreichen, regionenübergreifenden Energiewende, 2015.

65 ARETZ u. a., Fundamentale Resilienzstrategien für die erneuerbare und digitale Stromversorgung erforderlich, 2017.

66 So z. B. auch HENSELING u. a., Wiederverkaufskultur im Internet: Chancen für nachhaltigen Konsum, 2009.

67 SCHOLL u. a., Praxisbroschüre: Teilen digital – Verbreitung, Zielgruppen und Potenziale des Peer-to-Peer Sharing in Deutschland, 2017; siehe ausführlich z. B. SCHOLL u. a., Peer-to-Peer Sharing: Definition und Bestandsaufnahme, 2015.

68 So schon TOFFLER, The Third Wave, 1980; für die neuere Debatte, siehe z. B. BLÄTTEL-MINK/HELLMANN, Prosumer Revisited. Zur Aktualität einer Debatte, 2010; HELLMANN, Prosumismus im Zeitalter der Internetökonomie, 2009.

69 Für weitere Beispiele siehe GIESECKE u. a., Futurzwei Zukunftsalmanach 2017/18. Schwerpunkt Stadt, 2016; GIESECKE u. a., Futurzwei Zukunftsalmanach 2017/18. Schwerpunkt Stadt, 2016.

70 BRAUER u. a., Green By App, 2016.

71 SAWALL, Marktplatz: Ebay Deutschland verkauft 80 Prozent Neuwaren, 2016.

72 HANDELSVERBAND DEUTSCHLAND, Umsatz durch E-Commerce (B2C) in Deutschland in den Jahren 1999 bis 2016 sowie eine Prognose für 2017 (in Milliarden Euro), 2017; HANDELSVERBAND DEUTSCHLAND, Handel digital. Online-Monitor 2016, 2016.

73 HANDELSVERBAND DEUTSCHLAND, Handel digital. Online-Monitor 2016, 2016.

74 TERNES u. a., Konsumentenverhalten im Zeitalter der Digitalisierung, 2015.

75 LOSKE, Sharing Economy: Gutes Teilen, schlechtes Teilen?, 2015.

76 GOSSEN u. a., Sharing is caring – for the environment. Results of life cycle assessments for peer-to-peer sharing, 2017.

77 HELBING u. a., Wie Algorithmen und Big Data unsere Zukunft bestimmen – Spektrum der Wissenschaft, 2015; HOFSTETTER, Das Ende der Demokratie, 2016.

78 STRATHCOM MEDIA, Entwicklung der Ausgaben für Online-Werbung weltweit in den Jahren 2013 bis 2015 sowie eine Prognose bis 2020 (in Milliarden US-Dollar), 2016.

79 CROSS, An all-consuming century: Why commercialism won in modern America, 2000; ganz früh schon GALBRAITH, The Affluent Society, 1958; SCHOR, The Overspent American. Why we want what we don't need, 1998 u. v. a.

80 Siehe schon SACHS/SANTARIUS, Fair future, 2005.

81 MARSHALL, Google Maps Adds Location Sharing, Quietly Drools Over Your Data, 2017.

82 Siehe auch REISCH u. a., Digitale Welt und Handel. Verbraucher im personalisierten Online-Handel, 2016.

83 Siehe z. B. JENTZSCH, Wohlfahrts- und Verteilungseffekte personalisierter Preise und Produkte, 2017.

84 Siehe hierzu REISCH u. a., Digitale Welt und Handel. Verbraucher im personalisierten Online-Handel, 2016, S. 19 ff.

85 REISCH u. a., Digitale Welt und Handel. Verbraucher im personalisierten Online-Handel, 2016; SCHIEDER/LORENZ, Pricing-Intelligence-Studie 2012. State-of-the-Art der dynamischen Preisbildung im E-Commerce, 2012; ZANDER-HAYAT u. a., Personalisierte Preise, 2016.

Anmerkungen   **247**

86 Gassmann/Reimann, Wann Sie im Internet am billigsten einkaufen, 2015.

87 Schieder/Lorenz, Pricing-Intelligence-Studie 2012. State-of-the-Art der dynamischen Preisbildung im E-Commerce, 2012.

88 Keutel, Elektronikartikel: Wochentage mit den besten Preisen, 2015.

89 Für viele Beispiele siehe auch Wolfie, Kommerzielle digitale Überwachung im Alltag Erfassung, Verknüpfung und Verwertung persönlicher Daten im Zeitalter von Big Data: Internationale Trends, Risiken und Herausforderungen anhand ausgewählter Problemfelder und Beispiele, 2014.

90 Rauschnabel u. a., Augmented reality smart glasses: definition, conceptual insights, and managerial importance, 2015; Goldman Sachs, Virtual and augmented reality: Understanding the race for the next computing platform, 2016.

91 Kuzyakov/Pio, Next-generation video encoding techniques for 360 video and VR, 2016.

92 Kelly, The untold story of magic leap, the world's most secretive startup, 2016.

93 Siehe u. a. Morozov in: Aus Politik und Zeitgeschichte, Big Data, 2015; Biermann, Algorithmen Allmächtig? Freiheit in den Zeiten der Statistik, 2014; Welzer, Die höchste Stufe der Zensur: Das Leben in der Ich-Blase, 2016.

94 Siehe hierzu kritisch Uchatius, Algorithmen: Warum glaubt Google, mein Kaninchen frisst Hundefutter?, 2016.

95 So etwa Wilson, The Web Is Basically One Giant Targeted Ad Now, 2017.

96 Für eine Übersicht siehe Gross, Mobile shopping, 2015.

97 Wang u. a., On the Go, 2015.

98 Siehe auch Reisch u. a., Digitale Welt und Handel. Verbraucher im personalisierten Online-Handel, 2016.

99 Wahnbaeck/Roloff, After the Binge, the Hangover. Insights into the Minds of Clothing Consumers, 2017.

100 Wahnbaeck/Roloff, After the Binge, the Hangover. Insights into the Minds of Clothing Consumers, 2017.

101 So z. B. in Die Welt, Einzelhandel: Innenstädte veröden wegen Online-Handels, 2014.

102 Bundesinstitut für Bau-, Stadt- und Raumforschung, Online-Handel – Mögliche räumliche Auswirkungen auf Innenstädte, Stadtteil- und Ortszentren, 2017; Reink, »E-Commerce« und seine Auswirkungen auf die Stadtentwicklung, 2016.

103 So z. B. Ternes u. a., Konsumentenverhalten im Zeitalter der Digitalisierung, 2015.

104 Bundesverband Paket und Expresslogistik, Anzahl der Sendungen von Kurier-, Express- und Paketdiensten (KEP) in Deutschland in den Jahren 2000 bis 2016 (in Millionen), 2017.

105 Für einen Überblick siehe Mangiaracina u. a., A review of the environmental implications of B2C e-commerce, 2015; van Loon u. a., A comparative analysis of carbon emissions from online retailing of fast moving consumer goods, 2015.

106 Deutsches CleanTech Institut, Klimafreundlich einkaufen. Eine vergleichende Betrachtung von Onlinehandel und stationärem Einzelhandel, 2015.

107 Sehr optimistisch Cairns, Delivering supermarket shopping, 2005; weniger optimistisch Rosqvist/Hiselius, Online shopping habits and the potential for reductions in carbon dioxide emissions from passenger transport, 2016; Siikavirta u. a., Effects of E-Commerce on Greenhouse Gas Emissions, 2002.

108 Mangiaracina u.a., A review of the environmental implications of B2C e-commerce, 2015.

109 Brown/Guiffrida, Carbon emissions comparison of last mile delivery versus customer pickup, 2014.

110 Wiese u.a., Transport-related CO_2 effects of online and brick-and-mortar shopping, 2012.

111 Asdecker, Returning mail-order goods, 2015; Plass, Online-Shoppen: Viel zu viel Verpackungsmüll? | NDR.de – Ratgeber, 2016.

112 Schüler, Aufkommen und Verwertung von Verpackungsabfällen in Deutschland im Jahr 2012, 2014.

113 GeSI/Accenture, Smarter 2030. ICT Solutions for 21st Century Challenges, 2015.

114 Für Deutschland, siehe Statistisches Bundesamt, Verkehr aktuell, 2017; Statistisches Bundesamt, Broschüre Verkehr auf einen Blick, 2013.

115 GeSI/Accenture, Smarter 2030. ICT Solutions for 21st Century Challenges, 2015, S. 46ff.

116 Bundesministerium für Verkehr und digitale Infrastruktur, Aktionsplan Güterverkehr und Logistik – nachhaltig und effizient in die Zukunft, 2016, S. 29.

117 Bundesministerium für Verkehr und digitale Infrastruktur, Aktionsplan Güterverkehr und Logistik – nachhaltig und effizient in die Zukunft, 2016, S. 20.

118 Bundesministerium für Verkehr und digitale Infrastruktur, Verkehrsprognose 2030, 2016, S. 48; siehe allgemein auch Sokolov, Forscher, 2016.

119 Maurer u. a., Autonomes Fahren, 2015; Bundesministerium für Verkehr und digitale Infrastruktur, Ethik-Kommission. Automatisiertes und vernetztes Fahren, 2017.

120 Canzler/Knie, Grüne Wege aus der Autokrise, 2009; Canzler/Knie, Die digitale Mobilitätsrevolution, 2016.

121 Sachs, Die Liebe zum Automobil. Ein Rückblick in die Geschichte unserer Wünsche, 1984.

122 Bundesministerium für Verkehr und digitale Infrastruktur, »Eigentumsordnung« für Mobilitätsdaten? Eine Studie aus technischer, ökonomischer und rechtlicher Perspektive, 2017.

123 Bubeck, Ein selbstfahrendes Auto erzeugt 4.000 Gigabyte Daten am Tag, 2016; Vieweg, Auto der Zukunft, 2015.

124 Siehe z.B. Barcham, Climate and Energy Impacts of Automated Vehicles, 2014; Sokolov, Forscher, 2016; Trommer u.a., Autonomous Driving – The Impact of Vehicle Automation on Mobility Behaviour, 2016.

Anmerkungen **249**

125 RÖTZER, Abheben aus der Stadt, 2017.

126 DONATH, Paketkopter, 2016; DONATH, Belieferung aus der Luft, 2016.

127 PLUTA, ÖPNV, 2017.

128 BOEING, Reisen: Die Zukunft des Fliegens, 2017.

129 Siehe DUONG u. a., Mobilität der Zukunft. Ergebnisbericht Projekt »ShareWay – Wege zur Weiterentwicklung von Shared Mobility zur dritten Generation«, 2016, S. 84 ff.

130 DIENEL, Carsharing steht für eine neue Unverbindlichkeit – wie die Entscheidung gegen das eigene Haus oder eigene Kinder, 2017; siehe allgemein für indirekte Effekte des Car-Sharings auch EVANS, Cars and second order consequences, 2017.

131 Siehe z. B. BISCHOFF/MACIEJEWSKI, Simulation of City-wide Replacement of Private Cars with Autonomous Taxis in Berlin, 2016; FAGNANT/KOCKELMAN, Preparing a nation for autonomous vehicles, 2015.

132 FRIEDRICH/HARTL, Wirkungen autonomer Fahrzeuge auf den städtischen Verkehr, 2017; GRUEL/STANFORD, Assessing the Long-term Effects of Autonomous Vehicles, 2016; MILAKIS u. a., Policy and society related implications of automated driving, 2017; MILAKIS u. a., Development of automated vehicles in the Netherlands, 2015.

133 FRIEDRICH/HARTL, Wirkungen autonomer Fahrzeuge auf den städtischen Verkehr, 2017.

134 FORSCHUNGSUNION WIRTSCHAFT–WISSENSCHAFT, Umsetzungsempfehlungen für das Zukunftsprojekt Industrie 4.0, 2013.

135 BUNDESMINISTERIUM FÜR WIRTSCHAFT UND ENERGIE, Digitale Transformation in der Industrie, 2017.

136 BUNDESMINISTERIUM FÜR WIRTSCHAFT UND ENERGIE, Industrie 4.0 und Digitale Wirtschaft: Impulse für Wachstum, Beschäftigung und Innovation, 2015.

137 RÜSSMANN u. a., Industry 4.0, 2015.

138 RÜSSMANN u. a., Industry 4.0, 2015; siehe auch ROLAND BERGER STRATEGY CONSULTANTS, Die digitale Transformation der Industrie. Was sie bedeutet. Wer gewinnt. Was jetzt zu tun ist, 2015.

139 BUNDESMINISTERIUM FÜR BILDUNG UND FORSCHUNG, Zukunftsbild Industrie 4.0, 2013.

140 RAND EUROPE u. a., Smart Trash: Study on RFID tags and the recycling industry. Studie für die Europäische Kommission, 2012.

141 MARSCHEIDER-WEIDEMANN u. a., Rohstoffe für Zukunftstechnologien 2016, 2016; PILGRIM u. a., Ressourcenfluch 4.0: Die sozialen und ökologischen Auswirkungen von Industrie 4.0 auf den Rohstoffsektor, 2017; siehe auch LUTTER u. a., Die Nutzung natürlicher Ressourcen. Bericht für Deutschland 2016, 2016.

142 CISCO, The Zettabyte Era: Trends and Analysis, 2016; EMC, The digital universe of opportunities. Rich data and the increasing value of the internet of things, 2014.

143 Siehe z. B. Vermesan/Friess, Digitising the Industry: Internet of Things Connecting the Physical, Digital and Virtual Words, 2016; Zuo u. a., An Internet of things and cloud-based approach for energy consumption evaluation and analysis for a product, 2017; McKinsey, The Internet of Things: Mapping the Value Beyond the Hype, 2015.

144 Hazas u. a., Are there limits to growth in data traffic?, 2016; Andrae/Edler, On Global Electricity Usage of Communication Technology, 2015; Lewis, Will the internet of things sacrifice or save the environment?, 2016.

145 Pilgrim u. a., Ressourcenfluch 4.0: Die sozialen und ökologischen Auswirkungen von Industrie 4.0 auf den Rohstoffsektor, 2017; Marscheider-Weidemann u. a., Rohstoffe für Zukunftstechnologien 2016, 2016.

146 Bihr, View Source Shenzhen, 2017; ThingsCon, The State of Responsible IoT, 2017.

147 Bundesministerium für Wirtschaft und Energie, Industrie 4.0 und Digitale Wirtschaft: Impulse für Wachstum, Beschäftigung und Innovation, 2015, S. 5.

148 So z. B. Aichholzer u. a., Industrie 4.0 – Foresight & Technikfolgenabschätzung zur gesellschaftlichen Dimension der nächsten industriellen Revolution (Zusammenfassender Endbericht), 2015; Bauernhansl, Die Vierte Industrielle Revolution – Der Weg in ein wertschaffendes Produktionsparadigma, 2014; Bischoff u. a., Erschließen der Potenziale der Anwendung von »Industrie 4.0« im Mittelstand, 2015; Huber, Das Ziel Digital Enterprise, 2013; Huber, Industrie 4.0 in der Automobilproduktion, 2016; Matsuda/Kimura, Usage of a digital eco-factory for sustainable manufacturing, 2015 u. a.

149 Bundesministerium für Bildung und Forschung, Zukunftsbild Industrie 4.0, 2013; Bundesministerium für Wirtschaft und Energie, Industrie 4.0 und Digitale Wirtschaft: Impulse für Wachstum, Beschäftigung und Innovation, 2015; auch Hermann u. a., Sustainability in manufacturing and factories of the future, 2014.

150 Bundesministerium für Wirtschaft und Energie, Digitale Transformation in der Industrie, 2017; Hermann u. a., Sustainability in manufacturing and factories of the future, 2014; Petschow u. a., Dezentrale Produktion, 3D-Druck und Nachhaltigkeit, 2014.

151 Eigene Recherchen; Beier u. a., Sustainability Aspects of a Digitalized Industry, 2017; Klinkow, Umweltaspekte Industrie 4.0. Persönliche Kommunikation per E-Mail, 2017.

152 GeSI/Accenture, Smarter 2030. ICT Solutions for 21st Century Challenges, 2015.

153 Bentzen, Estimating the rebound effect in US manufacturing energy consumption, 2004; Borenstein, A microeconomic framework for evaluating energy efficiency rebound and some implications, 2013; Santarius, Investigating meso-economic rebound effects, 2016; Saunders, Historical evidence for energy efficiency rebound in 30 US sectors and a toolkit for rebound analysts, 2013; Sorrell, Jevons' Paradox revisited, 2009; Turner, Negative rebound and disinvestment effects in response to an improvement in energy efficiency in the UK economy, 2009.

Anmerkungen

154 Jenkins u. a., Energy emergence: rebound and backfire as emergent phenomena, 2011; Santarius, Der Rebound-Effekt, 2015; Saunders, Historical evidence for energy efficiency rebound in 30 US sectors and a toolkit for rebound
analysts, 2013.

155 Bundesministerium für Wirtschaft und Energie, Industrie 4.0: Volks-
und betriebswirtschaftliche Faktoren für den Standort Deutschland – Eine
Studie im Rahmen der Begleitforschung zum Technologieprogramm AUTO-
NOMIK für Industrie 4.0, 2015; Rüssmann u. a., Industry 4.0, 2015.

Kapitel 4
Mit Automaten und Algorithmen Gerechtigkeit schaffen?

1 Spehr, Maschinensturm, 2000.

2 Schumpeter, Capitalism, socialism and democracy, 1942.

3 Schwarz, How Many Photos Have Been Taken Ever?, 2012.

4 Smith, 37 Instagram-Statistiken für 2016, 2016.

5 The Economist, The last Kodak moment?, 2012.

6 Während sich die 145.000 Arbeitsplätze auf das Jahr 1988 beziehen, wurde der
Spitzenumsatz im Jahr 1996 erzielht. Arbeitsplatzzahlen für 1996 oder Umsatzzahlen für 1988 liegen leider nicht vor. Die folgenden Vergleiche mit den Ver-
hältnissen von Arbeitsplätzen und Umsatzzahlen bei Apple und Instagram
würden noch gravierender ausfallen. The Economist, The last Kodak moment?,
2012.

7 Apple, Annual Report, 2016.

8 Aslam, Instagram by the Numbers (2017), 2017.

9 Lucas, The search for survival, 2012.

10 Klemm, Stressiger Beruf, 2016.

11 Sorge, In zehn Jahren werden keine LKW-Fahrer mehr benötigt, 2016.

12 Frey/Osborne, The future of employment: How susceptible are Jobs to Computerisation?, 2013.

13 Levy, Can an Algorithm Write a Better News Story Than a Human Reporter?,
2012.

14 Dengler/Matthes, Folgen der Digitalisierung für die Arbeitswelt: Substituierbarkeitspotenziale von Berufen in Deutschland, 2015; Dämon, Studie Digitalisierung und Arbeitsplätze, 2015.

15 Siehe z. B. Christensen u. a., The MOOC Phenomenon, 2013; Shah, By The
Numbers, 2016.

16 Frey/Osborne, The future of employment: How susceptible are Jobs to Computerisation?, 2013 Die Autoren geben keine genaue Zeitangabe an, wie schnell
dieser Prozess stattfinden kann, sprechen hingegen relativ vage von ein bis
zwei Jahrzenten.

17 Bonin u. a., Übertragung der Studie von Frey/Osborne (2013) auf Deutschland, 2015.

18 BONIN u. a., Übertragung der Studie von Frey/Osborne (2013) auf Deutschland, 2015.

19 ACEMOGLU/RESTREPO, Robots and Jobs, 2017; weitere Studien sind ACEMOGLU/ RESTREPO, The race between machine and man, 2016; BRYNJOLFSSON/MCAFEE, The Second Machine Age: Wie die nächste digitale Revolution unser aller Leben verändern wird, 2014.

20 CHARNIAK/MCDERMOTT, Introduction to Artificial Intelligence, 1985.

21 SULLIVAN, How Machine Learning Works, As Explained By Google, 2015.

22 BÖGEHOLZ, Künstliche Intelligenz, 2017; SILVER u. a., Mastering the game of Go without human knowledge, 2017.

23 PURDY/DAUGHERTY, Why Artificial Intelligence is the future of growth, 2016; DATAMATION, Top 20 Artificial Intelligence Companies, 2017.

24 BRYNJOLFSSON/MCAFEE, The Second Machine Age: Wie die nächste digitale Revolution unser aller Leben verändern wird, 2014.

25 Leider geben die Autor*innen keine Gesamtzahl für den Anteil der rationalisierbaren Tätigkeiten an. Daher basiert die Zahl 40 % auf eigenen Berechnungen, basierend auf ihren Zahlen. DENGLER/MATTHES, In kaum einem Beruf ist der Mensch vollständig ersetzbar, 2015.

26 WOLTER u. a., Wirtschaft 4.0 und die Folgen für Arbeitsmarkt und Ökonomie: Szenario-Rechnungen im Rahmen der BIBB-IAB-Qualifikations-und Berufsfeldprojektionen, 2016.

27 BRYNJOLFSSON/MCAFEE, Race Against the Machine, 2012.

28 VARDI, Humans, Machines, and Work, 2017.

29 FEENSTRA u. a., The next generation of the Penn World Table, 2015; THE ECONOMIST DATA TEAM, »Secular stagnation« in graphics – Doom and gloom, 2014.

30 Siehe z. B. WOLTER u. a., Wirtschaft 4.0 und die Folgen für Arbeitsmarkt und Ökonomie: Szenario-Rechnungen im Rahmen der BIBB-IAB-Qualifikations-und Berufsfeldprojektionen, 2016.

31 So auch in der Studie von WOLTER u. a., Industrie 4.0 und die Folgen für Arbeitsmarkt und Wirtschaft, 2015.

32 DOLAN u. a., Do we really know what makes us happy? A review of the economic literature on the factors associated with subjective well-being, 2008.

33 BRYNJOLFSSON/MCAFEE, The Second Machine Age: Wie die nächste digitale Revolution unser aller Leben verändern wird, 2014.

34 Vgl. KURZ/RIEGER, Arbeitsfrei, 2015.

35 MERCHANT, Fully automated luxury communism, 2015.

36 Vgl. KOEPP u. a., Arbeit in der Postwachstumsgesellschaft. Diagnosen, Prognosen und Gegenentwürfe. Eine kommentierte Literaturübersicht, 2015.

37 HUWS u. a., Crowd Work in Europe. Preliminary results from a survey in the UK, Sweden, Germany, Austria and the Netherlands, 2016.

38 HUWS u. a., Crowd Work in Europe. Preliminary results from a survey in the UK, Sweden, Germany, Austria and the Netherlands, 2016.

39 MARX, Die deutsche Ideologie, 1969, S. 33.

Anmerkungen

40 BERTSCHEK u. a., Befragung zum sozioökonomischen Hintergrund und zu den Motiven von Crowdworkern, 2016.

41 LEIMEISTER u. a., Crowd Worker in Deutschland: Eine empirische Studie zum Arbeitsumfeld auf externen Crowdsourcing-Plattformen, 2016.

42 LEIMEISTER u. a., Crowd Worker in Deutschland: Eine empirische Studie zum Arbeitsumfeld auf externen Crowdsourcing-Plattformen, 2016.

43 LEIMEISTER u. a., Crowd Worker in Deutschland: Eine empirische Studie zum Arbeitsumfeld auf externen Crowdsourcing-Plattformen, 2016.

44 LEIMEISTER u. a., Crowd Worker in Deutschland: Eine empirische Studie zum Arbeitsumfeld auf externen Crowdsourcing-Plattformen, 2016.

45 Insgesamt gibt es noch wenig Forschung zum Zusammenhang zwischen Geschlechterverhältnissen und Digitalisierung. AHLERS u. a., Genderaspekte der Digitalisierung der Arbeitswelt. Diskussionspapier für die Kommission »Arbeit der Zukunft«, 2017 bieten einen guten Überblick über die bestehende Literatur.

46 Siehe z. B. CHINA LABOR WATCH, Apple making big profits but Chinese workers' wage on the slide, 2016; SACOM, Workers as Machines: Military Management in Foxconn, 2010.

47 BRAND/WISSEN, Imperiale Lebensweise. Zur Ausbeutung von Mensch und Natur in Zeiten des globalen Kapitalismus, 2017; KOPP u. a., Auf Kosten der Anderen?, 2017.

48 WALKER, A Map of Every Device in the World That's Connected to the Internet, 2014.

49 HUWS u. a., Crowd Work in Europe. Preliminary results from a survey in the UK, Sweden, Germany, Austria and the Netherlands, 2016.

50 LEIMEISTER u. a., Crowd Worker in Deutschland: Eine empirische Studie zum Arbeitsumfeld auf externen Crowdsourcing-Plattformen, 2016.

51 LEIMEISTER u. a., Crowd Worker in Deutschland: Eine empirische Studie zum Arbeitsumfeld auf externen Crowdsourcing-Plattformen, 2016.

52 VEREINIGUNG DER BAYERISCHEN WIRTSCHAFT E. V., Arbeitslandschaft 2040. Eine vbw-Studie, erstellt von der Prognos AG, 2015.

53 BARTMANN, Die Rückkehr der Diener, 2016.

54 BARTMANN, Die Rückkehr der Diener, 2016.

55 BAHL/STAAB, Die Proletarisierung der Dienstleistungsarbeit, 2015; LAUDENBACH, Dienstleistungsproletariat: Philipp Staab im Interview – Die Unsichtbaren, 2014.

56 AHLERS u. a., Genderaspekte der Digitalisierung der Arbeitswelt. Diskussionspapier für die Kommission »Arbeit der Zukunft«, 2017.

57 TURNER, From counterculture to cyberculture: Stewart Brand, the Whole Earth Network, and the rise of digital utopianism, 2010.

58 OTTMANN, Liberale, republikanische, deliberative Demokratie, 2006.

59 JACOB/THOMAS, Das Internet als Heilsbringer der Demokratie?, 2014.

60 PARISER, The filter bubble, 2011.

61 HABERMAS, Ach, Europa, 2014, S. 161 f.

62   Welzer, Die smarte Diktatur: der Angriff auf unsere Freiheit, 2016.

63   Lobo, Abschied von der Utopie: Die digitale Kränkung des Menschen, 2014.

64   Scholz, Platform Cooperativism. Challenging the Corporate Sharing Economy, 2016.

65   Stallman, The GNU manifesto, 1985.

66   Gates, An open letter to hobbyists, 1976.

67   Skerrett, IoT Developer Survey 2017, 2017, S. 23.

68   n-tv, Firefox trudelt in die Bedeutungslosigkeit, 2017.

69   Schumacher, Small is beautiful. A study of economics as if people mattered, 1973.

70   Wuppertal Institut, Zukunftsfähiges Deutschland, 1997; Hines, Localization, 2000; McKibben, Deep economy, 2007; Sachs/Santarius, Slow Trade – Sound Farming Handelsregeln für eine global zukunftsfähige Landwirtschaft, 2007.

71   Latouche, Farewell to growth, 2009; Paech, Befreiung vom Überfluss, 2012; Sekulova/Schneider, Open Localism, 2014.

72   Sachs/Santarius, Slow Trade – Sound Farming Handelsregeln für eine global zukunftsfähige Landwirtschaft, 2007.

73   Wikipedia.org, Distributed economy, 2017.

74   Siehe z. B. Altieri, Agroecology: The science of sustainable agriculture, 1995.

75   Müller, Blockchain, 2017.

76   Petschow u. a., Dezentrale Produktion, 3D-Druck und Nachhaltigkeit, 2014.

77   Fritz, Wie wir mit echter Digitaler Landwirtschaft unseren Planeten retten können, 2016.

78   Kommune21, Digitale Dörfer: Große Bereitschaft zur Vernetzung, 2016.

79   Gershenfeld, How to make almost anything, 2012.

80   Petschow u. a., Dezentrale Produktion, 3D-Druck und Nachhaltigkeit, 2014.

81   Ferdinand u. a., The Decentralized and Networked Future of Value Creation, 2016.

82   Csikszentmihályi, Making A Fresh Start, 2017.

83   Finger, Lösung im Kampf gegen Plastikmüll? 3D-Druck geht jetzt auch mit Abfall, 2014; Rifkin, The zero marginal cost society: The internet of things, the collaborative commons, and the eclipse of capitalism, 2014.

84   Chan, Tencent Just Became the World's 10th Biggest Company, 2017.

85   Wikipedia.org, Wikipedia, 2017.

86   Canaccord Genuity, Apple Claims 92% of Global Smartphone Profits, o. J.; Bundesverband der deutschen Versandbuchhändler, Statista, 2015; Grundlehner, Internetdienste in China, 2017; StatCounter, Marktanteile von Social-Media-Portalen in Deutschland, 2017; NetMarketShare, Market share for mobile, browsers, operating systems and search engines | NetMarketShare, 2017; The Economist, Android attack, 2016.

87   NetMarketShare, Search engine market share, 2017.

88   StatCounter, Marktanteile von Social-Media-Portalen in Deutschland, 2017.

Anmerkungen   **255**

89 HANDLEY, Facebook and Google predicted to make $106 billion from advertising in 2017, 2017.

90 EHI RETAIL INSTITUTE GMBH, Amazon – Marktanteil am gesamten Online-Handelsumsatz in Deutschland, 2017.

91 HANDELSBLATT, Amazon-Rivale aus China: Alibaba steigert Umsatz kräftig, 2016.

92 MITCHELL, Amazon Is Trying to Control the Underlying Infrastructure of Our Economy, 2017.

93 SHAPIRO, Does Amazon Eye Its Own Marketplace Vendors' Best Sellers?, 2014.

94 SÜDDEUTSCHE ZEITUNG, EU verhängt 110-Millionen-Euro-Strafe gegen Facebook, 2017.

95 PARISER, The filter bubble, 2011; WELZER, Die smarte Diktatur: der Angriff auf unsere Freiheit, 2016.

96 DEUTSCHES SPIONAGEMUSEUM BERLIN, Deutsches Spionagemuseum Berlin – German Spy Museum Berlin, 2017.

97 VOSHMGIR, Blockchains, Smart Contracts und das Dezentrale Web, 2016; siehe z. B. TAPSCOTT/TAPSCOTT, Die Blockchain-Revolution. Wie die Technologie hinter Bitcoin nicht nur das Finanzsystem, sondern die ganze Welt verändert, 2016.

98 BOLLIER, Will Bitcoin and Other Insurgent Currencies Reinvent Commerce?, 2014.

99 So z. B. ETHEREUM, Ethereum. Blockchain App Plattform, 2017; für einen Überblick über andere Blockchain-Akteure, siehe PATRIZIO, 35 Blockchain Startups to Watch – Datamation, 2017.

100 JÄGER, Blockchain: Eine Technik zwischen Hype und Wirklichkeit, 2016.

101 GREENFIELD, Radical technologies, 2017.

102 MALMO, A Single Bitcoin Transaction Takes Thousands of Times More Energy Than a Credit Card Swipe, 2017.

103 DIGICONOMICS, Bitcoin Energy Consumption, 2017.

104 KARABARBOUNIS/NEIMAN, The Global Decline of the Labor Share, 2014.

105 BRYNJOLFSSON/MCAFEE, Race Against the Machine, 2012.

106 PIKETTY, Das Kapital im 21. Jahrhundert, 2016 siehe ach die Diskussion zur Veränderung der Kräfteverhältnisse weiter unten.

107 AUTOR u. a., Concentrating on the Fall of the Labor Share, 2017.

108 Siehe schon KALDOR, A model of economic growth, 1957.

109 INTERNATIONAL LABOUR ORGANIZATION, Wages and equitable growth, 2013.

110 TRAPP, Measuring the labour income share of developing countries, 2015.

111 BERIÉ/FINK, Die Lohnquote, 1997.

112 BENTOLILA/SAINT-PAUL, Explaining movements in the labor share, 2003.

113 STOCKHAMMER, Determinants of the Wage Share, 2017.

114 SCHOLZ, Uberworked and underpaid, 2016.

115 Vgl. STAAB, Falsche Versprechen, 2016.

116 STAAB, Falsche Versprechen, 2016.

117 SUMMERS, Larry Summers at IMF Economic Forum, 2013.

118 TEULINGS/BALDWIN, Secular Stagnation: Facts, Causes and Cures, 2014.

119 LANGE u. a., Do Mature Economies Grow Exponentially?, im Erscheinen; WIBE/
CARLÉN, Is Post-War Economic Growth Exponential?, 2006.

120 NACHTWEY, Die Abstiegsgesellschaft: über das Aufbegehren in der regressiven
Moderne, 2016; REUTER, Der Arbeitsmarkt im Spannungsfeld von Wachstum,
Ökologie und Verteilung, 2010.

121 JACKSON, Prosperity without Growth, 2016; MURACA, Gut leben: eine Gesellschaft jenseits des Wachstums, 2014; PAECH, Befreiung vom Überfluss, 2012;
ZAHRNT/SCHNEIDEWIND, Damit gutes Leben einfacher wird: Perspektiven
einer Suffizienzpolitik, 2013; LANGE, Macroeconomics Without Growth: Sustainable Economies in Neoclassical, Keynesian and Marxian Theories, 2018;
D'ALISA u. a., Degrowth: a vocabulary for a new era, 2014.

122 NECKEL, Refeudalisierung der Ökonomie: Zum Strukturwandel kapitalistischer Wirtschaft, 2010; ZINN, Vom Kapitalismus ohne Wachstum zur Marktwirtschaft ohne Kapitalismus, 2015.

123 Dies gilt jedenfalls für Belgien, siehe CHARLOT, Uberize me, 2016.

124 AUERBACH, IKEA: Flat Pack Tax Avoidance, 2016.

125 TAUBER, So prellt Starbucks die Steuern in Europa, 2015.

126 DUHIGG/KOCIENIEWSKI, Apple's Tax Strategy Aims at Low-Tax States and
Nations, 2012.

127 Siehe hierzu THE NEW YORK TIMES, ›Double Irish With a Dutch Sandwich‹,
2012.

128 BOWERS, Google pays €47m in tax in Ireland on €22bn sales revenue, 2016.

129 LINDHOFF, Freiheitskeime 2013, 2013.

130 WONG, Seasteading, 2017.

131 STEINBERG u. a., Atlas Swam, 2012.

132 CARLI, Oceantop Living in a Seastead – Realistic, Sustainable, and Coming
Soon, 2016.

133 WACHS, Seasteaders to bring a libertarian floating community to the South
Pacific, 2017.

134 CARLI, Oceantop Living in a Seastead – Realistic, Sustainable, and Coming
Soon, 2016.

135 Vgl. CARLI, Oceantop Living in a Seastead – Realistic, Sustainable, and Coming Soon, 2016.

136 BUNDESMINISTERIUM FÜR WIRTSCHAFT UND ENERGIE, Weißbuch Digitale
Plattformen. Digitale Ordnungspolitik für Wachstum, Innovation, Wettbewerb und Teilhabe, 2017, S. 66.

137 ZEIT ONLINE, Europäische Union, 2017.

138 HÖRHAN, Der stille Raub, 2017.

139 SCHWAN, Steuerstreit mit Apple, 2017.

140 PIKETTY/SAEZ, How progressive is the US federal tax system?, 2007.

141 KEELEY, Income Inequality: The Gap between Rich and Poor, 2015.

142 PALFREY/GASSER, Born Digital, 2008.

Anmerkungen

143 BRYNJOLFSSON/MCAFEE, The Second Machine Age: Wie die nächste digitale Revolution unser aller Leben verändern wird, 2014.

144 EASTERLIN, Does economic growth improve the human lot?, 1974; EASTERLIN/ MCVEY, The happiness-income paradox revisited, 2010.

145 PETILLIOT, Zufriedenheitsforschung, 2017.

146 WILKINSON u. a., The spirit level, 2010.

147 Siehe allgemein hierzu z. B. GLEICK, Faster. The Acceleration of Just About Everything, 1999; ROSA, Resonanz. Eine Soziologie der Weltbeziehung, 2016; ROSA, Resonanz statt Entfremdung – Zehn Thesen wider die Steigerungslogik der Moderne, 2012; VIRILIO, Rasender Stillstand, 1998; VIRILIO, Revolutionen der Geschwindigkeit. Berlin, 1993.

148 BINSWANGER, Technological progress and sustainable development: what about the rebound effect?, 2001; BUHL, Rebound-Effekte im Steigerungsspiel. Zeit- und Einkommenseffekte in Deutschland, 2016.

149 SANTARIUS, Der Rebound-Effekt, 2015, Kapitel 9.

150 RADICATI GROUP, Email-Statistics-Report 2015-2019, 2016.

151 MEDIAKIX, The Top 10 WhatsApp Statistics Prove Its Global Power, 2017.

152 CHAFFEY, Global Social Media Statistics Summary 2017, 2017.

153 Unsere Systematik hier ist angelehnt an ROSA, Beschleunigung. Die Veränderung der Zeitstrukturen in der Moderne, 2005, S. 199ff.

154 ROSA, Beschleunigung. Die Veränderung der Zeitstrukturen in der Moderne, 2005.

155 Hierzu empirisch z. B. GARHAMMER, Wie Europäer ihre Zeit nutzen. Zeitstrukturen und Zeitkulturen im Zeichen der Globalisierung, 1999; RINDERSPACHER, Beschleunigung und Geschwindigkeit. Zeitliche Rahmenbedingungen der Freizeitgesellschaft, 2015; STATISTISCHES BUNDESAMT, Zeitverwendungserhebung: Aktivitäten in Stunden und Minuten für ausgewählte Personengruppen 2012/2013, 2015.

156 SZAREK, Stress nach Feierabend: Permanente Erreichbarkeit: E-Mail, Anrufe, SMS – so weit darf Ihr Chef gehen, 2014.

157 EVERS-WÖLK/OPIELKA, Neue elektronische Medien und Suchtverhalten, 2016a.

158 MÜLLER, Spielwiese Internet, 2013; REHBEIN/ZENSES, Exzessive Bildschirm-mediennutzung und Mediensucht, 2013.

Kapitel 5
Prinzipien einer zukunftsfähigen Digitalisierung

1 SACHS, Die vier E's: Merkposten für einen maß-vollen Wirtschaftsstil, 1993; LINZ u. a., Von nichts zu viel – Suffizienz gehört zur Zukunftsfähigkeit, 2002; LINZ, Suffizienz als politische Praxis, 2015; PAECH, Befreiung vom Überfluss, 2012; STENGEL, Suffizienz, 2011; ZAHRNT/SCHNEIDEWIND, Damit gutes Leben einfacher wird: Perspektiven einer Suffizienzpolitik, 2013; JENNY u. a., Suffizienz – Ein handlungsleitendes Prinzip zur Erreichung der 2000-Watt-Gesellschaft, 2014.

2   FICHTER u.a., Gutachten zum Thema »Green IT-Nachhaltigkeit« für die Enquete-Kommission Internet und digitale Gesellschaft des Deutschen Bundestages, 2012; HILTY u.a., Grüne Software. Ermittlung und Erschließung von Umweltschutzpotenzialen der Informations- und Kommunikationstechnik (Green IT). Potenzialanalyse zur Ressourcenschonung optimierter Softwareentwicklung und -einsatz, 2015; JOUMAA/KADRY, Green IT, 2012; ZARNEKOW/KOLBE, Green IT, 2013.

3   GIBB, Building open source hardware, 2014; HILTY u.a., Grüne Software. Ermittlung und Erschließung von Umweltschutzpotenzialen der Informations- und Kommunikationstechnik (Green IT). Potenzialanalyse zur Ressourcenschonung optimierter Softwareentwicklung und -einsatz, 2015; WITTBRODT u.a., Life-cycle economic analysis of distributed manufacturing with open-source 3-D printers, 2013.

4   HILTY u.a., Grüne Software. Ermittlung und Erschließung von Umweltschutzpotenzialen der Informations- und Kommunikationstechnik (Green IT). Potenzialanalyse zur Ressourcenschonung optimierter Softwareentwicklung und -einsatz, 2015.

5   Zur »imperialen Lebensweise« siehe BRAND/WISSEN, Imperiale Lebensweise. Zur Ausbeutung von Mensch und Natur in Zeiten des globalen Kapitalismus, 2017; KOPP u.a., Auf Kosten der Anderen?, 2017; siehe auch schon SACHS/SANTARIUS, Fair future, 2005.

6   UNITED NATIONS, International Covenant on Civil and Political Rights, 1966.

7   UNITED NATIONS, Transforming our world: the 2030 Agenda for Sustainable Development, 2015.

8   UNFCCC, Paris Agreement, 2015.

9   Siehe z.B. EUROPÄISCHE KOMMISSION, Verordnung des Europäischen Parlaments und des Rates zum Schutz natürlicher Personen bei der Verarbeitung personenbezogener Daten und zum freien Datenverkehr (Datenschutz-Grundverordnung), 2016.

10 EUROPÄISCHE KOMMISSION, Verordnung des Europäischen Parlaments und des Rates zum Schutz natürlicher Personen bei der Verarbeitung personenbezogener Daten und zum freien Datenverkehr (Datenschutz-Grundverordnung), 2016.

11 POHLE, Das Scheitern von Datenschutz by Design, 2015.

12 Für einen Überblick, siehe DATEN-SPEICHERUNG.DE, Minimum Data, Maximum Privacy, 2017.

13 BUNDESREGIERUNG, Gesetz zur Umsetzung der Richtlinie (EU) 2016/681, 2017.

14 Siehe FACEBOOK, Allgemeine Geschäftsbedingungen, 2017.

15 WOLFIE, Kommerzielle digitale Überwachung im Alltag Erfassung, Verknüpfung und Verwertung persönlicher Daten im Zeitalter von Big Data: Internationale Trends, Risiken und Herausforderungen anhand ausgewählter Problemfelder und Beispiele, 2014.

16 WU, A Proposal for Network Neutrality, 2002.

17 Für eine Übersicht, siehe z.B. NETZPOLITIK.ORG, Thema Netzneutralität, 2017.

Anmerkungen

18   OSTROM, Governing the Commons: The Evolution of Institutions for Collective Action, 1990; HELFRICH/BOLLIER, Commons. Für eine neue Politik jenseits von Markt und Staat, 2012.

19   Siehe hierzu z.B. auch BERNERS-LEE, The past, present and future, 2016; MOROZOV, The net delusion, 2011.

20   Siehe z.B. SCHOLZ, Platform Cooperativism. Challenging the Corporate Sharing Economy, 2016; SCHOLZ, Plattform-Kooperativismus: Wie wir uns die Sharing Economy zurückholen können, 2016.

Kapitel 6
Agenda für eine vernetzte Gesellschaft

1   EUROPÄISCHE KOMMISSION, The Digital Agenda for Europe – Driving European growth digitally, 2012.

2   DIE BUNDESREGIERUNG, Digitale Agenda 2014–2017, 2014.

3   DIE BUNDESREGIERUNG, Legislaturbericht Digitale Agenda 2014–2017, 2017, S. 4.

4   BECKEDAHL, Digitale Agenda im Bundestag, 2017.

5   MÜHLE, Schrott im Netz: Wie Social Bots das Internet gefährden, 2016.

6   BUNDESREGIERUNG, Bundesdatenschutzgesetz. Gesetz dient der Umsetzung der Richtlinie 95/46/EG des Europäischen Parlaments und des Rates vom 24. Oktober 1995, 2003.

7   RUBIN u. a., Covert Communication in Mobile Applications, 2015.

8   EUROPÄISCHE KOMMISSION, Verordnung des Europäischen Parlaments und des Rates zum Schutz natürlicher Personen bei der Verarbeitung personenbezogener Daten und zum freien Datenverkehr (Datenschutz-Grundverordnung), 2016.

9   SACHVERSTÄNDIGENRAT FÜR VERBRAUCHERFRAGEN, Verbraucherrecht 2.0 Verbraucher in der digitalen Welt, 2016, S. 33.

10   ZEIT ONLINE, Telekommunikation: Weitergabe von Kontaktdaten an WhatsApp unzulässig, 2017.

11   SACHVERSTÄNDIGENRAT FÜR VERBRAUCHERFRAGEN, Verbraucherrecht 2.0 Verbraucher in der digitalen Welt, 2016, S. 67.

12   Siehe hierzu auch REISCH u. a., Digitale Welt und Handel. Verbraucher im personalisierten Online-Handel, 2016.

13   SACHVERSTÄNDIGENRAT FÜR VERBRAUCHERFRAGEN, Digitale Souveränität, 2017.

14   Siehe hierzu BUNDESMINISTERIUM FÜR VERKEHR UND DIGITALE INFRASTRUKTUR, Ethik-Kommission. Automatisiertes und vernetztes Fahren, 2017.

15   Siehe etwa SPITZ, Daten – das Öl des 21. Jahrhunderts? Nachhaltigkeit im digitalen Zeitalter, 2017.

16   Z.B. JEWELL, Digital pioneer, Jaron Lanier, on the dangers of »free« online culture, 2016; ORLOWSKI, Jaron Lanier, 2016.

17 NÜRNBERGER, Sofort abschalten!, 2011; REUTER, Markt- und meinungsdominante Unternehmen mit Monopolstellung sollten wie öffentliche Institutionen behandelt werden, 2017.

18 TIKU, Digital Privacy, 2017.

19 SCHOLZ, Plattform-Kooperativismus: Wie wir uns die Sharing Economy zurückholen können, 2016.

20 LEHMANN, Die Streaming-Genossenschaft, 2017.

21 SCHOLZ, Plattform-Kooperativismus: Wie wir uns die Sharing Economy zurückholen können, 2016, S. 86.

22 SCHOLZ, Platform Cooperativism. Challenging the Corporate Sharing Economy, 2016.

23 BUNDESMINISTERIUM FÜR BILDUNG UND FORSCHUNG, Digitale Innovationen. Neue Dimensionen von Bildung und Wissenschaft erschließen, 2017; BUNDESMINISTERIUM FÜR BILDUNG UND FORSCHUNG, Vernetzen. Fördern. Gestalten. Aufgaben für Bildung und Forschung im digitalen Wandel, 2017.

24 RÜCKERT-JOHN u. a., Soziale Innovationen im Aufwind – Ein Leitfaden zur Förderung sozialer Innovationen für nachhaltigen Konsum, 2014.

25 BITKOM, Öffentliche Hand gibt über 20 Milliarden Euro für ITK aus, 2013.

26 Siehe z. B. die Prinzipien in SACHS/SANTARIUS, Slow Trade – Sound Farming Handelsregeln für eine global zukunftsfähige Landwirtschaft, 2007.

27 SACHS, Suffizienz. Umrisse einer Ökonomie des Genug, 2015.

28 Siehe hierzu RONZHEIMER, Digitalisierung der Landwirtschaft: Der automatisierte Acker, 2016.

29 OPEN SOURCE ECOLOGY, Open Source Ecology, 2017.

30 OPENSOURCESEEDS, OpenSourceSeeds, 2017.

31 Siehe z. B. ATALANDA, Produkte von regionalen Geschäften online kaufen, 2017; MARKTSCHWÄRMER, Marktschwärmer, 2017.

32 FRAUNHOFER IESE, Digitale Dörfer, 2017.

33 Siehe Kapitel 3 und auch WUPPERTAL INSTITUT, Zukunftsfähiges Deutschland, 1997, S. 168 ff.

34 BINSWANGER u. a., Arbeit ohne Umweltzerstörung. Strategien für eine neue Wirtschaftspolitik, 1983.

35 Siehe hierzu auch GÖRRES u. a., Der Weg zur ökologischen Steuerrefrom. Weniger Umweltbelastung und mehr Beschäftigung. Das Memorandum des Fördervereins ökologische Steuerreform, 1994; REICHE/KREBS, Der Einstieg in die ökologische Steuerreform. Aufstieg, Restriktionen und Durchsetzung eines umweltpolitischen Themas, 1999; BEUERMANN/SANTARIUS, Ecological Tax Reform in Germany: Handling Two Hot Potatoes at the Same Time, 2006; TREU u. a., Wirtschaftswende – Mit einer sozial-ökologischen Transformation aus der Eurokrise, 2013.

36 Siehe HAGELÜKEN, Bill Gates will Roboter besteuern – Wirtschaft – Süddeutsche.de, 2017.

37 So z. B. STRAUBHAAR, Robotersteuer: Nicht Maschinen, sondern Eigentümer besteuern, 2016.

Anmerkungen **261**

38 Siehe auch STAHMER, Halbtagsgesellschaft. Anregungen für ein sozial nachhaltiges Deutschland, 2006; WUPPERTAL INSTITUT, Zukunftsfähiges Deutschland in einer globalisierten Welt. Ein Anstoß zu einer gesellschaftlichen Debatte, 2008.

39 OECD, Gleichstellung der Geschlechter, 2013; siehe auch AHLERS u. a., Genderaspekte der Digitalisierung der Arbeitswelt. Diskussionspapier für die Kommission »Arbeit der Zukunft«, 2017.

40 BIESECKER, Vorsorgendes Wirtschaften braucht Zeiten. Von einer »Ökonomie der Zeit« zu »Ökonomien in Zeiten«, 1999.

41 DAHM/SCHERHORN, Urbane Subsistenz, 2008; HAUG, Die Vier-in-einem-Perspektive, 2008.

42 Siehe auch BIESECKER u. a., Feministische Perspektiven zum Themenbereich Wachstum, Wohlstand, Lebensqualität, 2012.

43 Siehe z. B. REUTER, Der Arbeitsmarkt im Spannungsfeld von Wachstum, Ökologie und Verteilung, 2010; REUTER/ZINN, Moderne Gesellschaften brauchen eine aktive Dienstleistungspolitik, 2011.

44 Dieses Zitat wird John Maynard Keynes zugeordnet, siehe beispielsweise KRIEGER, Wirtschaftsbuchpreis 2016: Das zehnte Mal, 2016.

45 Eine ausführliche Liste solcher Anwendungen findet sich bei BRAUER u. a., Green By App, 2016.

46 LOSKE, Sharing Economy: Gutes Teilen, schlechtes Teilen?, 2015.

47 CAREY, Alternatives to Uber: The best alternative ride-hailing apps, 2017; SOLON, Is Lyft really the »woke« alternative to Uber?, 2017.

48 LUDMANN, Umweltwirkungen von Peer-to-Peer Sharing. Arbeitsbericht des Projekts PeerSharing, im Erscheinen.

49 HOCHSCHORNER u. a., Carbon footprint of movie distribution via the internet, 2015.

50 JAEGER-ERBEN u. a., Soziale Innovationen für nachhaltigen Konsum, 2017; RÜCKERT-JOHN u. a., Soziale Innovationen für nachhaltigen Konsum – Kriterien zur Analyse und Systematisierung, 2013.

51 HÖFNER/SANTARIUS, Wertschätzungs- statt Wegwerfgesellschaft. Soziale Innovation dank Digitalisierung, 2017.

52 COROAMA u. a., Effects of Internet-based multiple-site conferences on greenhouse gas emissions, 2012.

53 SACHVERSTÄNDIGENRAT FÜR VERBRAUCHERFRAGEN, Verbraucherrecht 2.0 Verbraucher in der digitalen Welt, 2016; SACHVERSTÄNDIGENRAT FÜR VERBRAUCHERFRAGEN, Digitale Souveränität, 2017.

54 GREENPEACE, Clicking clean: How companies are creating the green internet, 2014; GREENPEACE, Clicking Green. Who Is Winning the Race to Build a Green Internet?, 2017.

55 GREENPEACE, From Smart To Senseless: The Global Impact of 10 Years of Smartphone, 2017.

56 PILGRIM u. a., Ressourcenfluch 4.0: Die sozialen und ökologischen Auswirkungen von Industrie 4.0 auf den Rohstoffsektor, 2017.

57 Siehe hierzu diverses Material unter GERMANWATCH, Make-IT-Fair, 2017.

58 AHLERS u. a., Genderaspekte der Digitalisierung der Arbeitswelt. Diskussionspapier für die Kommission »Arbeit der Zukunft«, 2017.

59 Siehe z. B. LEMBKE/LEIPNER, Die Lüge der digitalen Bildung, 2016; TULODZIECKI, Medien in Erziehung und Bildung, 1997; kritisch dazu auch DRÄGER/MÜLLER-EISELT, Die digitale Bildungsrevolution, 2017.

60 BUNDESMINISTERIUM FÜR WIRTSCHAFT UND ENERGIE, Digitale Strategie 2025, 2016; INITIATIVE D21 E.V./KANTAR TNS, Sonderstudie »Schule Digital« Lehrwelt, Lernwelt, Lebenswelt: Digitale Bildung im Dreieck SchülerInnen-Eltern-Lehrkräfte, 2016.

61 BILKE-HENTSCH/REIS, Jugendliches Suchtverhalten am Beispiel der Mediennutzung, 2012; EVERS-WÖLK/OPIELKA, Neue elektronische Medien und Suchtverhalten, 2016b.

62 SACHVERSTÄNDIGENRAT FÜR VERBRAUCHERFRAGEN, Verbraucherrecht 2.0 Verbraucher in der digitalen Welt, 2016.

63 HABERMANN, Halbinseln gegen den Strom: Anders leben und wirtschaften im Alltag, 2009; KONZEPTWERK NEUE ÖKONOMIE, DFG-KOLLEG POSTWACHSTUMSGESELLSCHAFTEN, Degrowth in Bewegung(en), 2017.

64 SIMONS u. a., Offene Werkstätten – nachhaltig innovativ?, 2016.

Kapitel 7
Plädoyer für eine sanfte Digitalisierung

1 KLEBER/ANDERSEN, ZDF-Reportage: Silicon Valley – Zu Besuch bei den Herren der Welt, 2016; Interview circa ab Minute 8:00.

Anmerkungen

Danksagung

Wir bedanken uns für Mitarbeit, hilfreiche Hinweise oder kritische Kommentare bei Manuel Brümmer, Vivian Frick, Swantje Gährs, Maike Gossen, Bernd Hirschl, Anja Höfner, Jan Osenberg, Johanna Pohl, Nina Prehm, Rainer Rehak, Markus Reuter, Wolfgang Sachs, Benjamin Stephan, Christian Uhle, Norbert Reuter, Laura Theuer, Katharina van Treeck und Oliver Wolff. Insbesondere bedanken wir uns bei Richard Harnisch für das umfassende Lektorat dieses Buchs.

Über die Autoren

Steffen Lange (rechts im Bild) erforscht als promovierter Volkswirt am Institut für ökologische Wirtschaftsforschung, wie eine Wirtschaft ohne Wachstum – als Postwachstumsökonomie – stabil und nachhaltig gestaltet werden kann. Im Forschungsprojekt »Digitalisierung und sozial-ökologische Transformation« beschäftigt er sich damit, was die Digitalisierung der Ökonomie in sozialökologischer Hinsicht bedeutet. Neben der Forschung arbeitet er ehrenamtlich bei Organisationen und Initiativen wie dem »Konzeptwerk Neue Ökonomie«, »Common Future« und der »Zivil-Enquete Wachstum, Wohlstand, Lebensqualität«, um nachhaltiges Wirtschaften Wirklichkeit werden zu lassen.

Tilman Santarius (links im Bild) ist Professor für Sozial-Ökologische Transformation und Nachhaltige Digitalisierung an der TU Berlin und am Einstein Center Digital Futures. Er forscht zu den Themen Klimapolitik, Handelspolitik, nachhaltiges Wirtschaften, globale Gerechtigkeit und digitale Transformation. Neben diversen Zeitschriftenartikeln ist er Co-Autor mehrerer Bücher, darunter »Fair Future« (C.H.Beck, 2005) und der »Der Rebound-Effekt« (Metropolis, 2015). Seit 2016 leitet er eine Nachwuchsforschungsgruppe zum Thema »Digitalisierung und sozial-ökologische Transformation« an der Technischen Universität Berlin und dem Institut für ökologische Wirtschaftsforschung (IÖW). Ehrenamtlich engagiert er sich im Aufsichtsrat von Greenpeace Deutschland.

Wir haben es in der Hand!

Michael Brose
Peak
Von ökologischen Grenzen und nachhaltigen Perspektiven

oekom verlag, München
128 Seiten, Broschur, zweifarbig, 20,- Euro
ISBN: 978-3-96238-025-0
Erscheinungstermin: 26.02.2018
Auch als E-Book erhältlich

»*Bald haben wir den Peak everything.*«
Prof. Dr. Elmar Altvater

Bergbau, Landwirtschaft, Verkehr – unser Handeln hat gravierende Folgen. In »Peak« veranschaulicht Michael Brose die menschengemachte Umweltzerstörung; und er zeigt, was wir dagegen tun können. Denn wir haben es in der Hand, Nachhaltigkeit zu ermöglichen!

oekom.de   DIE GUTEN SEITEN DER ZUKUNFT   **///oekom**

Schluss mit der Billiglüge!

Volkert Engelsman,
Bernward Geier (Hrsg.)
Die Preise lügen
Warum uns billige Lebensmittel teuer zu stehen kommen

oekom verlag, München
ca. 144 Seiten, Broschur,
16,– Euro
ISBN: 978-3-96238-006-9
Erscheinungstermin:
26.02.2018
Auch als E-Book erhältlich

»*Wir können uns Pseudo-Billig nicht mehr leisten!*«

Volkert Engelsman

Alles so schön billig bei Aldi & Co.! Dabei sind die Preise nur so niedrig, weil die Kosten abgewälzt werden – auf Umwelt, andere Länder, kommende Generationen. »Die Preise lügen« zeigt eindrucksvoll, warum uns billige Lebensmittel teuer zu stehen kommen.

oekom.de DIE GUTEN SEITEN DER ZUKUNFT **/III oekom**

Die Verkehrswende ist überfällig

Weert Canzler, Andreas Knie
Taumelnde Giganten
Gelingt der Autoindustrie die Neuerfindung?

oekom verlag, München
ca. 128 Seiten, Broschur,
13,- Euro
ISBN: 978-3-96238-019-9
Erscheinungstermin:
19.03.2018
Auch als E-Book erhältlich

»Weltweit fahren heute schon über eine Milliarde Fahrzeuge – so kann es keinesfalls weitergehen!«
Wert Canzler und Andreas Knie

Wenn sie bei der Mobilität der Zukunft eine Rolle spielen möchte, muss die deutsche Autoindustrie sich neu erfinden. Das geht nicht ohne Druck. Weert Canzler und Andreas Knie zeigen, was passieren muss, um die Verkehrswende endlich einzuleiten.

oekom.de   DIE GUTEN SEITEN DER ZUKUNFT   **/// oekom**